일하는 뇌

Your Brain at Work

일하는 뇌
Your Brain at Work

| 데이비드 록 지음 • 이경아 옮김 |

랜덤하우스

서문

몸으로 일하는가,
머리로 일하는가?

매일같이 산더미처럼 쌓이는 이메일, 어마어마하게 밀려드는 정보의 홍수, 진을 쏙 빼놓는 마라톤 회의, 쉴 새 없는 변화와 불확실성…. 그럼에도 앞으로 달려야만 하는 단 하나의 이유는 '가뭄에 콩 나듯 한 성공'이란 이름뿐이다. 만약 당신이 지금 이런 삶을 살고 있다면 당장 이 책을 읽어야 한다. 이 책에는 좀 더 영리하게 일을 처리하고, 집중력과 효율성을 높이고, 압박감을 차분하게 이겨내고, 회의 시간을 줄이고, 심지어 사람을 다루는 것처럼 까다로운 일까지 솜씨 좋게 해결할 수 있는 기술이 나와 있기 때문이다.

이 책을 읽으면 인간의 뇌에 관해 최근 새롭게 밝혀진 정보들을 바탕으로 업무 방식을 한층 발전된 형태로 바꿀 수 있다. 일을 할 때 뇌가 어떻게 작용하는지 알면 그 일에 더 집중할 수 있고 그만큼 성과도 더 좋아진다. 또한 뇌에 대해서 제대로 알아야만 스스로 뇌를 변화시킬 수 있다.

뇌는 외부 상황에 압도되기 쉽다. 그렇기 때문에 나는 장황한 설명이나 까다로운 과학적 정보로 독자들의 뇌를 혼란에 빠뜨릴 생각은 없다. 그 대신 뇌가 좋아하는 방식으로, 즉 스토리텔링을 통해서 뇌에 관한 지식을 전달하려고 한다.

이 책에는 두 명의 주인공이 등장한다. 바로 에밀리와 폴이라는 부부다. 두 사람은 여느 때와 다름없이 평범한 월요일 하루 동안 대부분의 직장인이 겪는 온갖 문제를 경험한다. 독자들은 이들이 그 힘든 하루를 어떻게 헤쳐나가는지만 지켜보면 된다. 그러면 세계적인 신경과학자들이 왜 이 두 사람이 이메일이나 일정, 동료들 때문에 허둥지둥하는 모습을 보이는지 자세히 설명해줄 것이다. 그러고 나서 자신의 뇌를 잘 이해하게 된 이들이 똑같은 상황을 새롭게 해석하고 변화해나가는 모습도 확인할 수 있을 것이다.

사실 나는 신경과학자가 아닌 경영 컨설턴트다. 마이크로소프트사를 비롯한 세계적인 기업들과 나사(NASA) 등의 조직을 대상으로 직원들의 업무 성과를 향상시키는 데 도움을 주었다. 그런데 이 일을 10년이 넘도록 해오면서 깨닫게 된 사실이 있다. 그것은 바로 사람들에게 뇌에 대한 정보를 알려주면 업무 전반에 걸쳐 큰 변화를 유도할 수 있다는 점이다. 심지어 삶을 바라보는 시선 또한 긍정적으로 바뀐 사람도 있었다. 하지만 뇌에 대해서 설명할 때 도움이 될 만한 쉽고 유익한 책은 좀처럼 찾을 수가 없었다. 내가 이 책을 쓰게 된 이유가 바로 여기에 있다.

이 책을 다 쓰기까지 꼬박 3년이 걸렸다. 물론 일부 원고는 그보다 더 오래전부터 쓰기 시작했다. 나는 미국, 유럽, 아시아 등지에서 눈부신 활동을 펼치고 있는 신경과학계 석학들과 인터뷰를 진행했는데, 이것이 이 책의 기본 골격이 되었다. 거기에 수천 건의 연구를 바탕으로 발표된 300여 편의 최신 뇌과학과 심리학 논문에서 얻은 정보들로 살을 붙였다. 또한 이 책을 쓰는 내내 신경과학자인 제프리 슈워츠 박사를 멘토로 모시고 조언을 받았다. 그 덕분에 뇌 연구라는 망망대해를 잘 헤쳐나갈 수 있었다. 나는 이탈리아와 호주, 미국에서 '일하는 뇌'에 관한 포럼도 세 건이나 개최했다. 이 포럼 결과를 바탕으로 학술저널의 창간을 도왔으며 전 세계를 돌며 수백 회에 걸쳐 강연과 워크숍도 진행했다. 이 책은 이런 다양한 활동의 집약체다.

나는 많은 직장인들이 이 책을 잘 활용할 수 있기를 바란다. 우주에서 가장 복잡하다는 인간의 뇌를 다룬 책을 쓰면서 그런 소망을 품다니 어쩌면 과욕일지도 모르겠다. 나는 어떻게 하면 책을 쉽게 쓸 수 있을지 고민하다가 연극의 형태를 빌리기로 했다.

나의 연극은 총 4막으로 구성돼 있다. 1막과 2막은 뇌, 그리고 3막과 4막은 뇌와 뇌의 상호작용에 초점을 맞췄다. 1막과 2막의 사이에는 막간 휴식 차원에서 본문에서 다루는 주제를 좀 더 깊이 다뤄보는 자리도 마련했다.

먼저 1막에서는 문제와 해결력, 즉 '사고'에 관한 기본 지식을 다룬다. 2막에서는 감정과 동기 그리고 이 두 가지가 사고에 미치는 영향을 탐구한다. 3막에서는 동료들과 협력해서 일하는 법을 알아보고, 4막에서는 타인의 변화를 이끌어내는 방법까지 살펴본다.

각각의 막은 여러 장으로 구성돼 있으며, 장마다 주인공인 에밀리나 폴은 직장 혹은 집(폴은 재택근무를 한다)에서 여러 문제에 봉착한다. 이러한 문제 상황은 이 책의 잠재적인 독자 수백 명을 대상으로 실시한 업무와 조직문화에 대한 설문조사 결과를 바탕으로 정했다.

우리는 각 장에서 에밀리나 폴이 어려운 문제를 만나 쩔쩔매는 모습을 지켜보면서 그들의 뇌가 어떻게 작용하기에 상황이 그렇게 꼬이기만 하는지 살펴볼 수 있다. 그리고 신경과학자들의 인터뷰와 최신 연구 자료를 통해 직접적인 조언을 들을 수 있다.

이 책의 백미라면 각 장의 말미에 나오는 '장면 2'다. 각 장의 시작 부분과 장면 2를 비교해보면 주인공의 작은 행동 변화가 엄청난 결과를 몰고 온다는 것을 알 수 있다. 1초도 안 되는 시간에 발생한 미세한 내면의 변화가 종종 모든 것을 바꿔놓기도 한다. 이 책은 그러한 변화를 사람들에게 이해시키는 데 도움을 줄 것이다.

아울러 각 장이 끝나면 최신 뇌 연구에서 알아낸 놀라운 정보를 요약해놓은 부분이 있다. 당신의 뇌를 본격적으로 바꿔보고 싶다면 여기에서 소개하는 구체적인 실천법을 꼭 따라 해보기 바란다.

끝으로, 본문 뒤에 '앙코르'라는 부분을 따로 두었다. 이 책에서 다룬 뇌과학 지식을 다시 한 번 정리해봄으로써 기존의 틀에서 벗어나 새로운 시각으로 변화를 준비하는 데 도움이 될 것이다.

자, 그럼 에밀리와 폴의 이야기를 보면서 당신도 일하는 뇌를 장착하길 바란다.

차례

제1막 ── 문제 해결 뇌

chapter 01. 산더미처럼 쌓여 있는 잡무

chapter 02. 생각이 많을수록 답은 저 멀리

제2막 ——— 감정 조절 뇌

제3막 ——— 협력 조달 뇌

이 책의 주인공인 에밀리와 폴은 40대 초반의 부부다. 미셸과 조시라는 이름을 가진 두 아이와 함께 작은 도시에 살고 있다.
에밀리는 최근 회사에서 임원으로 승진했다. 폴은 IT회사에서 나와 IT 컨설팅회사를 창업하여 재택근무를 하고 있다.
앞으로 우리는 이들 가족의 하루를 지켜볼 것이다.

이날은 평범하기 짝이 없는 월요일로, 굳이 다른 점 하나를 찾자면 에밀리가 회사에서 승진한 첫날이란 것이다. 그녀는 전보다 훨씬 불어난 예산을 효과적으로 집행하고 또 새로운 팀을 이끌어야 한다.

승진에 고무된 그녀는 빨리 눈에 띄는 성과를 내고 싶지만 그러기 위해서는 배울 것이 너무나 많다.

폴은 큰 규모의 계약 체결을 앞두고 있다.
이 계약만 성사되면 5년 동안 집에서 소규모로 이끌어온 사업을
확장할 수 있다.

에밀리와 폴은 정신없이 돌아가는 업무에 치이면서도 개인적인
소망과 희망 역시 간직하고 있다. 좋은 부모가 되고 싶고 행복한
가정을 꾸리고 싶다는 평범한 소망 말이다.

제1막

PROBLEMS AND DECISIONS
문제 해결 뇌

[1막에 들어가기 전]

- 생각만 하는 데도 많은 에너지가 필요할까?
- 출근 직후, 할 일이 산더미같이 쌓여 있을 때 이를 효과적으로 처리하고 본격적인 업무에 들어갈 수 있는 기술은?
- 두뇌가 가진 공간적 한계는 얼마나 될까? 이런 한계 속에서 넘치는 정보를 관리하는 방법은?
- 한 번에 두 가지 일을 하기 어려운 이유는? 이들 업무를 더 매끄럽고 유기적으로 처리하는 법은 무엇일까?
- 집중력이 지속되기 어려운 이유는 무엇일까? 업무에 더 몰입할 수 있는 방법은?
- 새로운 문제에 부딪혔을 때 더 빠르고 논리적으로 해결할 수 있는 기술은?

요즘은 정형화된 단순 업무 대신 생각하는 데 공들여야 하는 일이 더 많아졌다.
복잡한 의사결정을 내려야 하고 새롭게 발생하는 문제를 해결해야 하는데
시간은 늘 부족하다. 우리의 두뇌가 생물학적 한계를 지니고 있기 때문이다.
하지만 놀랍게도 이 한계를 제대로 인지한다면 업무에 필요한 지적 수행 능력을
비약적으로 향상시킬 수 있다.

산더미처럼
쌓여 있는 잡무

월요일 아침, 수백 통의 이메일

●   오전 7시 반

아침식사를 마친 에밀리는 폴과 아이들에게 키스를 하고 현
관을 나와 주차장으로 향한다. 주말 내내 가족과 시간을 보낸
그녀는 주중에 새로 맡을 업무에 집중할 수 있으리라는 기대
감에 차 있다. 그런 후에 운전하면서 이번 한 주를 어떻게 하
면 순조롭게 시작할지 생각한다. 출근길을 반쯤 지났을 즈음,
문득 오후에 있을 회의에 대한 새로운 아이디어가 떠오른다.
그녀는 운전하는 내내 계속해서 떠오르는 생각들을 구체화하는 데 온 신경이 쏠려 있다.

8시 정각, 회사에 도착한 에밀리는 자신의 자리에 앉는다. 먼저 컴퓨터를 켜고 출근길에 떠올랐던 아이디어에 살을 붙일 준비를 한다. 그런데 100통은 족히 될 법한 메일함을 본 순간 짜증이 밀려든다. 혼자서 이 메일을 다 읽고 하나하나 답장을 쓰려면 꼬박 하루는 걸릴 것 같다. 하지만 오늘 참석해야 할 회의도 많고 검토해야 할 기획안도 세 건이나 된다. 이 일만 해도 몇 시간이 소요될 것이다. 승진의 기쁨은 이미 흔적도 없이 사라졌다. 월급이 올라가고 권한이 커진 것까지는 좋지만 늘어난 업무를 잘해낼 수 있을지 슬슬 자신이 없어진다.

벌써 출근한 지 30분이 지났지만 답장을 보낸 이메일은 고작 20여 통에 불과하다. 에밀리는 궁여지책으로 눈으로 이메일을 읽으면서 귀로는 음성 메시지를 확인하기로 한다. 불현듯 앞으로 퇴근이 늦어지면 아이들에게 소홀해지지는 않을지 걱정이 된다. 순간적으로 이메일과 음성 메시지에 관해서는 새까맣게 잊어버린다. 일이 한창 바쁠 때 느닷없이 아이들을 심하게 꾸짖게 되던 일도 생각난다. 성공에 뜻을 두고서 모두의 귀감이 되겠다던 자신과의 약속도 눈앞에 아른거린다.

어지럽게 떠오르는 잡념에 빠진 에밀리는 무엇에라도 홀린 사람처럼 상사의 음성 메시지를 삭제해버린다. 에밀리는 놀라서 정신을 차리고 다시 업무에 집중한다. 문득 키보드 두드리던 것을 멈추고 오늘 처리할 세 건의 기획안을 떠올린다. 거기에다 빨리 회의안을 작성하고, 마케팅 서류를 다듬고, 어시스턴트도 새로 뽑아야 한다. 그런데 당장 이 지긋지긋한 이메일부터 신경 써야 할 잡무가 한두 가지가 아니다. 에밀리는 우선적으로 처리해야 할 일들을 잠시 생각해보지만 정리가 되지 않는다. 오래전 시간관리 강좌에서 배운 기법들을 떠올리려고 애써봐도 기억의 실마리가 잡히지 않는다. 또다시 시간만 낭비하고 말았다. 다시 이메일을 확인하고 답장을 쓰기 위해 타이핑 속도를 높여본다.

업무를 시작한 지 1시간이 지났다. 하지만 에밀리가 답장한 이메일은 절반도 안 된다. 그동안에도 이메일이 계속 도착해 이제 그녀가 확인해야 할 이메일은 120통으로 늘어났다. 출근길에 떠올린 아이디어를 진득하게 검토해볼 여유를 도저히 낼 수 없을 것 같다. 집을 나설 때만 해도 오늘 하루를, 이 한 주를, 새 업무를 산뜻하게 시작하려는 기대감으로 차 있었는데 이제 그럴 가능성은 어디에도 보이지 않는다.

이런 에피소드는 비단 에밀리에게만 일어나는 일은 아니다. 전세계 어딜 가든 직장인들은 무언가에 압도돼서 하루하루 끌려가는 인생을 살아간다. 누구는 승진의 부담에, 누구는 구조조정의 불안에 압도돼 있다. 또한 그들 모두 언제나 묵직하게 두 어깨를 짓누르는 과한 업무량에 압도돼 있다. 세상이 디지털화되고 세계화되고 재구성되는 오늘날, 당장 눈앞에 산더미처럼 쌓여 있는 잡무만큼 직장인들을 힘들게 하는 것도 없을 것이다.

이 이야기에서 에밀리가 자신의 건강이나 가족관계를 잘 지키면서도 효과적으로 업무를 처리하려면 어떻게 해야 할까? 나는 '뇌의 작동법'부터 고쳐야 한다고 주장하고 싶다. 무엇보다 훨씬 길어지고 복잡해진 업무 목록을 처리할 만한 새로운 생각의 회로를 만들어야 한다.

그런데 찬찬히 살펴보면, 에밀리의 경우와 같이 결정을 내리고 문제를 해결하는 데 발목을 잡는 것이 있다. 바로 인간의 뇌가 가진 한계다. 물론 우리 뇌가 몹시 놀라운 능력을 지니고 있는 것은 사실이다. 그러나 한꺼번에 두 가지 이상의 일을 처리하고자 할 때는 하버드를 졸업한 사람의 뇌나 평범한 여든 살 노인의 뇌나 그다지 큰 차이를 보이지 않는다.

1장부터 3장까지는 지적 수행 능력을 좌우하는 뇌의 생물학적 한계가 설명된다. 이 과정에서 매일 부딪히는 온갖 문제들에 전보다 더 영리하게 접근하는 방법을 익혀나갈 것이다. 에밀리와 폴의 뇌가 변화해가는 모습을 지켜보면서 당신 역시도 같은 경험을 할 수 있을 것이다.

결정을 내려주는 전전두피질

무언가를 결정하거나 문제를 해결하는 기능은 뇌의 '전전두피질prefrontal cortex'이라는 부위가 관장한다. 피질이란 뇌의 바깥 부분을 덮는 물질, 즉 외피를 가리킨다. 다음 그림에서 보이는 쪼글쪼글한 회색 물질이 바로 전전두피질이다. 두께는 0.25센티미터로 껍데기처럼 뇌를 감싸고 있다. 이것은 이마 바로 뒤에 있는데, 전체 피질의 작은 일부분에 불과하다. 진화 과정에서 가장 마지막으로 발달한 뇌의 주요 부위인 이것의 부피는 기껏해야 나머지 뇌 부분의 4~5퍼센트 정도다.

전전두피질이 작다고 해서 무시해서는 안 된다. 이 세상에는

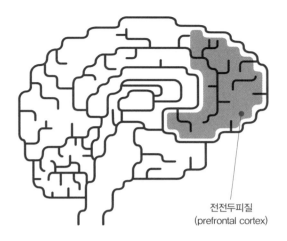

전전두피질
(prefrontal cortex)

다이아몬드나 에스프레소처럼 콤팩트하면서도 큰 가치를 가진 것들이 얼마나 많은가? 전전두피질이 없다면 당신은 아무런 목표도 세울 수 없다. 예를 들어, 슈퍼마켓에 가서 우유 한 병을 사야겠다는 단순한 계획조차도 세울 수 없게 된다. "저 오르막 위에 있는 가게에서 우유를 사고 내려와야지!"란 말을 하는 것은 상상도 할 수 없는 일이다. 전전두피질이 없다면 충동을 억제할 수도 없다. 따뜻한 봄날 살랑바람이 불 때 햇볕에 기분 좋게 데워진 땅바닥에 드러눕고 싶은 충동이 들면 이를 자제할 수 없어 곤란해질지도 모른다.

어디 그뿐일까? 가장 중요한 것은 문제가 발생하면 이를 해결할 능력이 없어진다는 것이다. 만일 자동차에 치인다 해도 병원에 가서 처치를 받아야 한다는 생각을 하지 못하게 될 것이다. 이전에는 경험하지 못한 상황을 그려보는 능력이 없을 테니 병원에 가야겠다는 생각이 든다 해도 대체 뭘 타고 어떻게 가야 하는

지 모를 것이다. 창의적인 사고 역시 불가능해진다. 설령 누군가에 의해 병원에 옮겨져 운 좋게 치료를 받고 무사히 집에 돌아왔다고 해도 가족에게 자신이 무슨 일을 겪었는지 얘기해줄 수 없게 된다.

전전두피질이란 한마디로, 의식이 외부세계와 상호작용하는 생물학적 공간이다. 기계처럼 자동적으로 조종되듯 사는 것이 아니라 머리를 통해서 사고하면서 문제와 장애물을 헤쳐나가는 뇌의 핵심이다.

지난 10여 년 동안 신경과학자들은 전전두피질에 대해서 많은 중요한 사실을 밝혀냈다. 특히 예일대학교 의과대학의 신경생물학 교수인 에이미 안스텐 박사 연구진의 성과는 눈부실 정도다. 안스텐 박사는 전전두피질에 우리가 어느 시점에 품었던 생각이 고스란히 남아 있다고 말한다. 외부 자극이나 특정한 장면에서 비롯된 것이 아닌, 자신의 생각이 저장되는 창고가 바로 전전두피질이란 것이다. 다시 말해, 안스텐 박사는 전전두피질을 통해서 우리 스스로 생각을 만들어내고 있다고 설명한다.

이처럼 전전두피질은 여러모로 유용한 생물학적 부위지만 한편으로는 심각한 한계를 지니고 있다. 이런 전전두피질의 한계를 경제적 규모로 비유해보자. 전전두피질에서 어떤 생각을 하기 위해 필요한 자원 처리의 규모가 지금 바지 주머니 속에서 쩔랑거리는 동전이라고 하자. 그에 반해 뇌의 나머지 부분에서 처리하는 규모는 미국의 경제 규모와 맞먹을 정도다. 안스텐 교수는 "전전두피질은 우리 뇌 속에 사는 골디락스(영국 전래동화『골디락스와 곰 세 마리』에 나오는 소녀의 이름. 소녀는 숲 속에서 길을 잃고 곰 세 마리가 사는 집에 도착해 세 가지 온도의 수프 중 뜨겁지도 차갑지도 않은 적당한 수프를 골라 만족스럽게 식사를 끝낸다)라고 할 수 있다. 골디락스가 곰이 끓여놓은 세 가지 수프 중 꼭 맞는 온도의 수프를 골라 먹는 것처럼, 전전두피질 역시 매사에 꼭 맞게 의사결정을 하게 만든다. 그러지 않으면 제 기능을 다한다고 볼 수 없다."

이제 에밀리의 이야기로 다시 돌아가보자. 그녀는 승진한 만큼 많은 정보를 새로 받아들여서 업무를 제대로 수행하는 방법을 배워야 할 것이다.

전전두피질은 생각이 등장하는 연극무대

자, 이 책이 끝날 때까지 계속 등장할 전전두피질에 관한 재미있는 비유를 해보자. 전전두피질은 하나의 작은 연극무대다. 그리고 당신의 관심을 끄는 잡다한 정보들은 바로 이 전전두피질이라는 무대에서 저마다의 역할을 하고 있는 배우다. 이 배우들은 종종 바깥에 있다가 정식으로 연기를 하기 위해 무대 안으로 등장한다. 이는 외부에 있던 정보가 당신의 관심을 끄는 것을 의미한다. 가령 에밀리가 밤새 도착한 이메일 100여 통을 보는 것처럼 말이다.

그러나 이 전전두피질이라는 무대는 보통의 연극무대와 조금 다르다. 가끔 관객처럼 앉아 있다가 어느새 무대 위로 올라가서 연기를 하는 배우가 있기 때문이다. 앉아 있던 이 관객은 바로 당신 내부에 있던 정보를 일컫는다. 당신의 생각이나 기억, 온갖 이미지와 같은 것들이 바로 이런 관객이었다가 배우가 되는 정보들인 셈이다. 전전두피질이라는 무대는 어느 것이나 배우로 끌어올릴 수 있다. 외부에서 침입한 정보, 내부에 있던 정보, 혹은 이 두 가지가 결합된 정보 등이 무대에 올라서 배우 역할을 한다.

배우들이 '당신의 관심'이라는 무대 위에 등장하면 재미있는 일들이 벌어진다. 이 개념을 '이해'하려면 무대 위에 새로운 배우를 올리고 이들이 관객들, 즉 머릿속에 내재돼 있는 정보와 어떻게 결합하는지 시간을 들여 관찰해야 한다. 에밀리는 이메일을 읽고 그 내용을 이해함으로써 이런 과정을 거쳤다. 이 책을 읽고 있는 바로 이 순간에도 당신의 뇌에서는 이런 과정이 일어나고 있다.

'결정'을 내리려면 일단 배우들을 무대 위에 올려놓고 한 명씩 비교하면서 가치판단을 해야 한다. 에밀리가 이메일을 한 통씩 읽고서 어떻게 답장을 쓸지 고민하는 것이 바로 가치판단의 과정이다.

정보를 '환기'하려면, 즉 과거로부터 기억을 떠올리려면 관객을 무대로 데려와야 한다. 오랜 기억이라면 그 관객은 저멀리 컴컴한 무대 뒤편에 앉아 있을 수도 있다. 이런 관객을 무대로 올리려면 시간과 노력이 필요하다. 그러다 결국 길을 잃고 헤맬 수도 있다. 에밀리는 기존에 배운 시간관리 기술을 생각해내기 위해 머리를 쥐어짜보지만 결국 포기하고 만다. 그 정보를 의미하는 관객이 무대와 너무 먼 곳에 앉아 있었기 때문이다.

정보를 '기억'해내려면 배우를 가까운 관객석에 앉혀둬야 한다. 에밀리는 운전하면서 회의에 대한 아이디어를 잘 기억해보려고 애썼지만 이것은 너무나 피곤한 일이었다.

가끔은 어떤 배우에게 초점을 맞출 필요가 없을 때도 있다. 왜

나하면 무대에서 멀찍이 떨어뜨려놔야 하는 경우가 있기 때문이다. 예를 들어, 마감이 코앞인 기안을 작성하고 있다고 하자. 그런데 그 마감이 점심시간과 겹치다 보니 일하다가도 점심메뉴에 대해 고민하게 된다. 그런 잡념이 들 때마다 피 같은 시간이 날아가버린다. 따라서 특정 배우를 무대에서 떨어뜨려놓는 '억제'라는 작업을 하기 위해서는 많은 노력이 필요하다. 특히 직장인에게 이 작업은 매우 중요하다. 새 업무를 잘하려고 고민하다가 실수로 상사의 음성 메시지를 삭제해버린 에밀리의 전철을 밟지 않으려면 말이다.

'이해', '결정', '환기', '기억', '억제'라는 이 다섯 가지 기능이 의식적인 사고의 대부분을 차지한다. 이 기능들이 다양하게 결합되어 계획과 문제 해결, 의사소통 등의 다양한 과제를 수행한다. 뇌는 이런 기능을 할 때 전전두피질을 집약적으로 활용하며 상당한 양의 자원을 사용한다. 그런데 그 규모는 에밀리가 알고 있는 것보다 훨씬 크다.

전전두피질에 조명을 켜라

얼마 전 나와 아내는 걸어서 언덕배기 위에 있는 슈퍼마켓에 다녀왔다. 고작 우유 하나를 사려고 말이다. 가는 길에 아내가 내게 갑자기 뭔가를 물어서 나는 멈춰 섰다. 언덕을 올라가려면 에너지가 필요한데, 의식적인 정신 활동을 하는 데도 역시 에너지가 필요하다. 그런데 그때 나는 걷기와 생각하기를 동시에 할 만큼 에너지가 충분하지 않았다. 의식적인 정신 활동을 하려면 신진대사원, 즉 혈액 속에 있는 연료를 공급받아야 한다. 뇌는 심장이 뛰거나 폐로 호흡하는 기계적인 기능을 할 때보다 생각할 때 훨씬 빨리 연료를 섭취한다. 전전두피질이라는 무대도 그 기능을 제대로 수행하려면 많은 에너지가 필요하다. 이는 배우들이 최대한 잘 보일 수 있도록 무대 뒤편까지 조명을 환하게 비춰야 하는 것과 비슷한 이치다.

그런데 문제가 하나 있다. 전전두피질이라는 무대를 밝힐 조명의 에너지원이 한정돼 있기 때문이다. 이 에너지원을 쓸 때마다 새 건전지 한 쌍을 끼워 넣듯 계속 보충해주어야 하는 것이다. 이러한 한계가 의학적으로 처음 증명된 것은 1898년이다. 과학자 J.C. 웰시는 사람들이 정신적 과제를 해결하면서 동시에 육체적 과제를 수행하는 능력을 측정해보았다. 웰시는 피실험자들에게 일단 정신적 과제를 하도록 했다. 그런 후에 힘을 측정하는 기계인 검력계(檢力計)를 주고서 있는 힘껏 쥐어보게 했다. 그 결과, 그냥 있을 때보다 정신적 과제를 수행하고 있을 때 힘이 줄었는데, 심한 경우 50퍼센트까지 줄기도 했다. 회의 일정을 잡는 것과 같이 무대에서 많은 에너지를 소모해야 하는 과제가 지속된다면 누구나 1시간쯤 후에는 기진맥진할 것이다.

반면 트럭 운전사가 밤낮으로 운전할 때는 어떨까? 이 경우 운전사는 잠만 충분히 자두면 된다. 트럭을 운전할 때 전전두피질을 사용할 일은 거의 없기 때문이다(물론 갓 운전면허를 땄거나, 새로 산 트럭을 몰거나, 길을 잘 모른다면 이야기는 달라질 테지만 말이다). 그 대신 이때는 뇌의 다른 부위가 개입하는데, 바로 '기저핵 basal ganglia'이라는 곳이다. 네 덩어리로 구성된 기저핵은 적극적인 집중력이 그다지 필요 없는 기계적인 활동을 관장한다. 진화의 관점에서 보면 기저핵은 인간의 뇌에서 무척 오래된 부위다. 기저핵은 에너지 효율이 높기 때문에 대체로 전전두피질보다 한계가 적은 편이다. 한 가지 동작을 몇 분에 한 번씩 반복하면 어느새 기저핵이 그 동작을 관장하는 것이다. 뇌의 다른 부위들 가운데서도 그런 경우가 있지만, 기저핵은 대체로 무의식적인 상황에서 작용한다. 그렇기 때문에 에밀리가 운전하는 데 방해되지 않으면서 동시에 회의에 대해 생각할 수 있는 것이다.

전전두피질은 포도당이나 산소와 같은 신진대사를 위한 에너지원을 섭취하는데, 그 속도는 우리가 생각하는 것보다 훨씬 더 빠르다. 플로리다대학의 로이 보마이스터는 이렇게 설명한다.

"의사결정을 하고 충동을 제어하는 활동에 필요한 자원을 담아두는 곳은 생각보다 크지 않다. 따라서 채워진 자원을 다 써버리면 다음 활동을 할 에너지원이 없게 되는 것이다."

그렇기 때문에 어려운 결정을 내리고 난 다음에는 쉽게 지친다. 이때 포도당 음료수를 마시면 도움이 된다. 보마이스터는 포도당이나 설탕 등을 넣어 단맛을 낸 레모네이드로 이 가설에 대한 실험을 해보았다. 실험 결과, 레모네이드가 과제를 수행하는 데 긍정적인 효과를 미친다는 사실을 확인했다.

정보를 무대로 올리는 데는 에너지 소모가 극심하다. 무대에서 연극이 진행될수록 이 연료는 술술 빠져나간다. 그래서 일상생활에서 피곤하거나 배가 고프면 일에 집중하기가 더 어려워지는 것이다. 누구나 새벽 2시가 되면 더는 아무런 생각도 하고 싶지 않을 것이다. 이때 생각하고 싶어 하지 않는 주체는 당신이 아닌 바로 당신의 뇌다. 이처럼 사고의 질이 높은 시간은 그리 길지 않기 때문에 '더 열심히 하는 것'이 24시간 가능한 것은 아니다.

전전두피질이라는 무대에서 연극을 하려면 왜 이토록 많은 에너지가 필요한 걸까? 어떤 과학자들은 전전두피질이 계속 진화하고 있는 데다 오늘날의 거대한 정보량을 처리할 수 있도록 더 많은 진화가 요구되기 때문이라고 주장한다. 그럼, 에밀리의 이야기로 돌아가서 그녀의 하루를 좀 더 살펴보자.

무대에 올릴 배우 고르기

● 　　　　　　　　오전 9시

에밀리는 회의실에 들어간다. 그녀의 뇌에 온갖 정보들이 비집고 들어온다. 세 사람이 동시에 정신없이 떠드는 소리, 형형색색으로 넘어가는 차트, 온갖 그림과 동작들, 열두 명의 얼굴…. 이 순간 에밀리의 뇌로 들어오는 정보의 양과 복잡함에는 그 어떤 슈퍼컴퓨터라도 두손 두발 다 들 것이다.

에밀리는 회의실 안으로 들어서는 순간부터 단기기억(인식에 들어왔다가 금세 사라지는, 즉 관심을 기울이지 않는 정보에 대한 기억) 속 정보를 처리한다. 이때 정보가 대량으로 들어오면 안타깝게도 20~30초 정도면 그 대부분이 사라져버린다. 마치 수백 명이나 되는 새 배우들이 무대 위로 재빨리 올라왔다 내려가는 것과 같다. 만약 1분 뒤 에밀리에게 회의 참석자들이 무슨 옷을 입었는지, 차트에 무슨 내용이 있었는지 묻는다면 제대로 대답하지 못할 것이다. 아마도 기억해내려고 많은 애를 써야 하거나 기록한 내용을 들여다봐야만 할 것이다.

잠시 후 에밀리는 애초에 이 회의실에 들어온 이유를 기억해낸다. 매들린이라는 새로 온 직원과 커피를 마시면서 얘기를 나누기 위해서였다.

에밀리의 뇌 속에서는 지금 세 가지의 에너지 소모 과정이 동시에 진행되고 있다. 이 세 과정에는 뇌의 여러 부위가 관여하는데, 이 중 전전두피질은 전체 과정을 통제한다.

가장 먼저 회의실에 관한 시각정보와 청각정보가 그녀의 단기기억으로 유입된다. 이 단계에서는 데이터를 잘 관찰해둬야 한다. 마치 방금 주차해놓은 차를 나중에 찾기 위해서 주차장 전체를 죽 훑어보는 것처럼 말이다. 무대 위에 있는 정보를 잘 붙잡아두기 위해서는 노력이 필요하다. 이렇게 애쓰다 보면 계속 에너지를 쓸 수밖에 없다.

그다음으로 에밀리는 매들린의 이미지를 무대 위로 불러내야 한다. 그리고 방금 뇌에 들어온 회의실에 관한 정보와 무대 위로 불러낸 이미지를 비교해본다. 물론 에밀리의 장기기억(단기기억에 비해 상대적으로 길고 비교적 영속적인 기억)에 저장돼 있는 수십억 개의 데이터 조각에서 매들린의 얼굴을 *끄집어낸다*. 에밀리는 매들린의 이미지를 보여주는 회로가 계속 켜져 있도록, 다시 말해서 무대 위에 매들린이라는 배우가 계속 올라와 있도록 해야 한다. 이때는 이전의 과정보다 더 많은 에너지가 필요하다.

마지막으로 커피를 계속 생각하고 있어야 한다. 그렇지 않으면 회의실에서 매들린을 찾는다 해도 왜 그를 찾았는지 기억하지 못할 것이다.

이 세 가지 과정, 즉 '들어오는 데이터 관찰하기', '매들린' 그리고 '커피'가 동시에 활성화돼야 한다. 그런데 단기기억으로 계속

들어오는 데이터가 이 과정을 방해할지도 모른다. 이제 에밀리가 에너지를 써서 무대 위에 붙잡아둬야 할 배우는 셋이다. 한편 자꾸 무대로 올라오려는 새로운 배우들을 멀찍한 곳으로 몰아내는 것도 잊어서는 안 된다.

●

드디어 에밀리가 매들린을 찾아내고 묻는다.

"어디로 갈까요?"

"글쎄요, 아직 생각 못했어요."

회의실을 나가면서 매들린이 대답하자 에밀리가 다시 묻는다.

"그럼 앉아서 얘기하기 좋은 데가 있는지 한번 돌아볼까요?"

에밀리의 말에는 어떤 의미가 담겨 있을까? 아마도 우리는 그녀의 말에서 배고픈 동물처럼 먹이가 필요해진 정신적 무대를(어떤 정보를 이 무대에 올리려고 하기 때문에) 떠올릴 수 있을 것이다. 그런데 사람마다 이 사실을 받아들이는 태도가 다르다. 인간의 뇌가 고작 이 정도 수준이냐며 탄식하는 사람도 있고, 비서에게 당장 포도당이나 콜라 한 잔을 가져오라고 하는 사람도 있다. 아니면 정신적 무대를 새롭게 편성해서 사용하는 사람도 있다.

만약 정신적 무대가 제한된 자원이라면 주식이나 황금, 현금처럼 다른 제한된 자원과 마찬가지로 생각할 수 있다. 에밀리의 회사에서 자산을 효율적으로 소비하고 관리하는 것처럼 그녀 역시도 뇌의 사고 용량을 철저하게 관리한다고 가정하는 것이다. 그런데 그녀는 운전하면서 줄곧 회의에 대해 생각하느라 출근하기도 전에 벌써 기진맥진해버렸다. 한정된 자원을 쓸데없이 낭비한 것이다. 그러고 나서 사무실에 도착하자 그녀는 산더미처럼 쌓인 이메일을 처리하면서 하루를 시작한다. 엄청난 자원을 또 값어치 없이 소비해야 한다. 결국 뇌의 가장 중요한 자산을 효율적으로 활용하지 못하게 된다.

이제 다른 관점에서 살펴보자. 뇌라는 무대에 배우를 올려야 한다면 중요한 역할을 하는 배우만 올리는 건 어떨까? 한정된 자원을 함부로 낭비할 수는 없지 않은가. 아무리 당신이 노력한다 해도 온종일 도로를 달리는 트럭 운전사처럼 회의실에 앉아 계속해서 최고의 결정을 내릴 수는 없는 법이다!

먼저 우선순위를 정하라

에밀리가 만약 자신의 무대에 이처럼 엄청난 에너지가 들어간다는 사실을 알았다면 아마도 하루를 다르게 시작했을 것이다. 이메일을 확인하는 것처럼 고도의 집중력이 필요한 일부터 덥석 시작할 게 아니라 무엇보다 업무의 우선순위부터 정하지 않았을까? 왜냐하면 우선순위를 정하는 것이야말로 뇌가 에너지를 가장 많이 소모하는 과정이기 때문이다.

정신적 활동을 몇 가지만 해도 우선순위를 정하는 데 필요한 자원은 별로 남지 않게 된다. 에너지를 집중적으로 소모하는 배우를 무대에 올리는 것은 마치 공원에서 장난감 헬리콥터를 날리는 것과 비슷하다(아이는 자기 것인 줄 알지만 사실은 아빠가 갖고 싶어서 사준 헬리콥터 말이다). 아빠는 헬리콥터를 하늘로 띄우려고 하지만 좀처럼 뜨질 않는다. 전원이 부족하기 때문이다. 전원이 부족한 헬리콥터는 겨우 몇 센티미터 솟아오르는 듯하다가 금세 추락해버린다. 땅 위로 띄우려 할수록 에너지는 자꾸만 소모된다. 이때는 충전을 해서 에너지원을 넉넉히 채운 뒤에 다시 띄우는 게 좋다.

10분 동안 이메일을 처리하는 것만으로도 우선순위를 정하는 데 써야 할 에너지를 다 써버릴 수 있다. 에밀리 역시 하루 일과의 우선순위를 정하지도 못하고 이메일 확인으로 시간을 보내면서 이런 상황을 겪었을 것이다. 우선순위를 정하는 데 왜 그렇게 배고픈 동물처럼 연료가 필요한지를 이해하려면 다음 말을 기억해보자.

"배우들마다 무대에 올리는 데 필요한 에너지의 정도가 다 다르다!"

무대에 올리기 어려운 배우

금방 일어난 일은 쉽게 떠올릴 수 있다. 연극무대에서 제일 앞줄에 앉아 있는 음향기사를 찾는 것이 쉬운 것처럼 회로가 신선해서 금방 연결되기 때문이다. 이를 실험으로 재현해보자. 방금 전 점심으로 뭘 먹었는지 기억해보라. 아마 별로 큰 노력을 기울이지 않고도 금세 생각날 것이다. 최근의 일을 뇌의 무대로 올리는 데는 시간과 에너지가 많이 필요하지 않다. 맨 앞줄에 앉은 음향기사를 무대 위로 불러내는 것과 같다.

자, 이번에는 열흘 전 점심시간에 뭘 먹었는지 떠올려보라. 매일 점심으로 같은 메뉴를 먹는 게 아니라면 오늘 점심 메뉴를 떠올리는 것보다 시간과 노력이 훨씬 많이 들 것이다. 오래전에 먹은 점심을 떠올리기 위해 필요한 회로는 관객석 뒤편에 앉은 관객을 무대로 불러올리는 것과 같다. 그래서 관객석을 살피는 데 시간이 더 걸리는 것이다. 기억에 관해 연구하는 사람들은 이전 기억을 떠올리려면 시간을 되짚어가야 한다는 사실을 알아냈다. 다시 말해, 현재와 찾고자 하는 기억이 제일 처음 형성된 시점 사이에 발생한 사건들을 다시 거슬러올라가며 떠올려야 하는 것이다. 만약 에밀리가 이메일을 처리하면서 일전에 참가한 교육 내용 등과 같이 기억창고의 뒤편에 있는 기억을 찾아내려면 시간과 주의력, 에너지를 더 많이 소요해야 할 것이다.

자, 이번에는 중국에 있는 일식당에서 점심 6인분을 준비하는 과정을 생각해보자. 만약 중국에서 일하는 일본인 주방장이라면 아무 문제가 없는 상상일 것이다. 하지만 이에 대한 정보가 없는 사람이라면 적합한 이미지의 정보를 찾아 점심의 이미지를 스스로 연출해야 한다. 일단 여러 이미지 중에서 일식당의 모습을 찾고 친구 여섯 명을 떠올리고서 마지막으로 중국의 이미지를 마음속으로 그려보라.

이 과정은 무대 위에 한 명이 아닌 스무 명의 배우를 올리는 경우처럼 어렵다. 시간과 노력이 훨씬 많이 들기 때문이다. 우리 뇌는 에너지를 최소한으로 사용하길 원한다. 왜냐하면 뇌가 진화하던 당시에는 신진대사원을 구하기가 어려웠기 때문이다. 따라서 생각이나 노력을 기울여야 하는 일처럼 신진대사원을 소비하는 활동에는 약간의 불쾌감이 따르게 마련이다(노력을 기울이는 일이 즐겁기만 하다면 TV 리모컨이나 식기세척기 등은 아마도 세상에 나오지 않았을 것이다).

한 번도 못 본 것을 마음속에 그리려면 많은 에너지와 노력이 필요하다. 그렇기 때문에 문제(이미 본 것)보다 해결책(아직 못 본 것)을 떠올리는 데 시간이 더 오래 걸린다. 실천 가능한 목표를 세우기가 쉽지 않은 것도 미래를 시각화하기 어렵기 때문이다. 대니얼 길버트는 『행복에 걸려 비틀거리다』에서 이러한 사실이 담고 있는 의미를 심도 있게 고찰했다. 특히 그는 이 책에서 사람이 '효과적인 예측', 즉 미래에 느낄 수 있는 감정을 예측하는 데 얼마나 서투른지 일목요연하게 보여주고 있다. 다시 말해, 사람들은 미래의 특정한 시점에 느끼게 될 정신적 상태를 정확하게 평가하지 않고 단순히 지금 현재의 감정을 바탕으로 미래의 감정을 결정한다. 그리고 바로 이런 태도에서 문제가 발생하게 된다.

우선순위를 정하는 일도 마찬가지다. 우선순위를 정하려면 경험해보지 않은 일을 상상하고 이것저것 따져봐야 하기 때문에 어렵게 느껴지는 것이다. 회의에서 발표할 기획서를 작성하는 일보다 새 어시스턴트를 뽑는 일이 더 쉽다는 걸 에밀리가 어떻게 판단할 수 있겠는가. 두 가지 다 실제로 일어난 사건이 아닌데 말이다. 다시 말해, 앞서 언급한 사건들 중에서 에밀리의 무대의 관객석에 앉아 있는 관객이 없다는 뜻이다. 게다가 우선순위를 정하려면 앞에서 언급한 기능들, 즉 '이해', '결정', '환기', '기억', '억제' 등을 동시에 수행해야 한다. 마치 철인 삼종경기처럼 정신적 과제의 삼종경기를 치러야 하는 것이다.

스키 슬로프의 난이도를 여러 기호로 나타내는 것처럼 정신적 과제도 난이도에 따라 가장 쉬운 녹색부터 파란색, 검은색까지 표시한다고 하자. 그렇다면 콘셉트 프로젝트로 넘쳐나는 지금의 지식경제에서 우선순위를 정하는 일은 가장 고난도인 검은색에 해당할 것이다. 따라서 생기와 에너지가 넘칠 때 업무의 우선순위부터 정하라. 안 그랬다가는 급경사로에 처박혀서 곤죽이 될지도 모르니 말이다.

출근 후 할 일 1: 우선순위 정하기

일을 시작할 때 무엇보다 업무의 우선순위부터 정해야 한다고 했다. 이제 에밀리가 우선순위부터 정한다고 가정해보자. 맑은 정신과 충분한 포도당 연료를 확보한 상태로 말이다. 에밀리는 우선순위를 정하는 능력을 극대화하기 위해서 더 어떤 일을 할 수 있을까?

정보를 처리할 때 에너지를 적게 쓰려면 '시각화 작업'을 활용해야 한다. 말 그대로 내면의 눈으로 보는 작업이다. 예를 들어, 당신은 지금 복잡한 뇌과학 개념을 공부하고 있다. 무대라는 비유를 이용해 전전두피질에 대해서 배우는 중이다.

이 개념을 그림으로 떠올리면 뇌 뒤편의 후두엽^{occipital lobe}에 있는 시각령^{visual cortex}이 활성화된다. 시각령은 실제 사진이나 비유, 또는 줄거리와 같이 마음속에 시각화된 이미지를 떠올리면 활성화된다.

시각화 작업은 매우 유용한데, 그 첫 번째 이유는 정보 효율이 무척 높은 구조이기 때문이다. 당신의 침실을 떠올려보자. 마음속에 떠오른 침실의 이미지는 엄청난 양의 정보를 가지고 있다. 방 안에 있는 수많은 사물의 크기와 모양, 위치, 사물들 간의 복잡한 관계 등 다양한 정보가 들어가 있다. 만약 이런 정보를 글로 옮긴다면 시각화할 때보다 훨씬 많은 에너지가 필요할 것이다.

두 번째 이유는 우리 뇌와 관련이 있다. 뇌는 사물과 사람의 관계와 연관된 머릿속 이미지를 만들어낸 역사가 무척 길다. 뇌의 진화 역사상 시각화 과정은 수백만 년에 걸쳐 만들어진 산물이다. 그만큼 그 과정도 매우 효율적이라 할 수 있는데, 특히 언어와 관련된 작용 기제와 비교해보면 더욱 그렇다. 각종 연구 결과에 따르면 사람들에게 논리 문제를 낼 때 추상적인 개념보다 구체적인 상황을 가지고 문제를 내면 푸는 속도가 훨씬 빨라짐을 확인할 수 있다.

이처럼 복잡한 개념을 시각화하면 한정된 에너지원을 가장 효율적으로 사용할 수 있다. 이것은 또한 전전두피질에 가해지는 부담을 줄이면서 에너지원을 효율적으로 활용할 수 있게 한다. 만약 에밀리가 종이 위에 그날 진행할 중요한 업무 네 가지를 적어놓는다고 하자. 그러면 각각의 업무를 기억해내느라 에너지를 소비하지 않아도 되기 때문에 뇌에서 여러 구성요소를 비교할 수 있는 공간을 더 확보할 수 있게 된다.

혹은 서류화일이나 자, 펜 등 각각의 업무를 대표하는 사물을 정해 그것으로 표시해도 같은 효과를 거둘 수 있다. 한마디로 머릿속에 들어 있는 개념을 밖으로 끄집어내는 것이다. 그러면 가장 중요한 기능들을 수행할 무대의 공간을 마련할 수 있다. 즉, 사용하는 에너지를 최소화하면 업무 수행 능력을 극대화할 수 있는 것이다.

출근 후 할 일 2: 시간대별 업무 쪼개기

자, 이제 아침에 일어나 곧장 그날 해야 할 일들의 우선순위를 정했다. 마음속에 있는 것들을 끄집어내서 비교까지 마쳤다. 하지만 아침을 더욱 효과적으로 보내려면 한 가지가 더 필요하다.

무대는 에너지를 빠르게 써버린다. 그래서 조명이 어두워지면 배우들을 적재적소에 배치하고 필요 없는 배우를 무대에서 배제하는 것이 더 어려워진다. 다시 말해, 주의력을 가장 많이 기울여야 하는 우선순위 정하기 작업을 하기 위해서는 정신이 맑게 깨어 있어야 한다는 것이다. 따라서 주로 휴식이나 운동을 마친 아침 시간이 가장 적합하다.

전전두피질은 에너지에 굶주려 있는 다른 신체 부위들과 많은 공통점을 가지고 있다. 예를 들어, 전전두피질도 근육처럼 많이 사용하면 지친다. 따라서 휴식을 충분히 취해야 일을 더 많이 할 수 있다. 정신이 맑을 때는 까다로운 결정도 30초 만에 내리지만 그렇지 않을 때는 아주 단순한 결정조차 내리지 못할 수 있다.

지금 자신의 뇌에 에너지가 필요하며 업무계획을 잘 짜야 한다는 사실을 알고 있는 것도 도움이 된다. 여러 시간대를 정해놓고 실험해보라. 업무 내용끼리 나누지 말고 뇌를 사용하는 방식에 따라 업무를 여러 시간대로 나눠서 배치하는 것도 좋은 방법이다. 가령 당신이 지금 네 가지 프로젝트를 진행하고 있다고 해보자. 그런데 이들 프로젝트에는 모두 창조적인 글쓰기 작업이 요구된다. 글쓰기 작업을 잘하려면 머릿속이 맑고 가벼워야 한다. 그래서 월요일을 네 가지 프로젝트에 필요한 글쓰기 작업을 하는 날로 정한다.

그런데 가만 생각해보자. 사람들은 원래 이런 방식으로 일하지 않는다. 대부분이 한 번에 한 가지 프로젝트에만 몰두하려는 경향이 있기 때문이다. 아니면 문제가 발생할 때만 그 일을 처리한다. 그나마도 일관되게 조치를 취하는 것도 아니다. 어떤 때는 피상적이고, 어떤 때는 지나치게 세부적으로 파고들어가며, 또 어떤 때는 멀티태스킹을 하거나 이런저런 일들을 돌아가며 처리하는 식으로 대응하곤 한다. 그러나 좀 더 현명하게 일하려면 이렇게 원칙 없이 대응해서는 안 된다.

당신은 하루를 여러 시간 묶음으로 나눌 수 있다. 창조적 글쓰기를 하는 깊은 사색의 시간, 회의 시간, 이메일을 처리하거나 하는 단순한 반복업무 시간 등으로 말이다. 깊은 사색이 필요한 시간은 에너지가 더 많이 요구되는 경향이 있다. 따라서 이른 아침이나 밤늦은 시간과 같이 정신이 더 맑은 시간대로 배정하면 좋다.

이런 식으로 하루 업무를 시간대별로 잘 배치하면 뇌에 에너지를 회복할 여유가 생겨 효과적이다. 우리는 운동할 때도 온종일 무거운 운동기구만 들지는 않는다. 무거운 역기를 드는 근력운동을 조금 하다가 심혈관운동을 하거나 또 스트레칭을 하기도 한다. 운동 종목을 바꿀 때마다 당신의 근육도 새 운동에 다시 적응한다. 우리 몸의 쓰는 근육과 쉬는 근육이 바뀌는 것이다. 여러 종류의 생각을 할 때도 마찬가지다. 따라서 여러 업무를 섞어서 하면서 틈틈이 뇌를 쉬게 해줘야 한다.

출근 후 할 일 3: 쓸데없는 일 위임하기

우선순위를 정하는 것이 효과적인 또 하나의 이유는 무대에 올리지 말아야 할 것에 대한 기준을 세울 수 있다는 점이다. "정말로 필요할 때가 아니면, 혹은 급하지 않은 업무는 필요해질 때까지 신경 쓰지 않는다."는 기준을 세워두면 굳이 생각하지 않아도 될 때 생각에 빠져 시간을 낭비하지 않을 것이다. 물론 우선순위에 들어가 있지 않은 업무라고 해서 당당히 "지금은 안 돼!"라고 말하는 게 쉽진 않다. 하지만 그렇게 하면 도움이 된다. 이처럼 덜 중요한 업무에 덜 신경 쓰려면 위임을 잘하는 것이 좋다.

위임할 업무는 어떤 방식으로 정해야 할까? 이 작업 또한 우선순위를 정하는 것처럼 많은 에너지가 필요한 일이므로 머릿속이 맑을 때 처리하자. 덜 중요한 업무를 덜 생각하는 기술이 과연 존재할까? 물론이다! 필요한 정보를 모두 얻을 때까지 그 업무에 신경을 끄고 있으면 된다. 정보가 앞으로도 계속 들어온다는 사실을 뻔히 알고 있으면서도 부족한 상태로 문제를 풀겠다고 에너지를 허비하지 마라.

지금까지 여러 페이지에 걸쳐 구구절절 설명을 늘어놓았지만 핵심은 다음과 같다.

"당신이 훌륭한 결정을 내리는 능력은 한정된 자원이다. 그러므로 이 귀중한 자원을 아낄 수 있을 때 아껴라!"

이제 이번 장에서 설명한 아이디어들을 정리해보자. 만약 에밀리가 전전두피질의 한계를 제대로 이해하고 있었다면 그녀의 아침은 이렇게 바뀌었을 것이다.

산더미처럼 쌓여 있는 잡무-장면 2

● 　　　　　　　오전 7시 반

에밀리는 식탁에서 일어나 폴과 아이들에게 키스를 하고 현관을 나와 차로 향한다. 가족과 즐거운 주말을 보냈으니 이제 새로운 업무에 집중하고 싶다. 에밀리는 운전하면서 이번 주 업무를 최고로 잘해내려면 어떻게 해야 할지 생각하기 시작한다. 문득 회의에서 얘기해볼 만한 괜찮은 아이디어가 떠오른다. 이럴 때를 대비해 차에 두고 다니는 녹음기를 꺼내 재빨리 이 아이디어를 녹음한다. 나중에 기억해내느라 뇌를 혹사시키면 안 되기 때문이다. 이제 에밀리는 라디오를 틀고 기분 좋은 음악으로 머리를 식히며 휴식을 취한다.

　사무실에 도착한 에밀리는 책상 앞에 앉아 있다. 컴퓨터를 켜고 회의에 필요한 기획안을 준비하기 시작한다. 바로 그때 100여 통에 가까운 이메일이 쏟아져 들어온다. 갑자기 짜증과 긴장감이 물밀듯 올라온다. 업무가 늘었다는 스트레스로 승진의 기쁨과 의욕은 금세 사라지고 만다. 월급이 올라가고 그와 함께 책임도 늘어나는 건 좋지만 그 부담감을 어떻게 해야 할지 막막할 따름이다. 오늘 처리할 일이 이메일뿐이라면 괜찮다. 하지만 몇 시간씩 걸릴 마라톤 회의가 몇 건이나 있고 검토해야 할 기획안도 세 건이나 있다.

　불안감이 증폭되자 에밀리는 업무의 우선순위부터 정해야겠다고 생각한다. 이 작업에는 많은 에너지가 필요하다는 사실을 알고 있다. 일단 컴퓨터와 휴대전화를 모두 끈다. 그러고 나서 화이트보드 앞으로 간다. 이메일 내용도 궁금하지만 오늘 업무의 우선순위를 결정하는 것은 절대 뒤로 미룰 수 없는 일이다.

그녀는 화이트보드에 작은 네모 세 개를 그린다. 각각의 네모는 그녀가 처리해야 할 업무, 즉 '회의'와 '어시스턴트 선정', '기획안 작성'을 의미한다. 마지막으로 '이메일 확인'이라고 적은 네모를 덧붙인다. 마침 출근길에 녹음해둔 아이디어가 떠오르자 그것도 기록한다. 에밀리는 뇌라는 무대에 모든 것을 붙잡아두기보다는 밖으로 꺼내 비교함으로써 한정된 에너지를 절약한 것이다. 이는 별것 아닌 듯하지만 그 차이는 대단하다. 자칫하면 그대로 낭비할 뻔한 정보처리 능력을 여러 항목의 관계를 고려하는 데 쏟을 수 있기 때문이다.

에밀리는 한 발 뒤로 물러나 네모들을 차례로 살펴보면서 고민하기 시작한다. 가만 보니 어시스턴트를 뽑는 작업이 가장 어려울 것 같다. 그렇다면 일단 이 일부터 처리하는 게 좋을 것이다. 그녀는 지금부터 1시간 동안 지원자들의 이력서를 검토하기로 결정한다. 그러면 아마도 퇴근 시간 무렵에는 누구를 뽑을지 결정할 수 있을 것이다. 1시간 중 마지막 10분은 만약을 대비해 이메일을 확인하거나 급한 용무가 있는지 확인하기 위해 비워둔다.

이력서를 검토한 지 1시간이 지나자 에밀리는 지원자들 가운데 조앤을 최종 후보로 내정한다. 그리고 조앤에게 전화해 다음 날 면접을 보기로 약속을 잡는다. 그사이에 급한 이메일 몇 통은 이미 처리한 상태다. 아직 답장을 기다리는 이메일이 많지만 그것은 퇴근 1시간 전에 확인하기로 마음먹는다.

에밀리는 점심 먹기 직전에 시간을 정해 기획안을 작성하

기로 결정한다. 그때는 컴퓨터나 휴대전화를 모두 꺼놓을 생
각이다. 하지만 마케팅 전략을 짜는 일은 내일 하기로 한다.
좀 더 맑은 정신으로 생각해보니 까다로운 업무 하나를 처리
하는 것만으로도 하루가 부족할 텐데 또 다른 업무까지 해야
한다면 둘 다 제대로 처리하지 못할 것 같기 때문이다. 게다
가 이 마케팅 전략 수립은 아직 마감기한까지 여유가 좀 있
다. 이처럼 에밀리는 오늘 하루, 이번 주의 첫날이자 승진한
첫날을 근사하게 시작했다.

• ― 뇌의 비밀 ― •

- 의식적 사고를 하면 뇌에 있는 신경세포 수십억 개가 생물학적으로 복잡하고 심오한 상호작용을 한다.
- 뇌는 어떤 생각에 의식적으로 몰두할 때마다 한정된 자원을 소모한다.
- 의식적 작용들 중에서 특히 에너지를 더 많이 소비하는 일이 있다.
- 우선순위를 정하는 일처럼 가장 중요한 의식적 작용을 할 때 에너지가 가장 많이 필요하다.

• ― 일 잘하는 뇌 만들기 ― •

- 의식적 사고는 아껴 써야 할 귀중한 자원임을 명심하라.
- 우선순위 정하기부터 먼저 처리하라. 이 일이야말로 에너지 집약적인 활동이다.
- 이메일 확인처럼 에너지 소모량이 높은 활동은 잠시 제쳐놓고 우선순위 선정 작업에 쓸 정신적 에너지부터 확보하라.
- 정신이 맑게 깨어 있을 때 생각을 가장 많이 해야 할 작업부터 처리하라.
- 정보를 무조건 뇌에 저장하지 마라. 복잡한 개념을 시각화하거나 업무 리스트를 작성해 뇌와 정보의 상호작용을 이끌어내라.
- 시간대에 따라 다양한 형태의 사고 과정을 배치하라.

생각이 많을수록
답은 저 멀리

1.4킬로그램의 한계

● 　　　　　오전 10시 반

폴은 프린터에서 갓 출력한 따끈따끈한 프린트 용지 뭉텅이
를 집어든다. 지금 추진 중인 계약에 관한 내용을 50페이지로
요약한 자료다. 이 건이 성사되면 폴이 이 사업을 시작한 이래
최대 규모의 계약이 될 것이다. 큰 기회인 것은 좋지만 잠재적
의뢰인에게 제안서를 제출해야 할 시간이 1시간도 남지 않았
다. 더군다나 점심시간에 잡힌 미팅도 함께 준비해야 한다.

　사실 폴은 이 자료를 이미 나흘 전에 받았다. 그는 즉시 제

안서를 작성하려고 했다. 그런데 자료를 대강 훑어보니 그 자리에서 금방 작성할 수 있을 것 같지 않았다. 그렇게 우물쭈물하다가 다른 일부터 처리하고 그 건은 그만 깜빡 잊어버리고 만 것이다. 평소에 제안서 정도는 1시간이면 뚝딱 해치웠던 터라 어제만 해도 걱정조차 하지 않았다. 하지만 그는 한 가지 사실을 간과했다. 이 계약이 그 어느 때보다 큰 규모라는 사실 말이다!

정신이 번쩍 든 폴은 다시 한 번 자료를 꼼꼼히 읽는다. 벌써 11시다. 그는 제출 시간을 30분 남겨둔 채 수식 프로그램 작업에 착수하지만 견적에 필요한 공식을 체크하느라 다시 10분을 허비하고 만다. 게다가 견적을 정확하게 내리면 앞으로 몇 시간은 더 걸릴 것 같다.

폴이 제안서를 작성하는 데 가장 큰 걸림돌이 된 것은 계약에 대해 알아둬야 할 정보가 너무 많다는 점이다. 그러다 보니 지난주에는 이 생각 저 생각으로 머리에 쥐가 날 지경이었다. 여유가 있던 그때도 선뜻 좋은 생각이 떠오르지 않았는데 지금은 아예 아무 생각도 할 수 없다. 온갖 정보가 뒤엉켜 무엇부터 시작해야 할지 도무지 실마리가 잡히지 않는다. 수많은 등장인물로 꽉 차버린 뇌라는 무대의 한구석을 정리해 새로운 생각을 떠올릴 만한 공간을 만들어내려고 하지만 뜻대로 되지 않는다.

'아, 이 작업은 나중으로 미루면 안 될까?'

참신한 아이디어는커녕 아무 생각도 나지 않자 폴은 다시 수식 프로그램을 열고 예산을 짜기 시작한다. 하지만 몇 분 뒤 아직도 몇 시간이 더 필요하다는 사실을 깨달을 뿐이다.

아무래도 새로운 전략이 필요하다.

　폴은 최종 견적 뽑는 일을 맨 뒤로 미뤄둔 채 워드 작업부터 해놓기로 한다. 서류를 작성하다 좋은 생각이 떠오르기만을 바랄 뿐이다.

　오전 11시 25분. 이제 5분밖에 남지 않았다. 폴은 패닉 상태에 빠져 비용을 어림짐작으로 정해버린다. 만일의 사태에 대비해 비용을 조금 높게 잡긴 했지만 혹시 착오가 있을지도 모른다는 생각에 불안을 떨칠 수가 없다. 할 수 없이 폴은 시간이 걸리더라도 예상수익을 100퍼센트 높이기로 한다. 마침내 제안서를 다 끝낸 폴은 전송하려다 문득 부끄러운 오타 하나를 발견한다. 이를 수정하려고 클릭했더니 이번에는 설상가상으로 컴퓨터가 다운돼버린다. 결국 피 같은 5분을 날려버리고 간신히 최종안을 보낸다. 자신이 약속했던 시간보다 5분 늦게 제안서를 보냈다는 사실을 상대방이 알아차리지 못하길 바랄 뿐이다.

　폴은 숨을 돌리고 나서 제안서를 출력해봤다. 아뿔싸! 치명적인 문법 실수가 두 개나 있지 않은가. 폴은 당혹감을 애써 억누르면서 미팅에 갈 준비를 하지만 찜찜한 기분은 쉬 사라지지 않는다.

　1장에서 우리는 결정을 내리고 문제를 해결하는 능력은 에너지원을 갈구하는 전전두피질 때문에 제한을 받을 수밖에 없다는 사실을 배웠다. 폴은 이번 장에서 전전두피질이 지닌 두 번째 한계에 봉착했다.

　우리가 머릿속에서 동시에 처리할 수 있는 정보의 양에는 한계가 있다. 왜냐하면 무대공간이 작기 때문이다. 뇌의 무대는 우리가 생각하는 것보다 더 작다. 이날 아침 폴이 중요한 결정을 연달아 내리기 위해서는 엄청난 양의 정보를 재빨리 이해해야만 했다. 그러려면 한정된 전전두피질의 처리 공간을 최대한 넓게 쓰는 법을 익혀야 했다.

무대는 좁고 배우는 많다

뇌는 생각보다 훨씬 작다. 무대로 치자면 카네기홀(뉴욕시의 대규모 공연장)이 아니라 아이의 침실에 만들어놓은 간이 무대 정도의 수준이다. 그러니 한 번에 무대에 올라갈 수 있는 배우의 수는 매우 적을 수밖에 없다. 배우들을 너무 많이 올리면 무대 위에서 꼼짝할 수 없게 된다. 공간이 협소해 걸핏하면 부딪혀서 실수하고 당황하게 될 것이다.

　과연 이 무대의 크기가 어느 정도나 되는 걸까? 오랫동안 많은 과학자들이 이 질문에 답하기 위해 애써왔다. 조지 A.밀러는 한 번에 기억하는 사물의 수가 최대 일곱 개라는 사실을 알아냈다. 그런데 이 연구 결과가 발표되자 생각지도 않은 반응이 나타났다. 많은 사람이 이를 부정하려 하거나 자의적으로 해석한 것이다. 왜냐하면 한 번에 일곱 개의 사물을 기억하지 못하는 사람들은 자신에게 문제가 있다고 여기게 됐기 때문이다. 혹시 당신도 그렇게 생각하는가? 그렇다 해도 속상해하지 않아도 된다. 여기에 한 줄기 희망의 빛이 있기 때문이다.

　미주리대학 컬럼비아캠퍼스의 넬슨 코완 교수가 2001년에 광범위하게 실시한 조사 결과를 살펴보면 사람이 한 번에 기억할 수 있는 사물의 개수는 일곱 개가 아니다. 일반적으로 기억해낼 수 있는 사물의 개수는 최대 네 개이며, 이 역시도 사물의 복잡성에 따라서 달라진다. 가령, 네 개의 숫자 정도는 금세 기억할 수 있지만 네 개의 긴 단어는 그보다 조금 어려울 것이다. 그렇다면 익숙하지 않은 네 개의 문장은 어떨까? 기도문이나 광고문안 등을 생각해보라. 솔직히 이것을 정확하게 기억해내기란 쉽지 않을 것이다.

코완 교수의 연구에 자원한 사람들은 모두 젊고 건강한 성인이었다. 한번 생각해보라. 네 개의 문장은 사실 그렇게 많은 양이 아니다. 그러니 문장보다도 훨씬 복잡한 미팅 시간이 정신없이 흘러가버리는 것은 그리 놀랄 일이 아니다. 무슨 일이 일어나고 있는지 정확하게 파악할 수 있는 사람은 아무도 없을 것이다.

전전두피질의 두 번째 한계를 이해하는 데 도움을 주는 또 다른 예시는 기억하고 싶은 아이디어의 구성에서 찾아볼 수 있다. 가령 '잡다', '꿈', '종치기', '프레드'라는 네 개의 단어를 순서대로 기억하는 것은 어렵지 않다. 하지만 'thirl', 'frugn', 'sulogz', 'esdo'라는 네 단어는 어떤가? 이처럼 한 번도 보지 못했거나 뜻이 통하지 않는 단어 네 개를 기억하기란 매우 어려운 일이다. 이것은 무엇을 의미할까?

무대의 등장인물이 오랫동안 기억해왔던 요소들(가령 위에서 우리가 들어본 네 개의 단어 등)로 구성돼 있으면 무대는 효과적으로 돌아간다. 하지만 새로운 아이디어가 기존에 뇌의 한구석에 자리 잡고 있던 아이디어와 아무런 관계가 없다면 기억하기가 어렵다. 새로운 개념의 의미를 장기기억으로 전환하지 않으면 무대 위로 불러내는 것이 쉽지 않기 때문이다.

그런데 이 논쟁은 코완 교수의 주장에서 끝나지 않았다. 뉴욕 대학의 브라이언 매클리 교수는 시간이 흘러도 희미해지지 않고 정확하게 기억할 수 있는 정보 덩어리의 개수가 단 하나뿐이라는 연구 결과를 발표했다. 그는 "고도로 집중된 관심 속에서 기억되는 정보 덩어리는 한 개뿐이란 명백한 증거가 있다. 반대로 둘 이상의 정보에 대한 기억이 장기간 지속될 수 있다는 직접적인 증거는 아직 없다."고 주장했다.

한 가지 이상을 기억하고 있다면 여러 개의 정보를 더 기억하려 할수록 각각의 정보에 대한 기억은 희미해지게 마련이다. 하지만 이 한계에 저항하려는 사람이 많다. 그 이유는 뭘까? 장기 기억 용량은 무척 거대해 보인다. 인간의 기억은 이 우주에서 가장 매력적인 기술 가운데 하나이기 때문이다. 하지만 실제로는 꼭 그렇지만은 않다.

작동기억 working memory (인식하는 내용을 붙잡아두도록 하는 기억으로 여기에는 에너지가 필요하다)의 한계를 인정하려 들지 않았던 어느 대학원생에 관한 일화가 있다. 이 학생은 며칠 동안 방음이 잘된 방 안에 들어가서 소리 높낮이에 대한 작동기억 수준을 높일 수 있는지 실험해봤다. 그 결과 작동기억 수준이 높아지기는커녕 심리치료의 필요성만 높아졌다고 한다.

보통은 전전두피질이 저장할 수 있는 정보의 양에는 현실적인 한계가 있는 듯하다. 그런데 뇌의 무대에 올라온 정보로 뭔가를 해야 한다면 어떻게 해야 할까? 가령 두 배우를 놓고 결정을 내려야 한다면 말이다. 과학계에서는 '상관복잡성 relational complexity'이라는 개념으로 이 문제를 탐구하고 있다. 이는 마음속에 들어 있는 변수가 적을수록 더 효과적으로 결정을 내릴 수 있다는 것인데, 이런 기조로 연구 결과가 계속 발표되고 있다.

한 가지 생각도 복잡하다

뇌의 무대는 왜 이리 작을까? 그 이유를 이해하려면 폴이 제안서를 작성하는 과정을 뇌의 관점에서 살펴봐야 한다. 폴은 의뢰인이 보내준 자료를 읽고 단숨에 스무 명이 넘는 등장인물을 무대 위로 올려보내려고 한다.

여러 소매 체인점을 두고 있는 폴의 의뢰인은 새로운 결제 시스템의 프로그램과 설치비용에 관한 제안서를 요구했다. 그가 원하는 것은 고객이 신용카드를 들고 가게로 들어와 물건을 고른 후 거침없이 결제하는 것이다. 즉, 고객이 고른 물건이 가게 문에 가까워지면 물건에 달린 장치를 통해 바코드리더기가 가격을 신용카드에 청구하는 시스템이다. 폴의 일은 이런 결제 시스템에서 사용할 프로그램을 설계해 500여 곳의 상점에 설치하는 것이다. 의뢰인은 폴이 전에도 비슷한 작업을 해왔다는 사실을 알고 그에게 문의한 것이다. 폴 역시 작업 자체는 그리 까다롭지 않다고 생각했기 때문에 "이런 일쯤은 할 수 있겠다."고 자신했다.

문제는 비용을 계산하기 위해 무대 위에 한 번에 세워야 할 정보가 너무 많다는 점이었다. 엎친 데 덮친 격으로 그에게 주어진 시간은 너무나 짧았다. 결국 그는 기껏 네 명이 올라갈 수 있는 무대 위에 스무 명이 넘는 등장인물을 어떻게든 세우려고 했다. 이래서야 연극 공연은커녕 막을 올리지도 못할 것이다.

아마 지금 폴과 같은 위기에 처한 사람이 많을 것이다. 그렇다고 눈사태처럼 쏟아지는 정보를 탓할 수만은 없다. 어떻게든 몰려드는 이 정보들을 신속하고 효율적으로 처리할 수 있어야 한다.

왜 이런 상황이 폴의 무대에서 문제를 일으키는지 한 가지 변수를 통해 살펴보자. 먼저 신용카드 정보를 저장하는 방법부터 고민해보자. 이 개념 한 가지만으로도 머릿속에 복잡한 지도를 그려낼 수 있다. 이 지도는 전전두피질뿐 아니라 폴의 뇌 전역에 걸쳐 수십억 개에 달하는 회로를 가지고 있다. '신용카드 처리'라는 지도는 폴의 언어회로에 있는 여러 지도와 연결된다. 예를 들면, '신용카드'란 이자나 체납, 기간 만료와 같은 단어와 연결돼 있다. '신용카드 처리'라는 지도는 장기기억과 연결된다. 폴이 처음으로 사용했던 신용카드에 대한 기억부터 시작해 그 이후로 사용한 모든 신용카드와 가장 최근에 한도를 초과했던 기억이 줄줄이 이어진다. 이는 또한 운동신경과도 연결돼 있다. 지갑에서 카드를 꺼내 긁은 뒤 다시 넣는 행동이 떠오를 테니 말이다. 아마 '신용카드 처리'가 이뤄지는 지도를 그리려면 미국 전역의 지도보다 더 복잡할지도 모른다.

다시 한 번 강조하겠다. 간단해 보이는 것도 자세히 들여다보면 엄청나게 복잡할 수 있다. 물론 노력한다면 마음속으로 간단한 숫자 일곱 개를 기억할 수도 있다. 물론 그러기 위해서는 그 숫자들을 그 패턴이 장기기억에 저장될 때까지 계속 반복해야 할 것이다. 하지만 무대 위로 한 번에 몇 가지 복잡한 지도들을 불러내는 것은 아무리 노력해도 안 될 것이다. 그러려면 뇌가 처리해야 할 일이 너무나 많아지기 때문이다.

정보들끼리의 경쟁 원칙

전전두피질에 공간적 한계가 있는 것은 경쟁의 원칙 때문이다. 무대 위에 복잡한 개념을 올리려면 일반적으로 시각회로를 활성화해야 한다. 생각을 하면 한 가지 개념이 전전두피질이라는 공간에서 기존의 여러 개념과 결합하는 장면을 그리게 된다(작동기억은 공간·시각적이거나 청각적이다. 특히 공간·시각 기억이 훨씬 더 효율적이다).

시각 인식은 경쟁적인 방법을 통해 작용한다. 회로들은 서로 경쟁하면 외부 사물을 가장 훌륭한 상태로 재현한다. MIT 맥거번뇌연구소 소속의 로버트 데시몬은 뇌가 한 번에 재현할 수 있는 시각적 객체는 한 개뿐이라는 연구 결과를 얻었다. 이는 하나의 그림이 화병으로도, 두 노파의 얼굴로도 보이는 유명한 착시현상과 흡사하다.

뇌는 언제라도 항상 인식에 머물러야 한다. 따라서 한 번에 두 가지를 볼 수는 없다. 하지만 원한다면 같은 공간에 있는 다른 인식들 사이를 오갈 수는 있다. 이는 뇌가 가진 매우 흥미로운 측면이다.

폴에게 '신용카드 처리'라는 지도는 '의뢰인에게 송장 보내기'와 같은 다양한 개념에 필요한 하위지도들을 수없이 활성화할 것이다. 하지만 당신이 수백만 개의 회로를 다양한 지도에서 사용하려고 시도하기 전에 실제로 활성화할 대상은 몇 개 되지 않는다. 참으로 재미있고 모순되는 사실이다.

협소한 뇌 활용법 1: 단순화

동시에 생각할 수 있는 개념의 수는 제한적이기 때문에 그 수는 적을수록 좋다. 그러므로 한 번에 제대로 이해할 수 있는 새로운 개념의 양은 한 개가 가장 이상적이라 할 수 있다. 또한 결정을 내려야 할 때의 가장 이상적인 변수의 수는 두 개다. "왼쪽으로 갈까, 아니면 오른쪽으로 갈까?"와 같이 말이다. 부득이하게 머릿속에 이보다 많은 정보를 담고 있어야 한다면 서너 개로 한정하라.

작동기억을 최대화하는 행위는 조그만 원룸을 독창적으로 꾸미면서 공간을 넓게 활용하는 것과 같다. 거울을 여러 개 사용해 침실을 더 넓어 보이도록 하거나 선반을 높이 다는 것처럼 말이다. 두뇌 트레이닝 게임에서 비롯된 인지발달 측면에서 보면 독창적인 방식이란 아파트를 실제로 넓히는 게 아니라 공간을 효율적으로 활용하는 것임을 알 수 있다. 다시 말해, '단순화'와 '덩어리^{chunk} 만들기'를 통해 정보가 더 효율적으로 뇌의 무대에 오르내리도록 하는 것이다. 또는 무대에 무엇을 올릴지 말지 취사선택을 잘하는 것이기도 하다. 한마디로, 배우를 세심하게 선택하는 방법을 익혀야 한다.

사람들은 이 기술을 직관적으로 활용한다. 아마 이 기술에 대해 잘 이해한다면 더 자주 활용할 수 있을 것이다. 이러한 기술의 근본이 되는 회로가 더욱 커지므로 더 쉽게 찾을 수 있기 때문이다.

램^{RAM}의 성능이 떨어지는 컴퓨터로 해상도가 높은 컬러 사진이 네 개나 들어간 한 페이지짜리 서류를 작성한다고 상상해보자(즉, 이 컴퓨터는 단기정보를 많이 저장해둘 수 없다). 사진을 한 번

이동할 때마다 화면이 다시 뜨는 데 몇 초씩 걸린다. 이럴 때는 해상도가 낮은 사진으로 위치부터 잡는 편집 작업을 먼저 하는 게 낫다. 그런 다음 위치가 결정되면 고해상도 사진을 집어넣으면 된다. 그래픽디자이너는 이처럼 대충 먼저 그리는 테크닉을 자주 활용한다. 시나리오 작가 역시 복잡한 스토리를 단순한 그림으로 표현한 스토리보드로 이야기 전개를 설명한다. 전체 스크립트를 재구성하는 것보다 보드를 이리저리 옮기는 편이 더 간단하기 때문이다. 이처럼 어떤 개념을 덜 정교하게 재현하면 다양한 시각을 얻고 여러 요소를 더하거나 빼거나 순서를 바꾸거나 하는 더 중요한 기능에 뇌의 에너지를 활용할 수 있다.

복잡한 아이디어를 핵심 요소로 단순화하는 능력은 성공한 경영자들의 공통적인 강점이기도 하다. 이들은 복잡한 결정을 내릴 때 자주 이런 방법을 활용한다. 할리우드에서 신작 영화를 홍보할 때 가장 이상적인 문구로 삼는 것은 한 문장으로도 이해할 수 있을 정도로 간략한 것이다(영화 「에일리언」의 홍보 문구는 "우주의 조스"였다). 이런 문구는 사람들이 잘 아는 요소를 활용하고, 고도로 집약적이며, 개념을 뇌의 무대에 올리는 데 필요한 에너지를 최소화한 것이어야 한다. 즉, 단순한 것이 가장 좋다는 의미다.

복잡한 개념을 몇 가지로 정리하면 머릿속에서 처리하기가 훨씬 쉽다. 그것은 인간의 전전두피질이라는 무대가 작기 때문이다. 폴이 자신의 뇌에 마련된 무대가 얼마나 작은지 알았다면 업무를 최대한 간소화했을 것이다. 즉, 의뢰인이 보내준 자료를 몇 가지 핵심 요소로 정리하거나 핵심 이슈를 한 문장으로 요약해 이해하기 쉽도록 하는 것이다. 하지만 폴은 수식 프로그램 작업에 매달리다가 오히려 더 세부적으로 파고드는 실수를 범했다.

협소한 뇌 활용법 2: 덩어리 만들기

한 가지 간단한 실험을 해보자. 10초 안에 다음에 나온 열 자리 숫자를 암기하라.

"3659238362."

어떤가? 쉽게 떠올릴 수 있는가? 쉽지는 않을 것이다. 그렇다면 다음 숫자도 암기해보라.

"7238115649."

이번에는 숫자를 몇 개씩 짝을 지어보라. '72', '38', '11', '56', '49'처럼 말이다. 초시계로 실험에 들인 시간을 재보면 두 번째 방식을 사용할 때 더 빨리 암기됨을 확인할 수 있다.

영국 브루넬대학의 페르난드 고베 교수를 비롯한 학자들은 복잡한 절차를 익힐 때 뇌가 자동적으로 정보를 여러 개의 그룹으로 뭉쳐서 처리한다는 연구 결과를 발표했다. 이때 정보 덩어리의 크기는 자신에게 정보를 말해줄 때 걸리는 시간에 달려 있다. 앞의 예에서 숫자를 "'7238', '1156', '49'"라고 말하는 것보다는 "'72', '38', '11', '56', '49'"라고 말하는 편이 더 간단하다. 네 자리 숫자를 기억할 때 만든 정보 덩어리는 너무 커서 무대 위에 쉽게 올릴 수 없기 때문이다. 핵심은 바로 시간의 길이다. 최적의 길이는 큰 소리로 반복하거나 다시 생각할 때 걸리는 시간이 2초를 넘지 않는 것이다.

2005년에 필립 E. 로스는 《사이언티픽 아메리칸 마인드》에 발표한 「전문가 마인드」라는 논문에서 체스 명인들이 게임에서 발군의 실력을 발휘하는 모습을 분석했다. 그는 장기 말들이 배치된 모든 경우에 대해 명인들이 이름(즉, 일종의 의미 덩어리인 '청크')

을 붙인다고 주장했다. 가령, 상대선수가 경기를 시작해 특정한 말을 왼쪽으로 한 칸 움직이는 경우에 대한 청크가 있다. 또는 상대방이 같은 말을 두 칸 움직이는 경기에 대한 청크도 있을지 모른다. 그들은 경기에서 이 두 경우가 진행되는 모습을 너무나 많이 봤으므로 각각의 경기를 이미 외우고 있어서 순식간에 머릿속에서 끄집어낼 수가 있다. 그래서 두 가지 청크를 손쉽게 비교할 수 있는 것이다. 전문적인 체스 선수라도 수백 가지 수를 미리 생각하지는 않는다. 그들도 우리처럼 한 번에 몇 가지 청크만 염두에 두고 있을 뿐이다. 다만 청크 하나에 수십 가지 패턴이 저장돼 있다는 것이 우리와 다르다. 즉, 전문가들은 수많은 의미 혹은 정보 덩어리를 만들어놓는 것이다. 아마추어보다 더 빠르고 쉽게 결정을 내릴 수 있도록 말이다. 어느 분야든 장인의 반열에 들기 위해서 청크를 충분히 개발하려면 족히 10년은 그 일에 매진해야 한다는 것이 정설이다.

청크로 엮인 무대 위에 오른 네 개가량의 사물은 각각 수백만 개에 달하는 정보 조각을 대변한다. 인생의 우선순위를 다시 짠다고 해보자. 그러면 '일', '가족', '건강', '창조'와 같은 청크를 만들어낼 수 있다. 지금까지의 인생과 앞으로의 계획을 전부 다 이해하고 다시 고민하는 것보다 이 청크들의 순서를 바꾸는 게 더 간단할 것이다. 어차피 무대는 모든 것을 다시 고민하고 이해할 만큼 크지 않기 때문이다. 체스 경기뿐 아니라 내면이나 일상에서도 청크를 만들면 복잡한 패턴을 효과적으로 활용할 수 있다.

만약 폴이 청크를 만들었다면 견적 작업을 제때 마칠 수 있었을 것이다. 일단 작업 내용을 최대 네 개의 청크로 나눈다. 그런 후에 청크들을 다시 잘게 나눠서 비용을 구체적으로 구할 수 있는 연결 관계를 찾아내면 된다. 한 번에 기억할 수 있는 청크의 수는 세 개에서 네 개가 적당하다.

뇌의 무대는 한계에 봉착하면 저절로 청크를 만들려는 속성이 있다. 이런 작용은 자신도 모르게 저절로 일어난다. 단순화와 더불어 뇌의 이런 작용을 명확하게 이해하면 정보를 더 자주 효율적인 청크로 만들 수 있을 것이다.

협소한 뇌 활용법 3: 배우의 우선순위

자, 폴의 무대에 한 번에 배우가 네 명까지 올라갈 수 있다고 하자. 배우마다 다른 배우 여럿을 묶을 수 있는 청크가 될 수 있다. 그렇다면 수많은 배우 가운데 누구를 무대로 올리는 것이 효과적일까?

1장에서 무대에 올라가면 다른 배우들보다 에너지를 더 많이 소비하는, 즉 중요한 역할을 하는 배우가 있다고 했다. 하지만 종종 배우들 가운데는 그 순간 가장 쓸모 있어서가 아니라 단지 맨 앞줄에 앉은 덕분에 무대로 나가는 경우가 많다. 가령, 폴은 30분 만에 견적을 모두 구하려 했다. 그래서 뇌의 무대에 이 계약에 대한 시시콜콜한 내용까지 몽땅 올렸다. 그 결과 무대가 너무 꽉 차서 아무것도 처리할 수 없는 상황이 됐다.

지금 당신이 동료 여섯 명과 회의에 들어가야 한다고 하자. 이 회의에서 신규사업의 투자 여부를 결정해야 한다. 이때 당신의 무대에 올릴 수 있는 네 명의 배우는 다음과 같다.

1. 당신이 속한 조직의 전반적인 목표
2. 가부 결정처럼 회의에서 거두고 싶은 결과
3. 투자에 찬성하는 주요 근거
4. 투자에 반대하는 주요 근거

1장에서 보았듯이 이 네 가지 사항을 무대 위에 한꺼번에 올리지 말고 종이나 화이트보드에 기록하면 훨씬 일목요연하게 정리된다.

그런데 사람들은 이런 상황에서 꼭 필요한 배우가 아니라 시답잖은 사항들로 무대를 북적거리게 만든다. 이런 자잘한 세부 사항은 갓 들어온 정보라서 무대로 올리기 쉽기 때문이다. 그 반면, 앞에서 말한 중요한 배우는 의미가 있긴 하지만 아무런 실체가 없다. 그렇기 때문에 좀 더 노력을 기울여 고민해야 한다. 우리는 어떻게 해야 쉽게 생각할 수 있을지 고민하느라 정작 제대로 생각해야 한다는 점을 간과하곤 한다.

무대에 올릴 최적의 배우를 어떻게 골라야 할까? 지금껏 우리는 뇌에 대해 공부하면서 결정을 내리는 데는 많은 에너지와 공간이 필요하다는 것을 알았다. 게다가 이왕이면 정신적 에너지가 충만할 때 단순화, 덩어리 만들기 작업을 통해 서둘러 결정하는 게 좋다.

지금까지 뇌의 무대가 너무 협소하기 때문에 발생하는 문제점에 대한 배경지식을 충분히 살펴봤다. 폴이 자신의 전전두피질이 지닌 공간적 한계를 제대로 알았다면 그의 아침이 어떻게 달라졌을까?

생각이 많을수록 답은 저 멀리-장면 2

●   오전 10시 반

폴은 책상 앞에 앉아 멍한 눈빛으로 손에 든 서류를 보고 있다. 의뢰인이 1시간 안에 총비용에 대한 답변을 받아보고 싶다고 했다. 폴은 수식 프로그램을 열어서 예산을 짜기 시작한다. 하지만 마음 깊은 곳에서는 이런 식으론 시간 안에 끝낼 수 없다는 목소리가 들린다. 과정이 너무 세세하게 나뉘어 있기 때문이다. 그는 대량의 정보를 처리할 때 '단순화', '덩어리 만들기'를 해야 한다고 배웠다.

폴은 일단 작업을 중단하고 새로운 접근법을 모색하기로 한다. 컴퓨터와 전전두피질에 저장된 정보의 양을 줄이기 위해서 실행 중인 창을 모두 닫고 텅 빈 새 파일을 연다. 그리고 꼭 기억해둬야 할 것이 무엇인지 곰곰이 생각해본다. 그는 자칫하다 지엽적인 문제에 쓸데없이 너무 파고들다 보면 제시간에 비용을 산출할 수 없다는 사실을 잘 알고 있다. 그는 데드라인을 잊지 않기 위해서 '1시간'이라고 썼다.

다음으로 계약 내용을 다시 살피면서 가장 중요한 목표가 무엇인지 생각한다. 그리고 그 목표를 한 문장으로 간단하게 표현해보려고 한다. 이때 프로그램의 코딩에 대한 생각이 불쑥 끼어들었지만 1시간 동안 구체적인 주제에 초점을 맞춰야 한다는 사실을 다시 떠올린다. 그는 정확한 비용을 산출하는 것이 가장 중요한 목표라고 설정한다. 그리고 이번 계약을 한 문장으로 정리하고자 한다. 그는 '수천 건의 소규모 거래를 위한 컴퓨터 프로그램'이라는 문구를 떠올린다. 마침내 이번 프

로젝트에서 가장 핵심적인 사항을 도출해냈다. 그의 마음속에는 세 가지 아이디어가 반짝이고 있다.

'1시간', '정확한 가격', '수천 건의 소규모 거래를 위한 컴퓨터 프로그램'

이제 이 세 가지가 어떤 관련을 맺고 있는지 살펴봐야 한다. 폴은 이 세 가지를 염두에 두고 견적 문제를 무대로 올려야 한다고 생각한다. 먼저 네 가지 의미 덩어리를 만들어낸다.

1. 상세한 계획 수립
2. 기존 프로그램과 새 프로그램 비교 조사
3. 프로그램 만들기
4. 설치

이제 폴은 어떤 패턴이 있는지 살펴본다. 그는 프로그램에 대해 더 자세히 생각해보고 싶다. 저절로 관심이 그쪽으로 쏠린다. 하지만 그랬다가는 또 엉뚱한 생각에 빠져들 것이 분명하다. 그는 세부 사항을 의미하는 배우들을 무대에서 배제한 채 한 명의 배우만 올리려고 한다.

'상세한 계획 수립'

이 개념을 무대에 올리려면 비용을 산정하는 업무 절차를 떠올리기만 하면 된다. 그는 의뢰인과 함께 상세한 계획을 짜는 데 일주일이 걸린다고 보고 그동안 들어갈 자신의 인건비가 얼마인지 자연스럽게 떠올린다.

다음으로 두 번째로 넘어간다.

'기존 프로그램과 새 프로그램 비교 조사'

이 항목을 고민하다 보니 이런 작업이 얼마나 오래 걸리는지 생각난다. 그는 대략적인 견적을 내본다. 한 번에 한 개념만 무대에 올리면서 다음 단계도 같은 식으로 작업을 계속해나간다.

그런데 세 번째 단계인 '프로그램 만들기'에 도달하자 앞의 두 작업을 먼저 마치지 않으면 이 단계의 비용을 낼 수 없다는 사실을 깨닫는다. 그는 정확한 비용을 산출하는 대신 이전에 수행했던 비슷한 두 건의 계약을 바탕으로 이 단계의 비용을 도식으로 표현하기로 한다. 도식을 이용한 덕분에 변수 때문에 허비할 뻔했던 시간을 많이 절약할 수 있었다.

마지막 '설치' 단계에서는 이전의 다양한 경험을 바탕으로 가게 하나당 프로그램 설치 시간과 기술 지원 시간 등을 계산한다. 이런 과정을 기초로 해 합당한 비용을 산출하고 책임 한계에 관한 몇 가지 사항도 제안할 수 있었다.

폴은 30분 만에 세부적인 비용까지 산출한 간단명료한 수식표를 작성했다. 바로 결과물을 출력해 오타를 점검하고 몇 가지 사항을 수정한 후 최종 견적서를 발송했다.

아직 마감까지 15분이 남았다. 폴은 의뢰인이 제때 자료를 받은 데다 최종 비용에 세부적인 비용 분석까지 받았으니 흡족해할 것이라고 자신한다. 자신의 제안서에 만족한 폴은 이메일 수신 여부를 확인하고 약속 장소로 향한다.

맨 처음과 장면2의 두 가지 시나리오를 비교해보라. 앞에서도 폴은 제안서를 보냈다. 하지만 오타가 수두룩한 채 마감 시간을 넘겼으며 수치도 겨우 하나밖에 제시하지 못했다. 그것도 어림짐작으로 말이다. 이런 어림짐작 때문에 비용이 더 들어가거나 상대방이 너무 비싸다고 느껴 계약이 성사되지 않을지도 모른다.

그러나 두 번째 시나리오에서 폴은 제때 제안서를 넘긴 것은 물론 최종 결론에 이르는 논리적 단계를 의뢰인의 눈높이에 맞춰 보여주었고 오타나 실수도 저지르지 않았다. 이 두 가지 경우에서 발생하는 재정 규모의 차이는 어마어마하다. 폴은 자신의 뇌가 작동하는 방식으로는 시급한 작업을 수행하기에 역부족이라는 사실을 깨달았다. 그래서 과감하게 뇌의 기능을 수정했다. 인식의 전환을 위해서는 노력과 주의력이 필요하다. 뇌의 패턴을 이해하고 뇌가 하려는 일에 무의식적으로 빠져들지 않도록 의식적으로 노력해야 한다. 가끔은 뇌에 아주 사소해 보이는 변화만 주어도 일의 결과에 큰 영향을 미칠 수 있다.

• ─ 뇌의 비밀 ─ •

- 뇌의 무대는 작다. 일반적으로 알려진 것보다 훨씬 작다.
- 한 번에 기억해야 할 사항은 적을수록 좋다.
- 이미 알고 있는 개념보다 낯선 개념이 무대를 더 많이 차지한다.
- 동시에 여러 가지를 기억하려고 할 때 기억력은 감퇴하기 시작한다.
- 여러 대상을 놓고 결정을 내릴 때는 비교 대상을 두 가지로 압축하는 것이 가장
  좋다.
- 한 번에 기억할 수 있는 개념은 서너 개를 넘지 않는다.

• ─ 일 잘하는 뇌 만들기 ─ •

- 핵심 사항을 대략적으로 뽑아 거기에만 집중해 정보를 단순화하라.
- 정보가 너무 많으면 여러 덩어리로 묶으라.
- 가장 무대에 올리기 쉬운 배우가 아니라 가장 중요한 배우부터 무대에 올리라.

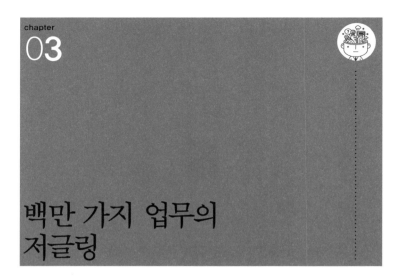

chapter
03

백만 가지 업무의 저글링

멀티태스킹의 딜레마

● 오전 11시

에밀리는 임원회의 장소로 향한다. 그녀가 이 회의에 참석하는 것은 처음이다. 그래서 엘리베이터 근처에 있는 접수계 직원에게 회의실 위치를 물어본다. 길게 이어진 복도를 걷고 있는데 별안간 휴대전화가 울린다. 에밀리가 오늘 떨어뜨린 지원자의 전화다. 낙방자에게 최대한 상냥하게 낙방 통보를 하는 데 신경 쓴 나머지 그만 길을 잃어버린다. 그곳에서는 공간들이 어떻게 배치돼 있는지 전혀 감을 잡을 수가 없다. 통화를 마치고 간신히 길을 찾아 회의실로 가지만 이미 5분이나 지각해버렸다. 첫인상을 이렇게 만든 자신에게 무척 화가 났다.

에밀리는 똑똑한 편이다. 그렇지만 통화에 집중하면서 모르는 길을 잘 찾아갈 수는 없다. 지금까지 알아본 무대에 관한 지식을 되짚어보면 이 말이 이상하게 들릴지 모르겠다. 왜냐하면 지금 그녀가 집중하고 있는 배우는 단지 '회의실 찾기'와 '전화 통화' 두 가지뿐이기 때문이다. 고작 이 두 가지를 동시에 하는 것뿐인데 왜 에밀리의 전전두피질은 정신을 못 차리는 걸까?

회의 참석자들이 모두 도착하자 회의가 진행된다. 회의 도중에 옆자리 동료가 스마트폰을 확인한다. 에밀리 역시 승진하자 회사에서 스마트폰을 지급했다. 하지만 그녀는 '24시간 온라인' 상태에 익숙하지 않다. 회의 시간만이라도 스마트폰을 꺼두고 싶지만 혹시나 급한 용건을 놓칠까 봐 그러지 못한다.

마침 어시스턴트 지원자 중 최종 후보로 생각하는 조앤에게 이메일이 왔다. 조앤과는 면접 일정을 짜야 한다. 에밀리는 한쪽 눈으로는 회의를 지켜보면서 재빨리 답장을 보낸다. 문자를 찍는데 속이 울렁거린다. 마치 움직이는 차 안에서 책을 읽을 때 나는 멀미와 비슷하다. 이런 증상이 나타나는 것은 뇌가 하고 싶지 않은 일을 해야 하기 때문이다. 그녀는 문자를 보내고 다시 회의에 집중한다. 진동음이 또 울린다. 이번에도 조앤이다. 물론 이번에는 다른 질문이다. 재빨리 답장을 보내는데 아까와 같은 가벼운 멀미 증세가 느껴진다.

"에밀리?"

그녀는 어디선가 들려오는 목소리에 화들짝 정신을 차린다. 사장님이다.

"지금 자기소개를 부탁한다고 했네."

"아, 알겠습니다."

순간적으로 자신이 어디에 있는지 잊어버리고 있던 에밀리는 곧 정신을 차리고 더듬더듬 승진에 대한 감사인사를 한다. 그리고 이번 해에 진행하게 될 야심만만한 계획을 발표하기 시작한다. 하지만 속으론 사람들 앞에서 말도 제대로 못하는 바보로 여겨질까 봐 걱정이 된다.

에밀리는 프레젠테이션에 능숙한 편이다. 언제 어디서든 청중에게 강한 인상을 남기곤 했다. 그런데 지금 이 순간, 그녀는 전전두피질이 겪는 또 다른 한계를 경험한다. 이는 누구나 피하길 원하지만, 특히나 할 일 많은 사람들이 더 자주 겪게 되는 한계다. 에밀리는 2장에서 폴이 그랬듯이 한 번에 너무 많은 정보를 기억하지 못하는 한계를 겪는다. 게다가 아무 때나 머릿속에서 정보를 꺼내 마음대로 쓸 수 없다는 한계와도 마주친다. 이러한 한계를 뛰어넘으려면 정확도나 작업의 질 중 하나를 포기해야만 한다. 날마다 처리할 일이 산더미 같은 그녀는 뇌를 재정비해 수행 능력을 유지하면서 여러 가지 정신적 과제를 더 효율적으로 처리해야 한다.

배우는 한 번에 한 가지 역할만 할 수 있다. 만약 우리가 한 번에 여러 덩어리의 정보를 기억할 수 있다고 치자. 그렇다고 해도 이 덩어리들이 서로 영향을 미치지 않으면서 수행할 수 있는 의식적인 정보 처리 작업은 한 번에 한 가지뿐이다. 우리는 그럴 수밖에 없는 세 가지 한계에 대해서 이미 알아보았다. 첫째, 일단 무대에서 공연이 되려면 에너지가 많이 필요하다. 둘째, 무대는 좁아서 한 번에 올라갈 수 있는 배우가 많지 않다. 마지막으로 이 배우들은 한 번에 한 장면밖에 연기할 수 없다.

설령 한 번에 여러 가지 정신적 작업을 수행하더라도 작업의 정확성과 수행 능력이 현저히 떨어질 테니 그 결과는 처참할 뿐이다. 2007년에 수많은 희생자를 낸 열차 사고의 경위를 조사한 결과 기차가 코너를 돌면서 속도를 높였던 바로 그 순간에 사고 기관사가 휴대전화로 문자를 보내고 있었다는 사실이 밝혀졌다.

누구나 앞에서 말한 뇌의 세 가지 한계를 경험해본 적이 있을 것이다. 자주 다녀서 훤하게 꿰고 있는 도로를 운전하면서 친구와 수다를 떨기는 쉽다. 하지만 처음 가는 도로라면 대화의 속도는 현저히 떨어진다. 게다가 자동차의 주행 방향이 반대인 외국이라면 어떨까? 자동차의 주행 방향에만 온 정신을 집중해야 할 것이다. 평소에 쉽게 하던 라디오 채널을 바꾸는 일조차 어려울 것이다. 새로운 운전 습관이 장기기억에 각인되지 않는 한 말이다. 키보드에서 철자 위치가 하나만 바뀌어도 타자 속도는 현저히 떨어진다. 이때 당신의 뇌는 새 위치를 잘 기억하면서 타자에 집중하는, 한 번에 두 가지 작업을 수행해야 하기 때문이다.

1장에서도 지적했듯이 뇌가 작업할 때 일어나는 중요한 정신 작용은 '이해', '결정', '환기', '기억', '억제'다. 배우가 한 번에 한 장면밖에 연기할 수 없는 이유를 이해하려면 이 과정부터 상세히 탐구해야 한다.

새로운 개념을 '이해'하려면 무엇보다 전전두피질에 지도가 만들어져야 한다. 이때 지도는 뇌로 들어오는 새 정보를 의미한다.

게다가 뇌의 다른 부분에 이미 존재하는 지도들과도 연결돼야 한다. 이 과정은 무대에 오른 배우가 관객과 잘 소통하고 있는지 계속 살피는 것과 같다. '결정'을 내리려면 전전두피질에 만들어진 여러 지도를 활성화한 후에 하나를 선택해야 한다. 코러스로 적당한 사람을 고르기 위해서 관객들을 무대 위로 불러 오디션을 치르는 것과 같다. 또한 '환기'하려면 기억을 담당하는 수십억 개의 지도를 샅샅이 훑어서 딱 맞는 지도를 전전두피질로 불러내야 한다. '기억'하기는 지도들이 장기기억에 확실하게 각인될 때까지 이 지도들을 전전두피질에 펼쳐놓는 작업이다. '억제'하기는 특정한 지도를 활성화하지 않으려고 애쓰는 것이다. 마치 특정한 배우가 무대에 접근하지 못하도록 막는 것과 같다.

이러한 과정은 모두 수십억 개에 달하는 신경회로의 복잡한 조작을 거친다. 이때 다음 작업으로 넘어가기 전에 지금 하고 있던 작업을 반드시 끝내야 한다는 점을 명심해야 한다. 그 이유도 뇌라는 무대가 너무 작다는 사실로 설명할 수 있다. 각각의 과정에는 믿을 수 없을 정도로 큰 에너지와 수없이 많은 회로가 필요하다. 그러니 당연히 회로를 차지하려는 경쟁이 불붙는다.

그런데 우리가 계산기로 두 가지 숫자를 곱하면서 동시에 나눌 수는 없는 것처럼 회로 역시 동시에 사용할 수 없다. 뇌가 의식 활동을 하고 있으면 여러 작용이 차례로 일어난다. 이는 당신이 어떤 장면을 관찰하면서 별로 주의를 기울이지 않는 것과는 완전히 다른 경험이다. 마치 에밀리가 아침 9시에 커피를 마시기 위해 매들린을 찾는 것처럼 말이다. 이 경우 에밀리의 뇌는 '평행작업'을 수행하고 있다. 이는 여러 줄기의 정보 흐름에 빠져 있지만 그 정보로 별다른 정신적 작업을 수행하지 않는 것을 의미한다.

의식적인 사고를 동시에 하지 마라

"의식적인 사고 과정은 한 번에 한 가지씩 진행돼야 한다."는 주장은 1980년대 이래 수백여 건의 실험에서 증명됐다. 해럴드 패실러는 한 번에 두 가지 의식적인 사고작업을 수행할 경우, 인지능력이 하버드 MBA 과정을 밟고 있는 사람에서 여덟 살 아이 수준으로 떨어진다는 사실을 알아냈다. 이런 현상을 '이중과제간섭'이라고 부른다.

패실러는 또 다른 실험도 했다. 피실험자들을 두 그룹으로 나눠서 왼쪽 또는 오른쪽에 불빛이 비칠 때마다 양쪽 단추 두 개 가운데 하나를 누르도록 했다. 먼저 한 그룹은 왼쪽, 오른쪽 아무쪽이라도 상관없이 이 작업을 반복했다. 그리고 또 다른 그룹은 불빛의 색을 보면서 세 가지 색 중에서 같은 색 단추를 누르도록 했다.

이 두 그룹의 실험 차이는 무척 단순하다. 좌우 아니면 세 가지 색 중 하나를 누르면 되는 것이다. 하지만 후자의 경우(동시에 두 가지의 생각하는 작업을 수행해야 한다)에는 시간이 두 배나 더 걸리고 기록을 단축할 만한 여유가 없었다. 이에 반해 반드시 정답을 골라야 할 필요가 없는 전자의 경우에는 속도가 더 빨라졌다. 이 실험은 "어떤 과제든 정확하게 하려면 반드시 집중하라!"는 명확한 교훈을 준다.

피실험자들에게 높낮이가 다른 소리를 들려주고 페달 두 개 중 하나를 재빨리 밟도록 한 실험도 있다. 이 실험은 고도의 집중력이 필요하다. 그런데 연구진은 여기에 물리적 과제를 하나 더 주었다. 나사에 받침을 끼우게 한 것이다. 그랬더니 과제를 수행의 정확도가 20퍼센트 정도 줄어들었다. 거기에 "5 더하기 3은?" 과 같이 한 자리 숫자를 더하는 과제를 함께 수행하도록 하자 정확도는 무려 50퍼센트까지 떨어졌다. 이 실험은 수행력이 심각하게 떨어지지 않는 한, 한 번에 두 가지 일반적 과제를 수행하는 것은 문제가 되지 않지만, 한 번에 두 가지 정신적 과제를 수행하는 것은 문제가 된다는 것을 보여준다. 얼마 전 호된 경험으로 이 사실을 실감했다. 그때 나는 핸드프리로 전화하면서 다른 방으로 가서 어떤 물건을 찾으려고 했다. 그러다가 결국 문에 발가락이 끼여서 2주간 치료를 받은 것이다.

지난 30년 동안 이런 이중과제간섭 현상에 대한 새로운 발견이 끊임없이 나오고 있다. 그런데도 사람들은 여전히 여러 가지 정신적 과제를 한 번에 처리하려고 든다. 게다가 몇 년 전부터는 "일을 잘하려면 멀티태스킹을 해야 한다."는 말까지 나왔다. 마이크로소프트사의 전 부사장 린다 스톤은 1998년에 "지속적인 주의력 분산"이라는 말을 처음으로 쓴 사람이다. 지속적인 주의력 분산은 사람의 정신을 계속해서 집중적으로 피로하게 만드는 현상을 의미한다. 스톤은 지속적인 주의력 분산이란 가장 중요한 대상에 집중하면서 동시에 더 중요한 것이 나타나지 않는지 주변을 계속 살피는 것을 의미한다고 말한다.

다 하려다 모두 망친다

런던대학의 연구진은 이메일과 문자메시지를 끊임없이 보내고 확인하는 사람은 아이큐 테스트의 평균 10점만큼 정신적 능력이 떨어진다는 사실을 알아냈다. 그런데 여성의 경우에는 5점가량 떨어진 반면, 남성의 경우에는 15점이나 떨어졌다. 이런 결과는 수면 부족 증상과도 비슷하다. 남성의 경우 대마초를 피운 것의 세 배 정도의 반응이 나타난 것과 같다.

이것은 파티에서 재미있는 이야깃거리는 될 수 있겠지만 가장 생산성이 뛰어난 도구조차도 무용지물이 될 수 있다는 생각에 마음껏 웃을 수만은 없다. 24시간 온라인인 상태가 업무의 생산성을 최고로 끌어올리는 방법이 아닐 수도 있는 것이다.

그 이유는 심한 압박감 속에서도 냉정을 유지하는 방법에 대해 다루는 2막에서 다시 살펴볼 것이다. 일단 이번 장에서는 뇌가 과도하게 각성된 상태를 강요받고 있기 때문이라는 정도로 정리하고자 한다. 이렇게 되면 '알로스테틱 부하allostatic load(만성 스트레스의 부작용이 누적됐을 때 신체가 치러야 하는 생리적 비용)'가 증가한다. 이는 스트레스 호르몬 및 위협감과 관련된 여러 요소의 수치를 의미한다. 이 때문에 생기는 피로는 그 대가를 치르게 마련이다. 스톤은 이렇게 주장한다.

"언제 어디서나 24시간 온라인 상태여야 하는 시대가 도래하자 지속적인 위기감이 인공적으로 만들어졌다. 포유류는 지속적인 위기감에 처해 있으면 아드레날린이 과도하게 분출돼 '싸우거나 혹은 도망치거나'라는 기제가 활성화된다. 우리가 만약 호랑이에게 쫓기고 있다면 이러한 상황이 큰 도움이 될 것이다. 그런데 하루에 받는 500여 통의 이메일 중 호랑이처럼 우리를 닦달하는 것이 과연 몇 통이나 될까?"

사람들은 여전히 멀티태스킹을 고집한다. 그로 말미암은 이득이 미미한데도 말이다. 논리적으로 따지자면 24시간 온라인 상태는 그럴듯한 해결책처럼 보이기도 한다. 예를 들어, 산더미처럼 쌓인 이메일을 사무실에서 한 번에 다 처리할 수 없으니 기회가 있을 때마다 처리한다는 것이다. 즉 두뇌라는 무대에서는 보이지 않는 관객을 무대 위로 불러오는 것, 다시 말해 이메일 처리 습관을 바꾸는 것과 같은 불확실한 해결책보다는 하루 24시간 일주일 내내 이메일을 확인하는 것처럼 당장 수행하는 일이 훨씬 쉬워 보일지도 모른다. 하지만 이런 단순한 해결책을 쓰면 정신적 수행 능력이 현저하게 떨어질 뿐 아니라 점점 많은 이메일을 받게 될 것이다. 당신이 재깍 답장을 해줄수록 상대방은 더 많은 문제에 대한 해답을 요구할 테니 말이다.

24시간 온라인 상태에서는 단기적으로는 업무의 생산성이 올라가는 것처럼 느껴진다. 하지만 당신의 뇌가 치러야 할 대가는 어마어마하다. 앞에서 에밀리가 회의 중에 이중과제간섭 현상으로 멀미 증상을 느꼈던 것처럼 말이다. 점심 메뉴처럼 간단한 문제를 한참 고민하고 있는데 누군가 골치 아픈 문제를 물어왔다고 하자. 이때 두 가지 문제를 모두 해결할 수도 있다. 하지만 그러기 위해서는 뇌에 많은 에너지가 필요하다.

에밀리가 회의 중에 보여준 모습은 보통 사람들에게서도 흔히 볼 수 있다. 사람들은 한 번에 여러 문제에 집중한다고 생각하지만 실제로는 쉬지 않고 많은 문제들 사이를 획획 넘나들고 있는 것이다. "한 번에 여러 가지를 해결하려는 것은 꽤 괜찮은 아이디어 아닌가요?"라고 반문할지도 모른다. 하지만 여러 업무를 동시에 진행할 때 그 이면에서 어떤 일이 일어날지 생각해보라. 작동기억의 용량이 작기 때문에 언제든 한 번에 집중할 수 있는 데이터의 양은 얼마 되지 않는다. 무대에 한 번에 올릴 수 있는 대상이 네 개에서 세 개로, 또 세 개에서 두 개로 줄지도 모른다. 무대는 방금 퇴장한 배우에 대한 작동기억으로 꽉 차 있기 때문이다.

이 과정이 아직 완전하게 규명되지는 않았지만, 가장 에너지를 많이 소모하는 대상은 무대에서 가장 먼저 떨어져 나간 것들이다. 더욱 안타까운 사실은 이 대상이 대개는 형이상학적이거나 이해하기 어려운 목표와 같이 추상적인 개념일 경우가 많다는 것이다. 이러한 이유로 뇌의 무대에 과부하가 걸리면 전체적인 의도를 잊어버리기 쉽다. 가장 중요한 배우가 무대에서 가장 먼저 퇴장하기 때문이다.

멀티태스킹으로 여러 업무를 동시에 처리하면 정확도는 떨어지게 마련이다. 그렇다면 한 번에 꼭 한 가지 일만 처리하는 것 외에 다른 대안은 없을까?

이런 고민을 날려버릴 만한 방법 세 가지가 있다. 첫째, 관객의 작업량을 늘리는 것이다. 다시 말해, 자신의 업무 중에서 자동적으로 처리되는 일의 비율을 높이는 것이다. 둘째, 무대에 최적의 순서로 정보를 올리는 것이다. 셋째, 주의력을 잘 배합하는 것이다.

멀티태스킹의 기술 1: 자동화 처리

종종 사람들은 멀티태스킹이 효율적이라고 말한다. 물론 전화회의를 하면서 이메일에 대강 답장을 써주는 걸로 괜찮다면 그럴 수도 있다. 그러나 현실은 그렇지 않다. 한 무대에서 한 번에 두 가지 업무를 처리할 수는 없다. 동시에 처리하는 게 아니라 주의력이 이쪽저쪽으로 재빨리 옮겨갈 뿐이다. 결국 전화회의에 쏟아야 할 집중력이 줄어드는 것뿐이다. 핵심을 놓치거나 새로운 아이디어를 제대로 이해하지 못할 수도 있다. 기억에 대한 연구에서도 어떤 정보가 장기적으로 기억되려면 집중적인 관심을 받아야 한다고 한다. 그렇지 않으면 수화기에서 들려오는 회의 내용을 분명히 들었더라도 나중에는 제대로 기억할 수가 없다.

그렇다면 이 문제를 어떻게 해결해야 할까? 먼저 광대가 공 여러 개를 던지며 저글링을 하듯이 몸이 자연스럽게 익힐 수 있는 일을 늘려가야 한다. 어떤 행위를 반복해서 연습하여 몸에 자연스럽게 익히고 전전두피질의 관리를 받지 않아도 되도록 하는 것이다. 일단 몸에 각인되고 나면 그 행위를 하면서 동시에 다른 일을 할 수 있다. 하나가 아니라 더 많은 일도 동시에 처리할 수 있다. 가령 운전은 어떨까? 일단 핸들 잡는 방법을 익힌다. 그러고 나서 가속기와 브레이크 사용 방법을 익힌다. 곧 자동적으로 페달을 적절하게 사용할 수 있게 된다. 그러면 주차와 같이 더욱 세밀한 고도의 기술을 익힐 수도 있다.

나는 워드 작업을 할 때 저장하기, 잘라내기, 붙이기 혹은 취소하기 등을 단축키로 해치우는 법을 배웠다. 그 후로는 다양한 단축키를 쓰면서도 따로 주의력을 기울이지 않게 되었다. 그 덕분에 문서를 작성하는 시간을 줄이면서 결과물은 훨씬 좋아졌다. 의식적인 작업에 쓸 자원을 기계적 작업에 투입할 필요가 없어졌기 때문이다. 반복적으로 처리하는 업무가 완전히 몸에 익으면 1장에서 나왔던 기저핵으로 보내 처리하게 하면 된다.

기저핵(뇌에는 기저핵이 여럿 있다)은 뇌가 일상적인 기능을 수행하는 데 중추적인 역할을 한다. 일상적인 기능은 춤을 추는 것

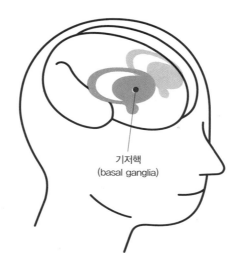

기저핵
(basal ganglia)

처럼 특정한 순서대로 자연스럽게 진행된다. 기저핵 주변에서 볼수 있는 패턴을 인식하고 저장하며 반복한다. 기본적으로 '어떠한 경우에는 어떠한 방식으로 해야 한다.'는 식의 원칙에 따라서작동한다. 쉽게 말해 '뜨거운 음료를 마실 때는 한 번에 꿀꺽 삼키지 말고 조금씩 마시면서 얼마나 뜨거운지 확인한다.'와 같은것이다.

이런 일상적인 행위는 복잡한 여러 지도에 저장돼 있다. 지도마다 신경세포 수백만 개가 정확한 순서로, 정확한 시간 동안, 정확한 세기로 수백 개에 달하는 근육을 작동시켜서 뜨거운 음료가 든 잔의 손잡이를 잡고 입으로 가져가 한 모금을 마실 때까지의 과정에 대한 지시 사항이 들어 있다.

기저핵은 온갖 일에 간섭한다. 뇌의 대부분 부위에서 처리되는데이터는 기다랗고 흰 물질을 통해 뇌에서 들어오고 나간다. 이흰 물질은 뇌의 여러 부위를 연결하는 기다란 케이블이라고 할 수 있다. 전전두피질도 이 물질을 통해서 뇌의 여러 부위와 잘 연결된다. 그런데 일부 부위는 다른 부위와의 연결이 훨씬 제한적인 경우도 있다. 그 반면, 배선이 잘돼 있는 기저핵은 육체적 활동뿐 아니라 빛, 음향, 냄새, 언어, 사건, 아이디어, 감정 등 다양한 감각적 자극에 대해서도 반복적 패턴을 인식할 수 있다. 그러니 앞으로 우유를 마시기 전에 상하지는 않았는지 무의식적으로 냄새를 맡아본다거나, 미팅 전에 명함을 잘 챙겼는지 습관적으로 확인한다거나 함을 깨달았다면 당신의 훌륭한 기저핵에 감사하라. 기저핵은 패턴을 무척 좋아한다. 일상적 행위가 세 번만 되풀이하면 기저핵이 활성화된다는 연구 결과도 있다.

기저핵은 말없는 대식가다. 왜냐하면 우리가 의식하지 않을 때조차도 여전히 패턴을 모으고 있기 때문이다. 몬트리올에서 진행한 연구 결과를 보면 연구진은 뇌 주사 장치를 단 실험대상자들에게 키보드 단추 네 개 중 하나를 눌러서 스크린에 점멸하는 불빛의 위치를 표시하도록 했다. 실험대상자들은 두 그룹으로 나뉘었다. 먼저 A그룹에는 위치를 무작위로 제시했고 B그룹에는 반복적 순서로 제시했는데, 반복이라고는 해도 복잡해서 억지로 외우기는 어려운 수준이었다. 그런데 그 결과는 놀라웠다. 참가자들의 기저핵은 기어이 그 패턴을 외운 것이다. 반복적 패턴을 들은 B그룹이 그렇지 않은 A그룹에 비해 과제수행 속도가 10퍼센트 가까이 빨랐다. 실험이 끝나고 나서 두 그룹에 실험하면서 봤던 패턴을 아무거나 눌러보라고 했다. 그런데 그 결과는 양쪽 다 비슷했다. 참가자들의 기저핵은 패턴을 인식했지만 정작 그들 자신의 의식들은 명확하게 인지할 수 없었다.

이런 경험은 누구에게나 있을 것이다. 가령 새로운 사무실을

76

운전해서 찾아간 다음 날, 그 길을 '그냥 아는' 경우 말이다. 이러한 종류의 인식은 미묘하게 아는 것이라 할 수 있다. 자신은 사무실을 찾아갈 수 있지만 정작 남에게 제대로 설명해줄 수는 없다. 그 이유는 기저핵에 패턴이 형성돼 있기 때문이다.

기저핵은 반복적 행위를 수행할 때 효율적이므로 이 자원을 마음껏 활용하라. 어떤 행위가 각인될 때까지 반복하면 어느새 기저핵이 관장하기 때문에 당신의 무대는 다른 기능을 수행할 공간을 마련할 수 있다. 따라서 반복적으로 할 수 있는 일상적인 일을 개발하라. 거래처에 전화하는 법, 새로운 서류를 여는 법, 이메일을 삭제하는 법, 스케줄을 조정하는 법… 이런 패턴이 많아질수록 이 일에 들어가는 주의력은 줄어든다. 다시 말해, 한 번에 여러 일을 처리할 수 있게 된다. 물론 서류를 작성하는 것처럼 고차원적인 일을 수행할 때는 이 과정이 적합하지 않다. 하지만 얼마나 많은 일상적인 일들을 각인시킬 수 있는지 알면 놀랄 것이다. 예를 들어, 나는 이제 3초 만에 거의 아무 생각 없이 환한 표정을 지으면서 "메일 잘 받았습니다. 덕분에 기쁩니다."라는 내용의 답장을 보낼 수 있다.

멀티태스킹의 기술 2: 최적의 순서

한 번에 한 곳에 주의력을 기울이는 능력을 극대화하고 싶다면 무대에 최적의 순서로 정보를 올리라. 가령 친구들과 함께 휴가를 보낼 장소를 고르고 있다고 상상해보자. 적당한 해변을 고르는 과정은 특정한 순서로 진행된다. 일행의 인원수를 알기 전까지는 음식을 얼마나 준비해야 할지 알 수 없다. 또한 휴가 날짜를 구체적으로 정하지 않으면 몇 명이 갈 수 있을지도 알 수 없다. 만약 인원수가 정해지기 전에 필요한 물건부터 구입해야 한다면, 일단 결정을 내리기 어려운 항목부터 생각해봐야 할 것이다.

아마 일을 할 때도 이처럼 계속해서 결정을 내려야 하는 경험을 해본 적이 있을 것이다. 이렇게 미완성 연결회로들이 정신적 에너지를 허비하며 열queue을 이루고 있는 현상을 '병목현상'이라고 한다. 전전두피질과 의식적인 정신 작용에서 관찰되는 이런 현상은 정신 작용이 연속적으로 일어나는 상황임을 암시하는 현상 가운데 하나다.

첫 번째 결정을 내릴 때까지 결정되지 않은 문제들은 열을 지어 기다리고 있다. 이는 마치 컴퓨터에 연결된 프린터에 잼이 발생해 문서들이 인쇄대기 상태인 것과 흡사하다. 모니터에 갑자기 프린터 아이콘이 나타나며 경고 신호를 보내서 문제가 있다는 것을 알린다. 이와 비슷하게 어떤 생각이 계속 머릿속에 떠올랐을 때 이 생각에 대한 결정을 내리기 위해서는 다른 미결 문제들을 일단 대기 상태로 놓아야 한다. 일주일 동안 어떤 생각에 신경 써야 할지 목록을 작성한다면 계속 머릿속에 떠오르는 생각들을 가늠할 수 있을 것이다. 그런데 결정을 내려야 하지만 도무지 할 수 없어 계속 열에 대기시켜두고 있는 생각들이야말로 뇌에 저장된 자원을 허비하는 가장 큰 적 가운데 하나다.

그렇다면 열에서 대기 중인 문제들을 어떻게 처리해야 할까? 일단 우선순위가 높은 문제부터 해결하라. 집의 실내장식을 하려고 하는데 벽지를 고를 수 없어 골치가 아프다고 하자. 이는 전체적인 실내장식의 콘셉트를 정하지 않았기 때문이다. 이때 사고 과제의 저항을 최소화하면서 가장 효과적으로 해결할 수 있는 방법이 있다. 여러 가지 결정을 내려야 할 때 잠깐 시간을 내어 우선순위를 정하면 대기 중인 미결 문제를 줄여 많은 시간과 노력을 절약할 수 있다. 열을 줄이면 무대 위에 같은 문제를 반복해서 올리거나 내리지 않아도 된다. 그러면 정신적 에너지를 아낄 수 있다. 다른 정보에 할애할 공간과 다른 작업에 집중적으로 투입할 자원도 더 많이 확보할 수 있다.

멀티태스킹의 기술 3: 주의력 배분

마지막 기술은 주의력 활용 방법을 적절하게 배분하는 것이다. 이에 대한 기본 골격은 1장에서 이미 살펴본 대로 수행해야 할 정신적 과제에 따라 우선순위를 정하는 것과 비슷하다. 다시 말해, 한 번에 여러 가지 일을 해야 할 때 그 일에 들이는 시간을 최소화하는 것이다. 일단 주의력을 얼마나 오랫동안 분산해야 하는지 결정하라. 그런 후에 한 가지 과제에 다시 집중하라. 가령 업무 시간에는 스마트폰을 켜놓는 시간을 제한하는 것이다. 만일 오후에 정신을 집중해야 하는 업무를 처리하지 않기로 정했다면 이때 켜놓으면 된다.

주변 사람들에게 당신이 주의력을 배분한 상태에서 업무를 진행하고 있다는 사실을 미리 알려주는 것도 좋다. 만약 전화회의를 한다고 해보자. 다른 참석자들이 회의에 얼마나 집중하는지 확인하려다 보면 당연히 주의력이 흐트러질 수밖에 없다. 이때는 서로 얼마나 회의에 집중하고 있는지 미리 밝히는 것이 낫다. 그러면 참석자들 중에서 특정한 사람과 관련 있는 주제를 논의할 때 그 사람에게 집중해서 들으라고 미리 알려줄 수 있을 테니 말이다.

이 세 가지 기술을 잘 명심하라. 이제 에밀리가 뇌의 한계를 잘 이해했다면 그녀의 오전이 어떻게 달라졌을지 살펴보자.

백만 가지 업무의 저글링-장면 2

●   오전 11시

에밀리는 임원회의 장소로 향한다. 그녀가 임원회의에 참석하는 것은 이번이 처음이다. 그래서 엘리베이터 근처에 있는 접수계 직원에게 회의실 위치를 물어본다. 길게 이어진 복도를 걷고 있는데 별안간 휴대전화가 울린다. 에밀리는 한 번에 한 가지 일에만 집중할 수 있다는 것을 알고 있다. 지금은 처음 가는 회의실을 찾는 게 급선무다. 일단 수신전화가 음성사서함으로 넘어가도록 해놓고 정각에 회의실에 도착한다.

에밀리는 회의 도중 참석자들이 스마트폰을 확인하는 모습을 본다. 바로 그때 자신의 전화에서도 진동음이 울린다. 하지만 지금 당장 이메일을 확인하고 답장을 보낸다면 진행 중인 회의 안건을 따라가지 못할 것이다. 그녀는 회의 의제와 관련된 몇 가지 질문을 한다. 그 답변에 따라 자신의 집중력을 분배해야 할지도 모른다. 게다가 잠시 뒤에는 회의 참석자들에게 정식으로 인사도 해야 할 것이다. 에밀리는 단호하게 스마트폰을 끄기로 결정한다. 한 번에 두 가지 일을 하는 실수를 범하지 않기 위해서다.

그녀는 임원진 앞에서 발표할 때 그들의 관심을 확실하게 끌어야 한다고 생각한다. 그래서 발표하기 10분 전에 참석자들을 한 명씩 보면서 어떤 사람들이 왔는지 확인한다. 참석자들에게 집중하자 왠지 그들과 공감하고 있다는 느낌이 들면서 마음이 편안해진다. 그중 두 명과는 전에도 회의를 한 적이 있다는 사실이 떠오른다. 그때 나눴던 유익했던 대화도 생각난다. 두 사람 중 한 명에게는 함께 커피라도 마시자고 해야겠다고 마음속으로 기억해둔다. 곧 자신이 인사할 시간이 되자 정신이 바짝 들었지만 결코 불안하지는 않다.

발표를 하면 할수록 에밀리는 점점 더 자신감이 생기고 침착해진다. 그녀는 발표 도중 참석자 두 명과 사전에 가진 회의 내용을 슬쩍슬쩍 양념처럼 집어넣는다. 그러자 참석자들은 그녀가 세세한 것까지 기억하고 있다는 사실에 미소를 짓는다.

회의 시간을 10여 분 남겨놓고 토론이 이어진다. 이 내용은 에밀리의 업무와는 직접적인 관련이 없다. 에밀리는 이 10분을 이용해서 필요 없는 이메일을 삭제하기 위해 스마트폰을 켠다.

• ─ 뇌의 비밀 ─ •

- 의식적, 정신적 과제를 처리할 때는 한 번에 한 가지만 제대로 집중할 수 있다.
- 여러 업무를 바꿔가며 처리하면 에너지가 많이 소모된다. 게다가 실수도 더 잦아진다.
- 의식적 과제를 한 번에 여러 개씩 처리하려고 하면 정확도나 수행 능력이 크게 떨어진다.
- 두 가지 정신적 과제를 신속 정확하게 처리하려면 한 번에 한 가지씩 처리하는 수밖에 없다.
- 몸에 익은 일상적인 과제를 수행할 때 멀티태스킹을 잘할 수 있다.

• ─ 일 잘하는 뇌 만들기 ─ •

- 한 번에 두 가지 일을 해보라. 일처리 속도가 현저하게 느려지는 것을 확인할 수 있다.
- 반복적으로 수행하는 행위는 몸에 익도록 하라.
- 열에서 대기 중인 과제들을 줄이려면 효율적인 순서로 결정을 내리고 사고를 진행하라.
- 멀티태스킹을 꼭 해야 한다면 적극적인 사고가 필요한 과제와 이미 몸에 익어 무의식적으로 처리할 수 있는 일상적인 일을 묶어서 하라.

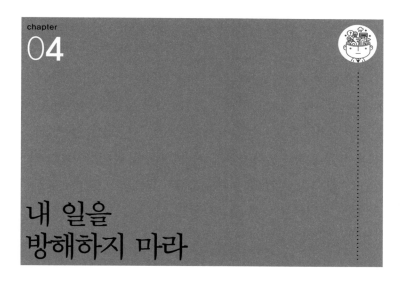

내 일을
방해하지 마라

뇌를 어지럽히는 업무 방해자들

•　　　　　　　　오전 11시 반

폴은 1시간 동안의 점심시간을 활용해 의뢰인과 미팅을 할 예정이다. 그는 의뢰인을 만나기 전에 신용카드 프로젝트 계약을 따내려면 어떤 전략이 필요한지 확인하기로 한다. 제안서는 벌써 보내놓았지만 세부 사항은 아직 정하지 못한 상태다. 팀원의 구성과 조직, 마감기한 같은 것들 말이다.

폴이 "해낼 수 있어!"라며 자신감에 차 있는 동안 그의 기저핵은 패턴을 찾고자 한다. 그런데 말로 표현하기 어려운 찜찜한 것이 자꾸만 그를 괴롭힌다. 뇌 깊숙한 어느 부위에서 미세한 생각의 회로가 연결되려는 것이다. 그것이 뭔지 지금은 떠올릴 수 없지만 잘 관리해야 할 기억인 것 같다. 아마도 오래전에 잊힌 경험일 것이다. 의욕만 앞서 충분한 준비 없이 의뢰인을 만났다가 그가 맛봐야 했던 씁쓸한 감정에 관한 기억 말이다. 뇌란 특정 상황에 대해서 시간이 지나면 세부적인 것까지는 다 기억하지 못해도 당시의 감정이나 느낌은 기억하는 경향이 있다.

폴은 종이 한 장을 앞에 놓고 이 계약에 가장 적합한 아웃소싱 업체들을 추려본다. 오래전에 거래한 업체들이라 기억이 흐릿하게 떠오른다. 바로 그때 전화가 온다. 텔레마케터의 전화였다. 폴은 텔레마케터의 설명을 다 듣고 간신히 거절하느라 시간을 허비한다. 왠지 거칠게 전화를 끊으면 마음이 불편할 것 같기 때문이다. 하지만 텔레마케터의 전화를 받아주는 데도 에너지가 상당히 소모된다. 그 전화가 아니더라도 지금 남아 있는 에너지가 충분하지 않은데 말이다.

5분이 지났지만 앞에 놓인 종이는 여전히 백지 상태다. 그때 이메일 도착 알람이 울린다. 나중에 확인해야 한다는 생각이 들었지만 막상 그 순간 참는 것도 쉽지 않다. 이메일은 아웃소싱 업체에 있는 에릭이 보내온 것이다. 그는 폴과 함께 진행하는 프로젝트에 대해 문의했다. 그들은 한 초등학교의 컴퓨터를 업그레이드하는 작업을 하고 있다. 에릭에게 답장을 쓰느라 10여 분이 흘렀다. 이렇게 시간을 뺏기자 폴은 초조해져서 자신도 모르게 까칠하게 답변하고 만다.

폴은 이메일을 보내고 다시 이번 계약에 집중하려고 한다.

하지만 다시 시작할 때마다 업무에 집중하는 데 걸리는 시간
이 길어진다. 그러면서 그가 사용할 수 있는 에너지 저장고의
크기는 점점 작아진다.

집중의 대상이 바뀔 때마다 무대에 올라가 있는 배우를 끌어
내리고 다른 배우를 올려야 한다. 무대에서 내려간 배우는 계속
무대로 돌아가려고 한다. 그들은 관객석의 맨 앞자리에 있기 때
문이다. 하지만 이들을 무대에 접근시켜서는 안 된다. 이런 작업
에는 에너지가 많이 소모되는데, 오전부터 폴의 에너지의 눈금은
저 바닥을 가리키고 있다.

●

폴은 군것질거리를 찾으려고 부엌으로 간다. 냉장고 안에는
어제 저녁에 먹다 남긴 음식이 있다. 이를 보니 느닷없이 이
메일을 받기 직전에 했던 생각이 떠오른다.

폴은 다시 컴퓨터 앞으로 돌아간다. 그리고 방금 전 의식의
수면으로 떠오른 아웃소싱 업체들을 기억해내려고 애쓴다.
하지만 그의 머릿속은 금세 오늘 밤에 예정된 이웃과의 포커
게임 생각으로 가득 찬다. 생각은 꼬리에 꼬리를 물어 지난주
에 했던 포커 게임으로 이어진다. 그는 포커를 하다가 돈을
많이 잃을까 봐 걱정된다. 혹시라도 지면 분위기에 휩쓸려 가
진 돈을 몽땅 털어넣을지도 모르기 때문이다.

폴은 다시 정신을 차려 좀 전까지 고민하던 업무 문제로 되
돌아온다. 그런데 컴퓨터 책상 위가 너무 어수선하다는 느낌
이 든다. 그는 서류를 정리하기 시작한다. 그러다 잊고 있던

다른 프로젝트를 발견하고 그 내용을 읽어본다.

그때 전화벨이 울린다. 에밀리다. 그녀는 폴에게 자신의 업무에 대해 이야기하려고 한다. 그는 아내의 이야기를 들어줘야할지 미팅 준비를 해야 할지 망설인다. 몇 분 후 에밀리는 남편이 자신의 이야기에 집중하지 않고 있다는 것을 느낀다. 그녀는 폴에게 막 승진했기 때문에 그의 지지가 절실하다고 말한다. 하지만 폴은 "정말 바쁘다."라고 대답하며 전화를 끊는다. 그리고 나서 문득 시계를 보니 벌써 출발해야 할 시간이다.

이제 무슨 일을 해야 할지 찬찬히 정리하는 게 급선무지만 폴은 사방에서 치고 들어오는 방해 요소에 휘둘려서 아무것도 할 수 없다. 그의 정신은 지금 당장 가야 할 곳을 제외한 모든 곳에 발을 들여놓고 있다.

효과적으로 업무를 수행하려면 외부는 물론 내부에서 들어오는 방해 요소 처리법을 배워야 한다. 폴이 뇌의 구조를 바꾸면 지금 당장 필요한 작업에 더 효과적으로 집중할 수 있을 것이다.

바깥에 있는 방해자들

방해 요소는 도처에 널려 있다. 최신 IT기기들로 무장한 온갖 방해 요소들은 생산성을 크게 떨어뜨린다. 한 연구조사 결과에 따르면 사무실에 포진돼 있는 방해 요소로 허비하는 시간이 하루 평균 2시간 10분에 달한다. 2005년 10월에 발표된 또 다른 연구 결과에서는 사람들이 업무를 시작한 지 평균 11분이 지나면 다른 일에 정신이 팔린다고 한다. 방해 요소에서 풀려난 뒤 하던 일에 다시 집중하는 데는 무려 25분이 걸린다. 사람들은 3분마다 전화를 하거나, 옆자리 직원과 이야기하거나, 다른 서류 작업에 빠지는 등 딴짓을 한다. 마이크로소프트사에서는 효율성 재고 소프트웨어를 개발하기 위해 사람들이 업무를 처리하는 방식을 연구하는 부서를 두고 있다(마이크로소프트사가 지난 2007년까지 진행한 연구 결과에 따르면 작업 효율을 높이고 싶을 땐 컴퓨터 모니터를 큰 것으로 장만하는 것도 하나의 확실한 방법이다). 연구진은 방해 요소의 효과를 줄이고자 좀 더 미묘한 '경고(예를 들어 스크린의 색깔을 바꾸는 것)'와 같은 다양한 기술을 실험하고 있다.

문제는 방해 요소가 아무리 사소해도 주의력을 분산시킨다는 데 있다. 특히 방해받기 직전에 하고 있던 업무와 관련해 뇌에 만들어진 회로가 새로운 것이거나 연결 상태가 미약할 때는 집중력을 되찾기가 쉽지 않다. 폴이 신용카드 계약 건으로 다시 돌아가려고 할 때마다 여전히 갓 생성된 회로 수십억 개를 다시 활성화해야 한다. 이런 회로는 순식간에 공중분해될 수도 있다.

방해 요소가 단지 집중력만 분산시키는 것은 아니다. 사람을 피곤하게도 만든다. 원래 하던 일로 되돌아갈 무렵이면 집중력은 훨씬 더 떨어진다. 왜냐하면 사용할 수 있는 포도당 양도 함께 줄어들기 때문이다. 1시간에 10차례 동안 집중할 대상을 바꿔보라(어떤 연구에서는 직장인의 경우 1시간에 스무 번까지도 바꾼다고 한다). 그러면 생산적인 사고를 할 시간은 얼마 남지 않는다. 에너지가 적은 만큼 이해하고, 결정하고, 환기하고, 기억하고, 억제할 능력도 줄어든다. 그러면 중요한 업무를 처리할 때 실수를 범하는 횟수가 많아질지도 모른다. 아니면 방해 요소 때문에 아이디어를 잘 잊어버리거나 뛰어난 통찰력을 잃게 된다. 모처럼 좋은 발상을 떠올렸는데 잊어버려서 기억할 수 없다면 가려운 데를 긁지 못하는 것처럼 답답할 것이다. 하지만 방해 요소를 피하는 좋은 방법이 있다.

방해 요소를 피할 때는 먼저 외부에 있는 요소부터 처리해야 한다. 일을 하다 보면 이메일이 도착하고, 전화가 울리고, 사무실로 손님이 찾아오는 경우가 비일비재하다. 하지만 기획이나 창작 작업과 같은 고차원적인 사고에 얼마나 에너지가 많이 필요한지 안다면 이런 외적인 방해 요소에 주의력을 빼앗기지 않도록 좀 더 경계할 것이다.

이때 가장 효과적으로 방해 요소를 처리하는 기술은 의외로 간단하다. 생각하는 작업을 할 때는 모든 통신기기를 꺼두는 것이다. 당신의 뇌는 바로 눈앞에 있는 일에 집중하는 것을 더 좋아한다. 그러는 편이 더 쉽기 때문이다. 방해 요소에 정신이 팔리도록 내버려두면서 미세한 사고의 끈에 집중하려고 애쓰는 것은 은근한 쾌락을 느끼기 위해 고통을 멈추지 못하는 것과 같다.

지금 이 순간 온갖 방해 요소에 시달리고 있다면 일단 외부에서 들어오는 방해 요소를 몽땅 차단해버리는 것이 정신적 수행 능력을 향상시키는 가장 좋은 전략이다.

내 안에 있는 방해자들

우리가 피해야 하는 방해 요소의 대부분은 외부가 아니라 우리 내부에 있다. 사람들은 누구나 사춘기를 지나면서 점점 더 자신의 내면을 의식하게 된다. 그러면서 마음을 가다듬는 것이 얼마나 어려운 일인지도 알게 된다. 말도 안 되는 생각이 느닷없이 툭툭 떠오르기도 하고 강아지가 여기저기 킁킁대고 돌아다니듯이 자신의 마음이 이리저리 떠돌아다니기도 한다. 참으로 어처구니없지만 이것은 지극히 정상적인 일이다.

주의력이 이리저리 배회하는 이유는 신경계가 매 순간 잠시도 쉬지 않고 뇌에 만들어진 수십억 개의 연결회로를 처리하고, 재배치하고, 재연결하기 때문이다. 이러한 상황을 전문 용어로는 '환경적 신경 활동'이라고 한다. 쉬고 있는 뇌도 전기 활동을 관찰해보면 마치 곳곳에서 1초에 몇 차례씩 전기폭풍의 번개가 치는 지구를 우주에서 보고 있는 것과 같다. 그 결과 사고와 이미지가 마치 물결 치듯이 의식이라는 수면으로 떠오른다.

꿈을 꿀 때도 이와 비슷한 작용이 일어난다. 의식의 커튼 뒤에 숨어 있던 신경회로가 무대에 나타나는 것이다. 이런 연결 작용은 깨어 있는 동안에도 쉼 없이 일어나지만 매번 등장하는 수백 개의 생각들은 당신의 관심을 얻지 못한 채 다시 뒷자리로 밀려나고 만다. 마치 객석에 있던 관객 중 아무나 무대 위로 뛰어올라와 단 2초 동안 주목받다가 다시 무대를 내려가는 것과 같다. 조심하지 않으면 언제라도 원하지 않는 배우가 등장해 주의력을 분산시키고 만다. 정신분열증이 이런 방해 요소와 관계가 있다는 증거도 있다. 정신분열증은 사람들이 억누르거나 손쉽게 무시해버리는, 즉 당장의 과제와 상관없는 신호들을 무시할 수 있는 능력이 결여되었을 때 나타난다.

느닷없이 떠오른 생각들은 한시바삐 사라지는 편이 좋다. 그런 방해 요소가 없다고 해도 업무에 집중하는 것은 쉬운 일이 아니기 때문이다. 어떤 연구 결과를 보면 사람들이 뭔가에 온전히 집중할 수 있는 시간은 10초 정도에 불과하다. 이 10초가 지나면 사람들은 자신도 모르게 딴생각을 한다. 뇌라는 무대 위의 배우들은 걸핏하면 딴생각이나 딴짓을 한다. 날씨가 좋거나 옆 사람이 재채기를 할 때, 심지어는 아무 이유가 없을 때도 딴생각을 한다. 마치 공연을 집어치우고 걸핏하면 무대를 박차고 나가는 곡예단과 같다. 그들을 무대 위에 붙잡아놓으려고 애쓰지 않으면 한 장면도 완성하기가 어려울 것이다.

MIT에서 신경과학을 연구하는 트레이 헤든과 존 가브리엘리는 사람들이 까다로운 과제를 수행하면서 딴생각을 하는 순간 그들의 뇌에서 어떤 일이 일어나는지를 연구했다. 그 결과, 과제가 무엇이든 상관없이 주의력의 일탈은 과제 수행을 방해하고 그러면서 내측전전두피질medial prefrontal cortex이란 부위가 활성화된다는 사실을 알게 되었다.

내측전전두피질은 전전두피질, 즉 이마 중앙쪽에 있다. 이 부위는 우리가 자기 자신과 타인을 생각할 때 활성화된다. 내측전전두피질이 있는 부분을 '디폴트 네트워크default network'라고 하는데, 이 네트워크는 우리가 아무 일도 하지 않을 때 비로소 활성화된다. 예를 들어, 정신을 집중하는 일들 사이사이에 멍해 있을 때 말이다. 헤든과 가브리엘리는 외부로 향한 집중력이 흐트러지면 바로 이 디폴트 네트워크가 활성화되면서 주의력이 좀 더 내적인 신호들을 향해 쏠리게 된다고 주장한다. 평소에 당신을 성가시게 했던 일에 집중하게 되는 것이다. 가령 앞에서 폴은 지난주 포커 게임의 결과를 문득 떠올리는 바람에 아웃소싱 업체를 떠올릴 수 있는 희미한 기억의 실마리를 놓쳐버렸다. 다시 정신을 차리고 집중하려고 했을 때는 이미 늦었다.

수세기 동안 철학자들은 마음을 다스리는 일이 얼마나 어려운지에 관한 많은 글을 남겼다. 동양 철학을 바탕으로 한 「코끼리와 기수」라는 유명한 우화가 있다. 이 우화에서 의지력을 의미하는 기수는 자신보다 덩치도 몇 배나 크고 도무지 통제할 수 없는 코끼리, 즉 무의식을 통제하려고 무던히 애쓴다. 실제로 전전두피질은 전체 뇌의 부피 중에서 고작 4퍼센트를 차지한다. 그러고 보면 최신 뇌과학은 동양의 혜안이 얼마나 놀라운지 입증해주는 것 같다. 의식적인 의사결정을 할 때 중추적인 역할을 하는 전전두피질도 뇌의 기능에 나름의 영향력을 행사한다. 하지만 뇌의 나머지 부분은 훨씬 더 크고 강력하다. 이 사실만 봐도 전전두피질과 뇌의 나머지 부분을 연결하는 네트워크의 힘에 대한 중요성이 점점 더 커지고 있음을 짐작할 수 있다.

방해자들은 너무나 유혹적이다

방해 요소가 내부에서 비롯된 것인지, 외부에서 비롯된 것인지는 그리 중요하지 않다. 진짜 문제는 이것이 당신을 방해하고 있다는 사실 그 자체다. 앞에서도 언급했지만, 업무에 집중하기가 어렵기 때문만은 아니다. 주변에서 갑자기 튀어나오는 새로운 정보에 저절로 관심이 쏠리는 현상은 마치 무릎반사처럼 자동적으로 생긴다. 도대체 그 이유가 뭘까?

이는 인간의 뇌가 수백만 년에 걸쳐 진화해오면서 특이한 것에 관심을 쏟게 된 결과라고 주장하는 이론도 있다. 한편 과학자

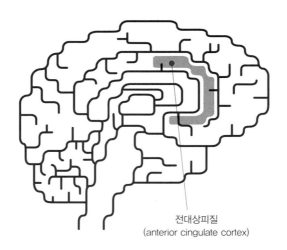

전대상피질
(anterior cingulate cortex)

이자 철학자인 버지니아대학의 조너선 헤이트는 우리 인류가 덤불 속에서 뭔가 부스럭거리는 소리만 나도 귀를 쫑긋 세워야 했던 조상의 후손이기 때문이라고 주장한다. 신형 자동차, 한 줄기 번개, 익숙하지 않은 소리나 이상한 냄새, 이 모든 것이 우리의 관심을 끈다. 다른 것에 비해 두드러지기 때문이다. 한마디로 신기해서 그런 것이다.

신기한 것을 탐지하는 뇌의 영역은 전대상피질anterior cingulate cortex로, 실수 탐지 회로와 비슷한 원리로 작동한다. 실수를 하거나 고통을 느낄 때처럼 기대와는 정반대의 것을 발견하면 불이 반짝하고 들어오는 것이다. 이처럼 독특한 뇌의 작동 원리는 온갖 형태의 마케팅과 광고 기법으로까지 활용된다.

우리는 신기한 것을 보면 관심을 보이는데, 이것이 과하지만 않다면 긍정적인 효과를 부른다. 하지만 실수 탐지 회로에 불이 너무 자주 들어오면 불안과 두려움을 느끼게 된다. 이러한 현상은 보편적으로 인간이 대대적인 변화를 싫어하는 경향이 있기 때문으로도 해석할 수 있다. 거대한 변혁에는 언제나 신기한 것이 너무나 많이 수반되기 때문이다.

폴은 오전 내내 업무를 처리하면서 수많은 방해 요소에 부딪혔다. 이메일이나 전화 혹은 파일로 정리해야 할 서류처럼 외부적인 방해 요소가 있었다. 한편으로는 포커 게임을 떠올리는 것처럼 내적 방해 요소도 있었다. 내적 방해 요소들 중에는 뇌의 무대가 제한적이어서 생기는 것도 있다. 또 집중적으로 사고를 진행하는 데 필요한 포도당이 부족하다 보니 사고의 궤적을 제대로 따라갈 수가 없다. 마음속에 지나치게 많은 정보, 즉 한 번에 서너 가지 이상을 담아두려고 하면 금세 뭔가를 잊어버리게 마련이다.

미결 상태의 문제들이 일렬로 대기 중이면 벌써 해결했어야 할 문제들이 기다리다 못해 무대 위로 난입하기도 한다. 단기기억에 저장된 생각들이 공간을 너무 많이 차지할 수도 있다. 이런 기억들은 당장 쓸모가 없으니 빨리 옆으로 밀쳐놓아야 한다. 아마 지금쯤이면 전전두피질을 '골디락스'라고 부른 이유가 이해될 것이다. 일을 잘하려면 모든 것이 제자리에 딱 맞게 있어야 하기 때문이다.

방해자로부터 멀어지는 방법

지금까지 뇌라는 무대를 혼돈의 세계로 몰고 갈 수 있는 방해 요소에 대해 살펴보았다. 과연 이러한 상태에서도 뭔가에 집중할 수 있을지 심각한 의문이 들 것이다. 그런데 인간은 집중을 요구하는 사고 과정을 위해 특별한 신경회로를 발전시켜왔다. 물론 그 회로가 기대만큼 잘 작동하지 않아서 문제지만 말이다. 어떤 생각에 온 정신을 모으려면 무조건 집중하려고만 해서는 안 된다. 차라리 집중력을 해치는 요소가 나타나지 않도록 하는 편이 더 낫다.

신경과학자들이 집중 작용을 연구할 때 공통으로 사용하는 테스트는 바로 스트룹stroop 검사다. 피실험자들에게 여러 색깔로 인쇄된 몇 가지 단어를 보여주고 나서 글자가 아니라 글의 색이 무엇인지 대답하도록 하는 것이다. 다음 예를 보면 응답자는 C에서 '회색'이라고 말하고 싶을 것이다. 우리 뇌는 글자의 색깔보다 글자를 읽는 편이 더 쉽기 때문이다.

  a. 검정

  b. 회색

  c. 회색

  d. 검정

이때 '회색'이라는 단어를 '회색'이라고 읽지 않으려면 자동적 반응을 '억제'해야 한다. 신경과학자들은 뇌혈관의 혈류량 변화를 기록하는 기능적 자기공명영상 같은 기기로 사람들이 자연적인 반응을 억제하는 순간을 관찰해보았다. 그 결과 그 순간에 뇌에서 활성화되는 네트워크를 찾아낼 수 있었다.

전전두피질 내부에 있는 어떤 특정한 부위가 모든 종류의 억제 작용에서 중추적인 역할을 했다. 그곳이 바로 우측외배측전전두피질right ventrolateral prefrontal cortex, right VLPFC로, 우측 관자놀이 바로 뒤에 있다. 이는 온갖 종류의 반응을 억제한다. 운동 반응, 인지 반응 혹은 감정적 반응을 억제할 때 바로 이 부위가 활성화된다. 마치 뇌에는 갖가지 특정한 가속기가 있어서 가속기마다 언어, 감정, 운동, 기억을 관장하는 부위와 연결돼 있는 듯하다. 하지만 뇌에는 가속에 제동을 거는 장치도 있다. 그것이 바로 우측외배측전전두피질이다(다른 부위도 제동 작용에 관여하지만 이것이 가장 중추적인 구실을 한다). 이 제동장치를 활용할 수 있는 능력은 집중을 얼마나 잘하느냐와 밀접하게 관련돼 있는 것으로 보인다.

잡념에 자동으로 브레이크 밟기

우측외배측전전두피질이 전전두피질 내부에 있다는 사실은 매우 중요한 의미를 갖는다. 만약 자동차 회사에서 신형 도로 주행 차량을 만든다고 가정해보자. 아마도 당신은 무엇보다 제동장치를 가장 튼튼한 재료로 만들고자 할 것이다. 제동장치가 고장 나는 경우는 상상만으로도 아찔할 테니 말이다. 그런데 인간의 뇌는 정반대다. 뇌의 제동장치는 가장 연약하고 변덕스럽고 에너지를 많이 소비하는 부위다. 그러므로 뇌의 제동장치가 훌륭하게 작동하는 경우는 결코 흔하지 않다. 자동차를 이런 식으로 만들었다가는 동네 마트에 가다가도 목숨을 잃을지 모른다.

그렇다면 뇌의 제동장치는 왜 이렇게 부실한 것일까? 이따금씩의 도발행위를 자제하는 것은 어렵지 않겠지만 항상 그렇기란 어렵다. 짜증스럽거나 문득 떠오르는 생각을 지워버리는 일이 어

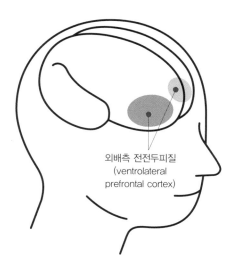

외배측 전전두피질
(ventrolateral
prefrontal cortex)

디 쉬운가? 그러므로 뭔가에 계속 집중한다는 발상 자체가 난센스 같을 때도 있다.

제동장치가 전전두피질 내부에 있다는 사실에서 우리는 또 한 가지 중요한 의미를 유추할 수 있다. 안타깝게도 브레이크를 밟을 때마다 제동 능력은 점점 더 감소한다는 것이다. 마치 운전할 때 브레이크를 쉴 새 없이 밟으면 페달이 점점 마모되는 것과 같다.

1장에서 언급한 플로리다대학의 로이 바우마이스터는 혼자 있는 방에서 초콜릿을 먹지 않고 참아야 하는 실험을 해보았다. 그는 이 실험으로 초콜릿을 먹지 않은 사람은 그다음에 진행한 까다로운 과제를 더 빨리 포기한다는 사실을 밝혀냈다.

"자기 조절이란 어떤 의미에서 한정된 자원이다. 실험 결과, 자기 조절력을 한 번 보여준 사람은 그 이후의 과제에서 그 능력이 감소하고 말았다."

그는 뭔가를 자제할 때마다 그다음 충동은 더욱 참기 어렵다고 주장한다. 이러한 사실을 보면 다이어트가 왜 그렇게 힘든지 알 수 있을 것이다.

지금까지 설명한 것처럼 뇌에서 억제의 과학은 매우 중요하다. 이에 대해서 좀 더 깊이 알아보자. 이미 작고한 벤저민 리벳이 1983년에 캘리포니아 샌프란시스코대학에서 실시한 실험은 이 분야를 더 잘 이해할 수 있는 한 줄기 빛을 던져주었다. 리벳 연구진은 자유의지라는 게 과연 존재하는지 알아보고자 했다. 연구진은 사람들이 자발적으로 어떤 행동을 하기로 결정하는 순간을 찾는 실험을 조직했다. 가령 그런 순간에 손가락을 드는 식이다. 그 결과 우리가 자발적인 행동을 하기 0.5초 전에 우리 뇌는 막 시작하려고 하는 동작과 관련된 신호, 즉 '활동전위'를 보낸다는 사실을 밝혀냈다.

이 활동전위는 손가락을 움직이고 싶은 마음을 의식이 인지하기 한참 전에 (신경과학의 관점에서 보자면) 발생한다. 당신이 손가락을 움직이기 약 0.3초 전에 뇌는 아마도 '이제 손가락을 움직여야지.'라고 결심할 것이다. 당신이 반대편에 서 있는 매력적인 이성에게 말을 걸어볼 용기를 내는 순간 당신의 뇌는 그보다 0.3초 전에 이미 대담한 상태가 되었다는 뜻이다.

앞의 실험처럼 손가락을 움직이거나 매력적인 이성에게 말을 걸어 자신의 운을 시험해보는 것처럼 당신이 뭔가를 움직이겠다고 생각하는 순간은 이미 당신의 뇌가 수백만 개의 회로를 연결해 이런 결정을 내린 직후다. 이 시점 직후의 0.2초라는 시간은 행동을 취할 준비는 돼 있지만 아직 실행에 옮기지 않은 상태다. 그런데 이 0.2초의 간격도 특정한 훈련을 받은 사람에게는 방해가 될지 모르는 뭔가를 깨닫기에 충분한 시간이기도 하다.

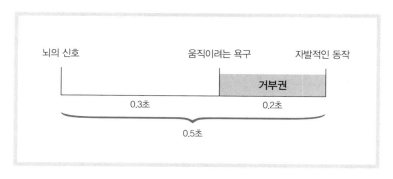

이러한 사실은 매우 중요하다. 왜냐하면 당신은 뇌가 보내온 신호들 사이에 끼어들 능력이 별로 없기 때문이다. 온갖 신경 활동을 수행하면서 뇌는 동시에 온갖 미친 아이디어를 마음으로 보낸다. 하지만 당신은 어떤 충동을 실행에 옮길지 선택하는 능력, 즉 '거부권'이 있다. 앞서 설명한 세 가지 과정인 뇌의 신호와 욕망 그리고 행동을 따로 인지하지 않은 채 뇌에서 신호가 들어오는 즉시 행동에 옮긴다면 그것이야말로 가장 동물적인 행동이다. 일단 이 미세한 시간의 차이를 구별할 수 있어야 한다. 그러려면 무엇보다 정신적 경험에 주의를 기울이고 충동에 대해서 잘 파악해야 한다.

이렇게 보면 사람에게는 자유의지가 없는 것 같다. 그러나 '회피 의지'는 분명히 있다. 이는 충동을 억제하는 능력을 뜻한다. 하지만 반응을 억제하는 시간은 극히 짧다. 게다가 무대가 꽉 차 있으면 억제 개념을 세워둘 만한 공간을 미처 비워놓지 못할 수도 있다. 이제 왜 당신이 피곤하거나 배가 고프거나 짜증이 날 때 더 자주 실수하고 잘못된 충동을 억제하지 못하는지 확실히 알겠는가?

가속도가 붙기 전에 멈춰 세우라

방해 요소를 억제하는 것이야말로 집중력을 유지하는 핵심 기술이다. 그러려면 우선 내부에서 일어나는 정신적 과정을 잘 인지하고 잘못된 충동을 행동에 옮기기 전에 먼저 포착할 줄 알아야 한다. 우리가 흔히 말하듯, 타이밍은 정말로 중요하다.

일단 행동에 옮기고 나면 강력한 고리가 활성화되므로 그 행동을 멈추기가 더 어려워진다. 갖가지 행동에는 내부에 보상기제가 있다. 이 보상이라는 것은 주의력을 끄는 자극이 증가하는 모습으로 주어진다. 가령 이메일에 로그인했는데 지인의 메일이 도착해 있다면 무슨 내용인지 궁금해서 읽지 않을 수 없을 것이다.

모터와 같이 정신적 행위 역시도 일단 작동하기 시작하면 자체적인 추진력이 만들어진다. 의자에서 일어나기로 결심하면 그에 필요한 근육을 비롯해 이 운동 행위와 관련 있는 여러 부위가 활성화된다. 피가 뿜어져 나오며 에너지도 솟아난다. 일단 이 과정이 시작된 후에 의자에서 일어나지 않으려고 하면 처음에 일어나고 싶은 충동을 느꼈을 때 그러지 않기로 결심하는 것보다 훨씬 막강한 거부권과 노력이 필요하다. 그러므로 방해 요소를 억제하려면 충동을 행동에 옮기기 전에 그 행동을 일찍, 재빨리, 자주 거부하는 습관을 들여야 한다.

이런 사고 작용들의 타이밍에는 무척 흥미로운 사실이 숨어 있다. 먼저 3장에서 설명한 1980년대의 전구 실험을 다시 살펴보자. 연구진은 피실험자를 두 그룹으로 나눠서 그들 앞에 있는 전구에 불이 들어오는 복잡한 패턴을 키보드로 그대로 베끼게 했다. 이때 한 그룹에는 무작위적인 패턴을 제시하고, 다른 그룹에는 반복적이긴 하지만 의식적으로 쉽게 구별할 수 없는 복잡한 패턴을 보여주었다. 그러자 반복적인 패턴을 본 사람들이 그렇지 않은 사람들에 비해 수행 속도가 10퍼센트나 더 빨랐다. 이는 기저핵의 지배를 받는 무의식이 패턴을 인식해서 다음에 들어올 불빛을 예상했기 때문이다. 물론 테스트가 끝난 후 그 패턴을 다시 재현하는 것은 잘 되지 않았지만 말이다.

그런데 바로 이 부분에서 실험은 더욱 흥미로워진다. 피실험자들 중에는 패턴을 구별할 수 있는 사람도 있었다. 그들은 글로 표현하거나 타이프를 쳐서 패턴을 보여주었는데, 패턴이 없는 사람보다 30~50퍼센트나 더 빨리 타이프를 쳤다. 의식 수준에서 이 패턴을 알았던 사람은 0.3초 간격 안에 이 패턴을 실행할 수도 있었다. 앞서 리벳의 실험에서 밝혔듯이 0.3초는 어떤 행동을 하고 싶어 하는 마음을 알아차리는 시점과 행동을 취하는 시점 사이의 간격과도 같다.

만약 어떤 행위를 설명하기 위해서라면 말로 구조화하는 것보다는 (적어도 이 실험 결과를 따르자면) 자기 자신이 어떤 행위를 실천하려 드는 것을 포착하는 게 더 쉬울 것이다. 명료한 언어를 구사하면 더 막강한 거부권을 가지게 된다. 패턴을 말로 설명할 수 있다는 말은 전전두피질이 관계하고 있으며 패턴과 관련해 더 많은 것이 가능하다는 뜻이기 때문이다.

말에 관한 이러한 발견은 방해 요소를 해결하는 것과 관련이 있는 동시에 지금껏 설명한 모든 내용과도 유관하다. 만약 우리가 뇌의 무대에 대해 말로 설명할 수 있다면 이런 상황에 좀 더 신경을 쓰게 될 것이다. 어떤 의미에서 이 책의 목적은 전전두피질 내부에 지도를 만들 수 있도록 도와주는 데 있다. 즉, 지금까지 은연중에 일어났던 경험들을 명료한 언어로 설명할 수 있는지도 말이다. 이 책을 잘 이해한다면 뇌의 작용을 좀 더 명료하게 알 수 있을 것이다. 그러면 너무 많은 정보를 처리하려고 할 때나 주의력을 끄는 일이 너무 많을 때, 방해 요소가 너무 많을 때, 그 밖의 온갖 문제점을 처리할 때 더 막강한 거부권을 행사할 수 있을 것이다.

뇌는 금세 한눈을 판다. 한눈을 팔면 에너지를 많이 소모하게 된다. 휴대전화의 전원을 끄는 것만으로는 집중력을 담보할 수 없다. 어떤 충동이 일어날 때 억제하는 법을 배우는 것이 더 중요하다. 충동을 억제하려면 충동이 행동으로 옮겨지기 전에 거부해야 한다. 이와 더불어 그 행동과 연관된 정신적 작용들을 명료하게 설명하는 말을 알고 있다면 거부권을 행사하기가 더 쉬워진다. 그러려면 뇌가 작용하는 방식에 대해 더 많이 배워야 한다. 어떤 작업을 하려고 할 때 뇌가 어떻게 작용하는지 제대로 이해할 수 있기 때문이다.

이제 지금까지 설명한 내용을 구체적인 일상에 적용해보려고 한다. 폴이 자신의 뇌에서 방해 요소들을 잘 처리했다면 그의 오전 시간은 어떻게 바뀌었을까?

내 일을 방해하지 마라-장면 2

●   오전 11시 반

폴은 지금부터 1시간 후에 도시 반대편에 있는 레스토랑에서 의뢰인과 신용카드 프로젝트 계약 상담을 해야 한다. 남은 시

간에 폴은 이번 계약을 따내면 어떤 자원이 필요할지 미리 예
상해보고 정리해놓기로 한다. 의뢰인을 만나기 전에 전체적
인 견적뿐 아니라 세부 사항까지 미리 생각해두고 싶어서다.

폴은 종이 한 장을 꺼내 이번 프로젝트에 적합한 아웃소싱
업체를 몇 곳 뽑아보려고 한다. 그동안 함께 일했던 업체들에
대한 희미한 이미지가 떠오른다. 바로 그때 전화벨이 울린다.
텔레마케터의 전화다. 폴은 미처 생각할 겨를도 없이 반사적
으로 전화를 받는다. 프로젝트에 집중하는 동안은 제동장치
가 잘 작동하지 않기 때문이다. 폴은 이렇게 방해를 받고 있
다간 프로젝트를 기획하는 일, 즉 정교하면서 에너지가 많이
들어가는 이 작업을 끝낼 수 없을 거란 생각이 든다. 서둘러
전화를 끊으려고 하는 동안 이미 각인돼 있던 일상 행동을 이
용해 컴퓨터와 방 안에 있는 전화의 전원을 모두 끈다.

폴은 다시 원래 작업에 집중한다. 더는 방해 요소가 없을
거라고 생각하자 머리가 더 맑아진 듯하다. 언제 울릴지 모르
는 전화벨 소리에 귀를 기울이지 않아도 되니 폴의 뇌에는 그
만큼 빈 공간이 생겨난다. 무대가 깨끗하게 정리되자 전화가
오기 전에 하던 생각이 다시 떠오른다.

폴의 뇌는 복잡하지만 섬세한 신경 네트워크 수십억 개를
활성화한다. 그러자 기억해내려고 애썼던 아웃소싱 업체가
떠오른다. 폴은 그 업체에 전화를 걸어 담당자와 통화한다. 폴
에게는 잠시 통화할 여유가 있으며 담당자 역시 신용카드 프
로젝트 건에 관심이 있는 상태다. 두 사람은 프로젝트를 어떻
게 진행할지 대략적인 계획을 짠다. 머릿속에 떠오른 아이디
어를 구체적인 말로 옮기자 단지 생각만 할 때보다 더 많은

회로가 연결된다. 그러면 네트워크가 더 탄탄해지므로 아이디어에 집중하기가 더욱 쉬워진다.

폴은 만반의 준비를 하고 미팅에 나간다는 사실에 안도감을 느낀다. 이제 컴퓨터를 켜고 기본 계획서를 작성해 출력한다. 이것만으로도 의뢰인에게는 폴이 업무를 조직적으로 진행하는 사람으로 비칠 것이다. 시계를 보니 이제 몇 분 남지 않았다. 마침 전화벨이 울린다. 에밀리다. 그녀는 회의에 들어가기 전 잠깐 남편과 승진 첫날에 대해 이야기를 나누고 싶어 한다. 폴은 아내에게 "잘하고 있어!"라고 격려해준다.

전화를 끊고 시계를 보니 이제 출발할 시간이다.

• ─ 뇌의 비밀 ─ •

- 주의력은 쉽게 흐트러진다.
- 방해 요소들 때문에 전전두피질의 한정된 자원이 소진된다.
- IT기기로 늘 누군가, 혹은 무엇인가와 온라인 상태를 유지하고 있으면 IQ가 현저하게 떨어질지도 모른다. 이는 수면 부족 상태와 비슷하다.
- 방해 요소들을 억제하면 집중력을 더 높게 유지할 수 있다.
- 뇌는 모든 종류의 억제 작용을 가능하게 하는 공통의 제동장치가 있다.
- 억제 작용은 에너지를 많이 소모한다. 왜냐하면 제동장치가 전전두피질에 있기 때문이다.
- 한 번 억제 작용이 일어날 때마다 억제력의 자원은 점점 감소한다.
- 충동을 억제하려면 그 충동이 나타나자마자 포착해야 한다. 행동으로 넘어가 자체 추진력을 갖기 전에 말이다.
- 의식적 패턴을 말로 명료하게 묘사할 수 있으면 그 패턴이 마음속에 떠오르자마자 행동으로 옮기지 않고 억제할 능력이 더 커진다.

• ─ 일 잘하는 뇌 만들기 ─ •

- 어떤 일에 집중하려면 외부의 방해 요소부터 완전히 제거하라.
- 까다로운 과제를 시작하기 전에 먼저 마음을 깨끗하게 정리하라. 내면으로부터 방해 요소가 일어날 가능성을 최대한 줄이라.
- 충동을 억제하는 방법을 다양하게 연습해 정신적인 제동장치를 키우라.
- 방해 요소가 자체 추진력을 얻기 전에 서둘러 억제하라.

chapter

05

최고 성과를
이루는 지점

뇌 활동을 이끄는 최적 자극

• 정오

폴은 의뢰인을 만나기 위해 차에 오른다. 상담은 점심을 먹으면서 진행할 예정이다. 약속 장소인 레스토랑은 자동차로 30분 정도 걸리는 거리에 있지만 폴이 거의 가보지 않았던 곳이다. 도로에 들어서자 문득 앞으로 30분 동안은 이메일이나 전화를 확인할 수 없다는 생각에 깊은 한숨이 나왔다. 10분쯤 달리자 길을 잘못 들었다는 사실을 깨닫는다. 딸의 학교로 가는 길로 들어간 것이다. 늘 학교에 데려다주고 데려오는 길이

5장 최고 성과를 이루는 지점

라 무심결에 착각하고 만 것이다.

　아무래도 약속 시간에 늦을 것 같아 불안하고 경계심이 커진다. 폴은 약속 장소까지 어떻게 갈지 열심히 생각한다. 결국 한낮의 교통지옥에 갇힐지도 모른다는 우려 때문에 이면도로로 가기로 한다. 폴은 큰길에서 벗어나 지그재그로 난 좁은 길로 들어간다. 그리고 가속 페달을 지긋하게 누른다. 이런 길을 운전하려면 많은 집중력이 필요하다.

　이제 약속 시간은 5분밖에 남지 않았다. 긴장은 배가되고 예전에 약속 시간에 늦어 난처했던 기억이 주마등처럼 스쳐 지나간다. 이런 내적 방해 요소 때문에 돌아야 할 모퉁이를 놓치고 결국 더 많은 시간을 허비한다. 마침내 모퉁이를 돌자 바로 앞에 레스토랑이 보인다. 폴은 1분 늦게 레스토랑에 들어간다. 종업원이 안내하는 좌석으로 가보니 의뢰인들의 커피잔은 이미 절반이 비워진 상태다. 게다가 자신보다 훨씬 더 여유 있어 보이기까지 한다.

　폴은 약속 장소에 도착할 때까지 전전두피질이 수행하는 모든 작용을 경험했다. 실수했을 때 나타나는 저자극 수준부터 제대로 해냈을 때의 적절한 자극 수준을 지나 또다시 실수했을 때의 과잉 자극 수준에 이르기까지 말이다. 폴이 겪은 상황은 전전두피질에서 마지막으로 살펴봐야 할 중요한 한계가 무엇인지 잘 보여준다. 그 한계란 바로 '야단법석'이다. 전전두피질은 적절한 수준의 자극을 받아야 올바른 결정을 내리고 문제를 제대로 해결할 수 있다. 폴이 제대로 집중하려면 방해 요소를 줄이는 방법과 더불어 뇌가 적절한 수준의 자극을 받는 방법도 알아야 한다.

배우들이 집중하려면

신경과학자들은 뇌의 여러 부위에서 관찰되는 자극 수준을 몇 가지 방식으로 측정한다. 그중 하나가 뇌파도^{EEG}를 이용하는 것으로, 두개골에 감지기를 부착해 뇌의 전기 활동 종류와 수준을 측정한다. 혈류량의 증가로 자극을 측정하는 방법도 있는데, 이때는 주로 기능적 자기공명영상을 사용한다.

뇌를 관찰해보면 자극이 끊임없이 이동하는 것이 확인된다. 어느 부위가 바빠지면 다른 부위는 조용해진다. 마치 출근 시간에 교외에서 도심으로 사람들이 밀려들어 오다가 퇴근 시간이면 반대로 교외로 빠져나가는 모습을 도시의 상공에서 지켜보는 것과 비슷하다.

이는 사실 활성화된 뇌에 대한 썩 괜찮은 비유다. 일할 때면 혈액이나 산소, 각종 영양분, 전해질의 활동이 전전두피질로 유입돼 뇌에서 수행해야 할 다양한 활동을 지원한다.

일정 수준의 자극은 전전두피질이 최상의 컨디션을 유지하고 활동하는 데 꼭 필요하다. 그 수준은 꽤 높아야 하지만 그렇다고 지나치게 높아서도 안 된다.

정신적 무대에 오르는 배우들은 쉽게 주의력을 잃는 데다 손이 많이 간다. 자신들의 역할을 최고로 수행하려면 최적의 압박감을 받아야 한다. 압박감이 너무 없으면, 다시 말해 관객이 없으면 집중하지 않게 된다. 하지만 관객이 너무 많으면 대사를 까먹게 된다.

스위트 스폿 찾아내기

100여 년 전 과학자들은 최고 성과를 거두는 지점인 '스위트 스폿sweet spot'이 있다는 사실을 알아냈다. 1908년 과학자 로버트 여키스와 존 닷슨이 인간의 과제 수행 능력에 관한 실험을 하면서 이 같은 사실을 발견한 것이다. 그들은 이 결과를 통해서 '역U자 곡선'을 고안했다. 그들의 주장에 따르면 스트레스가 적으면 수행 능력이 떨어지고, 스트레스 수준이 적당하면 스위트 스폿에 이르며, 스트레스가 높으면 다시 수행 능력이 떨어진다고 한다.

영어의 '스트레스stress'는 동사로 '강조하다'라는 뜻으로도 쓰인다. 그러므로 스트레스라고 해서 꼭 부정적인 이미지를 떠올릴 필요는 없다. 스트레스가 없어야 과제를 더 잘 수행할 거라고 생각하면 오산이다. 아침에 잠자리를 박차고 일어나는 데만 해도 어느 정도의 스트레스가 필요하다. 이런 종류의 스트레스를 '유스트레스eustress' 혹은 '긍정적 스트레스'라고 한다. 긍정적 스트레스는 주의력을 모으는 데 도움이 된다.

앞에서 폴은 차를 몰고 도로로 나왔을 때 만반의 준비를 갖췄다는 안도감에 기분이 좋아 오히려 곤욕을 치러야 했다. 기분이 너무나 좋아서 목적지까지 가는 길을 기억해둬야 한다는 사실을 잊어버린 것이다. 전전두피질을 활성화하지 않으면 습관적으로 행동하곤 한다. 다시 말해 기저핵이 당신을 조종한다. 차를 몰고 나온 순간 폴은 역U자의 왼쪽 바닥에 위치해 있었다. 즉, 과제 수행에 필요한 스트레스가 없었다. 여름휴가 도중에 잡혀 있는 전화회의를 잊어버리기 쉬운 것도 바로 이 때문이다. 중요한 업무를 기억해야 할 능력은 당신이 따사로운 햇살과 칵테일 한 잔을

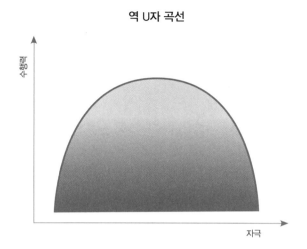

역 U자 곡선

(세로축: 수행력, 가로축: 자극)

즐기는 동안 스르르 녹아버린다. 긴장을 너무 풀어버린 탓에 말이다.

폴이 좁은 길을 요리조리 빠져 나가면서 과제에 집중할 때는 U자 곡선의 스위트 스폿에 있었던 셈이다. 즉, 스트레스가 증가할수록 수행 능력도 향상됐다. 늦을지 모른다는 불안감 덕분에 당장 수행해야 할 과제에 더 집중할 수 있었다. 이와 비슷한 사례를 보자. 마감이 코앞에 닥쳐야 비로소 업무에 집중할 수 있는 사람이 무척 많지 않은가? 두려움과 위급성은 집중도를 높이는 데 때때로 확실히 도움이 된다.

목적지에 거의 다 왔을 무렵, 폴은 늦을지도 모른다는 걱정이 앞선 나머지 공황 상태에 빠져 돌아야 할 모퉁이를 놓치고 말았다. 머릿속이나 손에 쥔 지도에 더는 집중할 수 없었기 때문이다. 그에게 가해지던 자극 수준이 수행 능력에 부정적인 영향을 미친 것이다. 안타깝게도 지금 이 순간에도 이런 정신적 상황에 처

해 있는 사람이 수백만 명은 될 것이다. 자극이 너무 강하면 수행
능력은 일정 수준 이상으로 감소한다.

흥분과 억제의 조화

최근 여러 수준의 자극이 발생할 때 수반되는 생리작용을 보여
주는 흥미로운 연구 결과가 속속 발표되고 있다. 그중 대부분이
예일대학의 신경생물학자인 에이미 안스텐 박사의 공이다. 그는
전전두피질 분야에 20년을 바쳐 뉴런, 시냅스, 신경전달물질과
유전자에 이르기까지 광범위한 연구를 했다.

먼저 배경지식부터 살펴보자. 뇌의 신경세포인 뉴런끼리는 서
로 직접적으로 연결돼 있지 않다. 뉴런들 사이에는 작은 틈이 있
는데, 이를 시냅스라고 부른다. 전기신호가 뉴런세포체를 돌면 시
냅스에서 화학신호로 전환된다. 시냅스의 양쪽 끝에는 수용기들
이 있어서 이 화학신호로부터 메시지를 수신한다. 시냅스는 두
가지 신호 중 한 가지를 받거나 보내는데, 뉴런에 뭔가를 더 하라
고 지시하는 흥분성 신호와 덜 하라고 지시하는 억제성 신호다.
이렇게 시냅스를 거치며 전기신호에서 화학신호로, 다시 전기신
호로 변환되는 커뮤니케이션 시스템을 '시냅스 발화'라고 한다.
끊임없이 변화하는 뉴런 수십조 개가 발화 패턴을 통해 네트워크
로 조직된다. 이 네트워크가 앞에서도 계속 언급했던 지도다. 예
를 들어 폴의 뇌에서 만들어진 신용카드에 대한 지도처럼 말이다.

안스텐 박사는 전전두피질의 시냅스가 올바르게 발화하려면
두 종류의 신경전달물질이 적정한 수준이어야 한다는 사실을 알

아냈다. 그 두 물질이 바로 도파민과 노르에피네프린이다. 이 두 물질이 충분하지 않으면 당신은 자극이 떨어져 지루함을 느끼게 된다. 그 반면 너무 많으면 과도한 자극으로 스트레스를 받게 된다. 모자라지도 넘치지도 않는 중용의 상태가 바로 스위트 스폿이다.

"우리는 평소에도 이런 상황을 잘 알 수 있다. 가령 아직 잠에서 완전히 깨지 않았거나 하루 일을 마치고 피곤한 상태라면 뭔가를 조직적으로 하기가 무척 힘들다. 다시 말해 복잡한 전전두피질 활동을 하기가 어려운 것이다. 스트레스가 과도하다는 것은 노르에피네프린과 도파민 수치가 과도하게 올라간 상태를 의미한다. 이 상태에서는 모든 네트워크의 연결이 끊어져서 신경 발화 작용이 몽땅 차단된다. 결국 신경세포들이 서로 거의 아무 말도 하지 않는 상태가 되는 것이다."

안스텐 박사는 뇌에서 수많은 뉴런들이 쉴 새 없이 연결되는데, 이때 전전두피질의 기능이 제대로 작용하려면 도파민과 노르에피네프린이 적정한 수준으로 분비돼야만 한다고 말한다. 그러니 때에 따라 어떤 일에 집중하기가 너무나 어려운 것도 당연하다.

뇌에서 일어나는 화학반응은 자연적인 환경의 자극에 따라 하루 종일 바뀐다. 만약 당신이 출근길에 무심코 버스 앞을 지나가다가 사고가 날 뻔했다면 오후 내내 정신을 바짝 차리게 될 것이다. 또한 스트레스가 쌓였을 때 휴가를 얻어 숲 속을 거닐면 마음이 한결 편안해질 것이다. 그런데 이렇게 목숨을 걸거나 휴가를 받지 않아도 정신적 기술을 통해 신경전달물질의 상태를 바꿀 수 있다. 이런 기술을 잘 이용하면 경계심이나 관심, 혹은 이 두 가지를 모두 줄일 수도 늘릴 수도 있다.

자극을 높이는 방법 1: 긴급함

아침에 일어나자마자 전화회의를 해본 적이 있는가? 그렇다면 자극이 정신을 차리는 데 얼마나 중요한지 알 것이다. 카페인 같은 자극제(카페인은 마이크로소프트사의 큰 모니터처럼 정신적 수행 능력을 높인다고 밝혀졌다) 외에도 자극을 높일 수 있는 두 가지 방법이 있다.

첫 번째 방법은 업무에 긴급함을 유도해 아드레날린 수치를 높이는 것으로, 가장 간단하면서 신속하게 효과를 볼 수 있다. 노르아드레날린이라고도 하는 노르에피네프린은 사람들이 대중 연설을 하기 전에 느끼는 아드레날린에 상응하는 물질로 뇌에서 분비된다. 한마디로 공포의 화학반응 결과물이다. 겁을 먹으면 주의력이 집중되는데, 고도의 경계 상태로 들어가게 된다. 공포심은 즉각적이고 깊은 수준의 경계심을 일깨운다. 아드레날린과 마찬가지로, 노르에피네프린도 전전두피질에서 회로를 연결하는 데 매우 중요한 구실을 하는 것으로 밝혀졌다.

뇌에서 이 물질을 분비시키려면 자신에게 여러 가지 트릭을 구사하면 된다. 특정한 행동을 시각화하는 것만으로도 실제로 그 행동을 할 때 발생하는 신진대사 반응과 흡사한 반응을 일으킬 수 있다. 손가락 연습을 상상하는 것만으로 근육 양이 22퍼센트나 증가했다는 연구 결과도 있다. 실제로 이런 연습을 할 경우 근육 증가율은 30퍼센트라고 하니 그 효과를 짐작할 수 있을 것이다.

경계심이 너무 낮으면 앞으로 뭔가가 잘못되는 장면을 상상해서 아드레날린을 만들어내도 된다. 다시 말해 무시무시한 상황을 시각화하는 것이다. 4장에서 폴은 자극 수준이 지나치게 낮았다.

월요일 아침인 데다 점심시간 전이었기 때문이다. 그는 과제에 집중하기 어려워 사소한 방해 요소에도 집중력이 흐트러지고 말았다. 이런 상황에서는 완전히 무방비 상태로 의뢰인 앞에 서 있는 모습을 상상해볼 수도 있다. 그 결과 두려움을 느끼면 노르에피네프린 수치가 증가해 집중하는 데 도움이 될 것이다. 한번은 프로 권투 선수에게 성공의 비밀을 들은 적이 있다. 그는 중요한 시합을 앞두면 마음속으로 링에 올라가서 죽을 수도 있다는 상상을 한다. 그러면 미친 사람처럼 훈련에 집중하게 된다는 것이다. 나도 글을 쓸 때 이와 비슷한 트릭을 쓴다. 사람들이 내 글에서 오류를 발견하는 모습을 상상하는 것이다. 그러면 정신이 바짝 들어 집중하게 된다.

이 기술의 핵심은 실생활에서 자꾸 상상만 하라는 것이 아니다. 동기부여가 될 만큼 뇌를 자극하되, 공포심에 사로잡힌 나머지 과도한 스트레스를 만들지는 말라는 것이다.

자극을 높이는 방법 2: 흥미 유발

두 번째 방법은 도파민 경로를 자극하는 것이다. 노르에피네프린이 경계심을 유발한다면 도파민은 관심을 유발하는 신경전달물질이다. 이 두 물질은 혈중 수치가 적당하면 적절한 수준의 자극이 형성된다는 점에서는 같지만 뇌에 미치는 영향은 판이하게 다르다.

도파민은 다양한 상황에서 생성된다. 무엇보다 전전두피질에서 신기한 것, 즉 예상하지 못한 것이나 새로운 것을 탐지하면 도파민 수치가 상승한다. 아이들은 언제나 새로운 것을 좋아한다. 신기한 것을 볼 때 뿜어져 나오는 신경전달물질은 단순한 관심에서 출발해 순식간에 강렬한 욕망으로 변화한다. 유머도 예상하지 못한 회로를 연결해준다. 재미있는 동영상을 보거나 농담을 하면 도파민 수치가 올라간다. 혹시 어떤 내용을 처음 말하는 것이 반복해서 말할 때보다 더 쉽다는 사실을 깨달은 적이 있는가? 그렇다면 제일 먼저 활성화된 새 회로가 가장 흥겨운 상태에서 연결되었기 때문이다. 같은 내용을 반복해서 말할 때마다 신선함이 떨어져서 도파민이 처음처럼 강렬하게 생성되지 않는 것이다.

앞의 이야기에서 폴은 작업 환경을 바꾸는 것만으로도 집중력을 높일 수 있다. 예를 들어 의자 높이를 바꾸거나 누군가와 업무 이야기를 나누는 것으로도 충분하다. 아니면 농담을 듣거나 친구에게 전화해서 함께 웃거나 재미있는 글을 읽는 것만으로도 도파민 수치를 높일 수 있다.

과학자들은 긍정적인 사건이 발생할 때, 즉 뇌가 보상이라고 인지할 때 그것이 무엇이든 도파민을 만들어낸다는 것을 발견했다. 뇌가 생각하는 대표적인 보상으로는 맛있는 음식과 섹스, 돈 그리고 긍정적인 사회관계 등을 꼽을 수 있다. 즉, 폴도 승진과 돈 등 제안서를 훌륭하게 작성했을 때 얻게 되는 보상에 집중했다면 전전두피질에서 정확한 신경전달물질로 스위트 스폿을 자극했을 것이다.

이러한 연구 결과는 긍정적 기대나 유머 등을 활용하면 두려움보다 자극을 얻는 데 도움이 된다는 사실을 알려준다. 긍정적인 기대와 유머는 도파민과 아드레날린을 함께 활성화한다. 두려움을 느끼면 아드레날린이 생성되는 반면, 부정적인 기대는 도파민 수치를 떨어뜨린다. 물론 두려움은 인체에 부정적인 영향을 줄 수 있는 여러 신경전달물질도 활성화한다.

과잉 자극의 역습

자극이 너무 심하면 그렇지 않을 때보다 문제가 더 심각하다. 영국에서 2,600여 명의 노동자를 대상으로 연구를 진행한 적이 있다. 그런데 참가자들 중 절반 이상이 "심한 압박감에 폐인이 된 동료가 있다."고 응답했으며 80퍼센트 이상이 "직장생활 때문에 괴롭다."고 응답했다.

요즘은 어디에서든 과잉 정보 현상이 발생하다 보니 한 번에 너무 많은 아이디어에서 비롯된 지나친 자극을 받는다. 폴은 약속 장소에 가다가 돌아야 할 모퉁이를 놓치는 바람에 과도한 자극으로 인한 부정적인 측면을 경험하면서 공황 상태에 빠져버렸다.

과도한 자극이란 전전두피질에서 전기 활동이 지나치게 많이 일어나는 것을 말한다. 자극을 줄이려면 일단 머리에 들어오는 정보의 양과 속도를 줄여야 한다. 머리가 복잡해서 잘 돌아가지 않으면 아이디어를 종이에 옮겨보라. 복잡한 아이디어를 머리에서 끄집어내면 한결 생각하기가 수월해진다. 즉 당신의 무대가 그만큼의 정보를 수용하지 않아도 되므로 전체적인 활동량이 줄어들 것이다.

뇌의 다른 부위들을 활성화하는 것도 한 가지 전략이다. 그러면 전전두피질은 비활성화되기 때문이다. 예를 들어, 주변에서

나는 소리에 집중해보라. 그러면 감각으로 정보를 인지하는 부위
가 활성화된다. 육체적인 활동을 해서 운동피질을 활성화할 수도
있다. 가령 산책을 하면 산소와 혈당이 증가해서 운동피질과 같
은 부위가 더 많이 활성화된다. 종종 "스트레스를 받으면 산책하
라."는 말을 하는데, 이는 굉장히 적확한 해법이다. 뇌의 어떤 부
위가 지나치게 활성화되면 다른 부위를 활성화해서 문제를 해결
하는 것이 수월해지기 때문이다.

　자극이 지나치면 두려움이나 불안 같은 감정만 느끼는 것이
아니다. 흥분이나 욕망처럼 좀 더 긍정적인 감정이 일어나기도
한다. 갓 사랑에 빠진 연인들은 이성을 잃고 순간의 열기에 취해
온갖 바보 같은 행동을 하곤 한다. 새로운 연인들의 뇌는 코카인
을 흡입했을 때의 뇌와 공통점이 많다는 사실을 알아낸 연구도
있다. 도파민은 종종 '욕망의 약물'이라는 별명으로도 불린다. 종
종 흥분에 취한 상태에서 도파민이 너무 많이 생성되면 피로를
유발할 수도 있다.

자극에는 개인차가 있다

어떤 일이 스트레스를 받는 일인지 기분 좋은 일인지 판가름하
는 기준은 사람마다 다르다. 어떤 사람은 자전거를 탄다는 생각
만으로도 자극이 용솟음친다. 그러나 어떤 사람은 자전거를 타는
것만으로는 좀처럼 자극받지 못한다. 오히려 롤러블레이드를 타
고 맨해튼의 교통체증을 뚫으며 달릴 때 집중력이 되살아나는
것을 느낀다. 이러한 개인 차이는 이전의 경험에서 비롯되기도

한다.

역U자 곡선에 영향을 미치는 변수 중에는 성별 차도 있는데, 이는 우리가 매일 접하는 다양한 현상을 설명해준다. 폴이 오늘 오전에 곤란을 겪은 이유는 제안서를 작성하는 일을 마지막 순간까지 미뤘기 때문이다. 의뢰인이 이미 나흘 전에 필요한 자료를 보내줬다. 하지만 폴은 자료를 받은 직후에는 집중하기가 어려워 제안서를 작성하지 못했다. 그만큼 급한 일이 아니라고 생각했기 때문이다. 안스텐 박사는 이런 현상은 주로 남성에게서 확인된다고 한다.

"여성 호르몬인 에스트로겐은 스트레스 반응을 촉진한다. 여성은 대부분의 일을 마감보다 일주일 전에 끝내놓는다. 마감의 압박감에 시달리며 자극이 증가되는 것을 원하지 않기 때문이다. 반면 남성은 마지막 순간까지 일을 미루면서 도파민과 노르에피네프린이 충분히 모일 때까지 기다린다. 그래야 과제를 완성할 수 있는 추진력이 생기기 때문이다."

적당한 자극 받기

지금까지 자극이 지나치거나 미미한 상태가 우리에게 어떤 영향을 미치는지 살펴봤다. 그렇다면 역U자 곡선의 꼭대기인 스위트 스폿에 다다른 느낌은 어떨까?

러시아 과학자 미하이 칙센트미하이 박사는 지난 수십 년간 이 문제를 연구했다. 그는 1990년에 발표한 『몰입, 미치도록 행복한 나를 만난다』에서 "역U자 곡선의 정상에 다다른 상태는 자극이 너무 많지도 않고 너무 적어서 지루하지도 않은 최적의 상태"라고 주장했다. 이런 상태는 시간이 완전히 멈춰버린 듯한 경험에 빠져 있을 때 느낄 수 있다. 폴은 늦을지도 모른다는 두려움에 뒷길로 차를 몰 때 바로 이런 몰입을 경험했다.

누구나 몰입을 경험하고 싶어 한다. 왜냐하면 이때는 활력이 넘치기 때문이다. 긍정심리학을 창시한 마틴 셀리그먼 박사는 몰입이야말로 인간이 행복을 느끼는 가장 주요한 원인 가운데 하나라고 주장한다. 그의 견해에 따르면 맛있는 음식이나 훌륭한 와인을 맛봤을 때 느끼는 쾌락보다도 더 중요한 의미를 지닌다. 셀리그먼 박사는 몰입을 하려면 각자의 강점, 즉 이미 잘하도록 몸에 각인돼 있는 여러 행동을 활용해야 한다고 주장한다.

내게도 몰입이 그렇게 재미있고 활력에 넘치는 이유를 설명하는 이론이 한 가지 있다. 자동차를 운전하는 일처럼 최소한의 노력이나 주의력이 필요한 몸에 완전히 각인된 일상적인 행동을 이용해 뭔가를 한다고 상상해보라. 이제 그런 일상적인 행동을 이용해서 평소와는 약간 다르고 더 힘든 일을 한다고 생각하라. 집중해야만 하는 뭔가를 말이다. 가령 손에 익은 자동차가 아니라 경주용 자동차를 몰거나 자동차 경주 트랙에서 차를 몬다고 상상하자. 핸들을 조작하고 기어를 변속하는 기본 기술은 잘 안다. 그렇지만 평소에 운전하던 환경이 아니기 때문에 평소보다더 집중해야 할 것이다.

이때 뇌에는 어떤 일이 일어나고 있을까? 아마도 새로운 회로가 수없이 연결되고 있을 것이다. 물론 안전을 대비해서가 아니다. 그런 네트워크는 이미 많이 가지고 있기 때문이다. 큰 노력을 기울이지 않고도 새로운 회로가 연결되면서 도파민과 노르에피네프린이 콸콸 쏟아져 나온다. 이렇게 신경전달물질이 뿜어져 나오는 것은 새로운 회로가 많이 연결됐기 때문이다. 이런 화학반응으로 더 집중할 수 있고, 그 덕분에 새로운 회로가 더 많이 연결된다. 당신이 집중력과 활력을 느끼는 부분에서 이른바 선순환이 이뤄지는 것이다.

한마디로 전전두피질은 어수선하다. 이렇게 어수선한 전전두피질이 최적의 상태로 작용하려면 두 가지 선행조건이 필요하다. 첫째, 신경전달물질이 적절한 수준으로 분비돼야 한다. 둘째, 수없이 많은 회로가 적절하게 연결돼야 한다.

이 두 물질은 경계심과 관심을 유발한다. 앞에서도 살펴봤듯이 이 과정에 끼어들어 경계심과 관심의 정도를 조절할 수 있는 방법들이 있다. 참으로 다행이 아닐 수 없다. 이제부터 폴이 이런 내용을 알았더라면 그의 정오가 어떻게 바뀌었을지 살펴보자.

최고 성과를 이루는 지점-장면 2

●   정오

폴은 상담하러 가기 위해서 차에 오른다. 약속 장소는 차로 30여 분 거리지만 그가 자주 가지 않는 지역에 있다. 그는 운전할 생각에 기분이 좋아져서 차에 시동을 걸며 긴장을 푼다. 앞으로 30여 분간은 이메일을 확인하지 않아도 된다는 생각에 절로 콧노래가 나온다.

폴은 잘 모르는 지역이라 길을 찾는 데 집중한다. 약속 장소에 도착하는 모습을 떠올리자 긴장감이 생긴다. 아드레날

린 수치도 함께 올라간다. 운전을 막 시작하려는데 지도부터 확인해보라는 내면의 목소리가 들린다. 그의 기저핵은 이미 이런 상황을 경험한 적이 있다. 경계심이 올라가 있지만 압도 당하지는 않은 상태에서 폴은 차분한 내부 신호들에 귀를 기울인다.

폴은 지도를 훑어본 다음 가장 좋은 노선을 찾는다. CD를 틀어 가장 좋아하는 곡도 듣는다. 10분마다 음량을 줄이고 지도를 펼쳐서 제대로 찾아가고 있는지 확인한다. 운전에 집중하고 있지만 긴장되지는 않는다. 미리 계획한 것은 아니지만, 약속 장소까지 가는 시간을 활용해 최적의 상태에서 잠재적 의뢰인에게 프레젠테이션할 내용을 마음속으로 되짚어본다. 폴은 의뢰인에게 질문을 많이 하고 자신이 이전에 진행했던 대형 프로젝트부터 소개하기로 한다. 마음속으로는 프레젠테이션 내용을 다시 떠올려보면서 제안서의 세부 부분을 어떻게 소개할지 생각하고 의뢰인이 어떻게 반응할지도 미리 가늠해본다. 이렇게 마음속으로 예행연습을 하다 보니 어느새 경각심과 집중력이 높아져 모든 준비를 갖춰놓은 듯한 자신감이 든다. 그는 약속 시간 10분 전에 도착한다. 커피 한 모금을 마시면서 가져온 자료를 훑어보기에 충분한 시간이다.

• — 뇌의 비밀 — •

- 의식적 과제에서 최고 성과를 얻으려면 최소가 아닌 적정 수준의 스트레스를 받아야 한다.
- 의식적 과제에서 최고 성과를 얻으려면 노르에피네프린과 도파민이라는 중요한 신경전달물질이 알맞게 분비돼야 한다. 이 물질들은 각각 경계심과 관심의 유발 또는 감소에 관계한다.
- 노르에피네프린과 도파민의 수치는 다양한 방식을 통해 의식적으로 조절할 수 있다. 그 결과 경계심과 관심을 촉진할 수 있다.

• — 일 잘하는 뇌 만들기 — •

- 하루 일과를 진행하면서 느껴지는 경계심과 관심의 수준을 파악하라.
- 약간의 시각화와 가벼운 공포심을 활용해 필요할 때 아드레날린 수치를 높이라.
- 다양한 형태의 신기함을 활용해 필요할 때 도파민 수치를 높이라. 관점을 바꾸거나, 유머를 즐기거나, 긍정적인 결과를 예상하면 된다.
- 전전두피질 외에 뇌의 다른 부위를 활성화해서 도파민이나 아드레날린 수치를 낮추라.

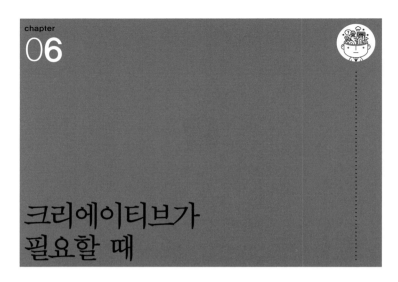

크리에이티브가
필요할 때

창의성이 필요한 문제들

●   정오

에밀리에게 주어진 시간은 고작 30분이다. 이 시간 동안 그녀는 점심 미팅 때 제안할 새로운 회의안을 작성해야 한다. 에밀리는 지난 몇 년 동안 자신의 뇌에 대해 두 가지 사실을 알아냈다. 마감이 임박할 때 머릿속 아이디어를 글로 옮기면 그 내용을 무대로 옮기기가 훨씬 쉽다는 점과 그렇게 글로 쓰면 더 효과적으로 시간을 이용할 수 있다는 점이다.

몇 분 뒤 기획안을 거의 완성한 에밀리는 괜찮은 아이디어가 떠올랐다. 회의를 대표할 만한 모토를 내걸면 좋을 것이란 생각이다. 이처럼 참신한 발상을 하고 나자 도파민 수치가 올라가면서 관심이 증폭된다. 그러면서 이런 좋은 생각을 미리 하지 못한 자신에게 짜증이 난다. 그럴듯한 모토를 만드는 데는 몇 분이 아니라 몇 주가 걸릴 수 있기 때문이다. 짜증이 나자 명료한 사고가 어려워진다. 할 수 없이 일을 중단하고 잠시 생각을 정리한다.

에밀리는 모토를 만드는 데 몰두하고 싶지만 일단 전반적인 회의 계획부터 세우기로 한다. 그래야 좀 더 맑은 정신으로 모토를 만들 수 있을 테니 말이다. 에밀리는 자신의 뇌를 잘 파악하고 있다. 아무리 작업 시간을 여유 있게 잡아놓는다 해도 여러 방해 요소에 휘둘리면 단 몇 분이라도 뇌의 무대를 비워놓느니만 못하다는 사실을 알 만큼 말이다. 무대가 텅 비면 짧은 시간 안에 더 많은 아이디어를 쏟아낼 여유가 생길 것이다.

전체 계획을 잡아놓으니 회의의 모토를 고민할 여유가 10분 정도 생긴다. 하지만 아직은 이런 종류의 창조적 업무를 할 상태가 아닌 듯하다. 점심 전이라서 포도당 수치가 낮았기 때문이다. 일단 휴대전화를 _끄고_ 사무실 문에 "방해하지 마시오."라는 푯말을 건다. 단 하나의 방해 요소만으로도 잔뜩 집중하고 있는 정신이 흐트러질 수 있다는 사실을 잘 알고 있다. 그러고는 책상 위에서 필요 없는 서류를 모두 치운다. 이런 간단한 신체 활동만으로도 머릿속 무대가 깨끗하게 정리되는 느낌이다. 이제야 컴퓨터에서 새로운 문서를 열고 본격적으로 아이디어를 쥐어짜기 시작한다.

'지속 가능한 비즈니스'라는 회의 안건에 대해 구체적인 단어가 속속 떠오른다. 에밀리는 단어들을 어떻게 활용할지 고민하기 시작한다. 이 단어들은 무대 앞 첫 번째 줄 객석에 앉아 있다. 왜냐하면 최근에 자주 사용한 것이기 때문이다.

그 이유는 잘 모르지만, 최근 자주 보았던 단어나 개념들은 기억창고에 잘 들어가 있고 우리 행동에 자동적으로, 즉 무의식적으로 영향을 미친다. 이러한 뇌의 특성을 '점화^{priming}'라고 한다.

●

에밀리가 작성한 목록은 온통 다음과 같은 표현으로 도배돼있다. '지속 가능성', '순항 중인 비즈니스', '모든 것을 지속하라', '지속적인 이윤', '지속적인 수익'. 다르게 생각해보려고 해도 그녀의 머리는 이미 '지속 가능성'이라는 단어에 사로잡혀 있기 때문이다. 얼마 안 가 슬슬 집중력이 흐트러지기 시작한다. 그녀가 원하는 회로가 연결되지 않자 도파민 수치는 서서히 떨어지고 방해 요소들이 속속 나타난다. 점점 집중하기가 어려워진다. 에밀리는 다른 식으로 생각의 흐름을 바꿔보려고 애쓰다가 주의력을 허비하지 않기로 한다. 잠시 후 에밀리는 '지속하다'라는 주제에 대해 다른 표현을 몇 가지 더 생각해낸다. 그녀는 회의 장소로 출발하면서 기획안을 미리 작성해놓아 다행이라고 여긴다. 적어도 회의에 완성된 기획안을 제출할 수는 있기 때문이다. 아직은 이거다 싶은 발상이 떠오르지 않지만 쓸 만한 후보들을 제시할 수도 있을 것이다.

에밀리는 지금까지 배웠던 것들을 대부분 잘 따르고 있다. 정보라는 배우들을 뇌의 무대로 올리기 쉬운 시점을 찾아서 업무 계획을 먼저 세우고 기억해둬야 할 정보의 양도 줄여 머릿속을 맑게 정리했다. 그리고 한 번에 한 가지씩 일을 처리했으며 외부적 방해 요소를 최대한 차단했다. 물론 내부에서 비롯되는 방해 요소도 단호하게 잘랐다. 그럼에도 그녀의 뇌는 여전히 교착상태에 빠져 있다. 전전두피질에서 일어나는 의식적인 정신 작용을 활용해서 회의 모토를 만들어내지 못한 것이다. 이 작업을 해내려면 다른 종류의 뇌 자원을 활용해야 한다.

앞으로 에밀리는 전전두피질에 대해 또 하나의 놀라운 사실을 마주하게 될 것이다. 때때로 전전두피질은 우리의 골치를 썩일 때도 있다. 특히 창의적인 작업을 할 때 그렇다. 에밀리는 자신의 뇌를 더 잘 이해해야 한다. 즉, 의식적이며 1차원적인 작업을 언제, 어떻게 차단해야 할지 알아야 한다. 그래야 창의적인 작업을 자유자재로 진행할 수 있다.

통찰력은 비즈니스의 핵심

에밀리는 신경과학계에서 흔히 교착상태라고 부르는 상황에 처해 있다. 교착상태란 작업을 수행하기 위해 뇌가 가야 할 방향을 장애물이 가로막고 있는 상황을 의미한다. 뇌에서 회로를 연결해야 하는데 도무지 할 수 없는 상황 말이다. 교착상태는 옛 친구의 이름을 떠올리려고 할 때나 아이의 이름을 지으려고 할 때, 도무지 글이 써지지 않을 때 등 언제든 일어난다. 우리는 이런 상태를 정기적으로 마주하게 되는데, 특히 창의적인 작업을 할 때 자주 경험하곤 한다. 창의적이 되려면 교착상태라는 지뢰밭을 절대 피해갈 수 없다.

『크리에이티브 클래스』의 저자인 리처드 플로리다는 오늘날 창의적인 일을 하는 노동자가 전체의 50퍼센트를 넘는다고 한다. 그들은 다양한 방식으로 이 세상에 없던 것을 새롭게 쓰거나, 발명하거나, 설계하거나, 그리거나, 색을 덧입히거나, 틀을 짜거나 고친다. 창의적인 사람은 기존의 정보를 참신한 방법으로 짜맞추는 사람이다. 참신하면 주목을 끌게 마련이다. 그리고 비즈니스 세계에서는 사람들의 주목이 곧장 수익으로 이어진다. 이런 틀에서 창의적인 과정은 부를 창출하는 거대한 동력원이다.

약간의 참신함이 긍정적인 도파민 반응을 일으킬 수 있는 반면, 과도한 참신함은 사람들을 두렵게 한다. 역U자 곡선은 사람마다 다 다르다는 사실과 이 개념을 연결 지어 생각해보라. 그러면 왜 신제품이 나왔을 때 대중이 온갖 다양한 반응을 보이는지 이해될 것이다. 가령 월트 디즈니는 "내가 새로운 아이디어를 소개할 때 사람들이 만장일치로 반대하면 '이거 뭔가 되겠구나.'라고 직감했다."고 말했다. 그렇다고 가장 창의적인 것이 반드시 「판타지아Fantasia(여덟 곡의 클래식 음악을 배경으로 하여 자유롭게 상상력을 펼친 월트 디즈니의 예술 애니메이션)」와 같아야 하는 것은 아니다. 오히려 기존에 있는 것에다 약간의 변화를 가미하는 것이 더 창의적일 수 있다. 창의적인 노동에 종사하는 50퍼센트의 사람들은 변방에서 뚝딱뚝딱 자신의 연장을 휘두르며 이 세상을 좀 더 재미있게 바꾸려고 고군분투한다. 바로 이런 사람들이 교착상태에 자주 빠지곤 한다.

그렇다면 창의성과 관련 없는 일을 하는 나머지 50퍼센트의 사람들은 어떨까? 이들은 환전 업무를 하는 은행원이든 샌드위치 가게 종업원이든 바하마 제도에서 관광객을 태우는 요트 조종사든 간에 하루 중 대부분의 시간을 기저핵에 암호로 저장돼 있는 일상적인 일들을 하면서 보낼 것이다. 그러다 느닷없이 사고 과정이 필요한 문제에 봉착하게 된다. 가령 마요네즈가 똑 떨어졌거나 환율이 널뛰기를 하거나(최근 미 달러의 경우를 생각해보라) 요트의 연료가 바닥을 보이는 등 일은 얼마든지 발생한다.

물론 이 중에는 쉽게 해결되는 문제도 있다. 샌드위치 조리 매뉴얼을 살펴보면 아마도 급할 때 어디서 마요네즈를 구할 수 있는지 나와 있을 것이다. 그 밖의 문제에 대해서는 머릿속 검색 기능을 이용해 과거에 일어났던 문제와 지금의 문제를 비교해서 해결책을 찾아내야 한다. 가령 바하마 제도를 항해하는 요트 안에서 연료가 바닥을 보인다면 과거에 연료가 떨어졌던 상황을 떠올려볼 수 있다. 그때는 배에 있던 알코올을 이용해 바람을 타고 항구로 돌아가는 식으로 창의적인 해결책을 찾을 수 있을 것이다.

그러나 요즘은 비즈니스 환경이 급격하게 바뀌다 보니 창의성과 거리가 있는 업무를 하는 사람들도 예상을 뛰어넘는 문제에 부딪히는 경우가 늘고 있다. 그대로 따라야 할 지침서도 명확한 해답을 주지 못한다. 비슷한 상황에서 사용했던 해결책이 더는 맞아떨어지지 않는다. 가령 중국에서 제조하고, 인도에서 서비스를 제공하며, 유럽으로 운송해 생전 만난 적도 없는 사람들이 관리하는 제품이 있다. 이 제품의 생산단가를 낮추려면 어떻게 해야 할까? 여기서는 논리적인 해답을 구할 것이 아니라 지식을(당신의 뇌에 지금 있는 지도들 말이다) 완전히 새로운 방식으로 재조합해야 한다. 그런 과정을 '통찰'이라고 한다.

당신이 제품의 디자인을 바꾸는 창의적인 일을 하든, 창의성과 상관없이 배를 모는 일을 하든 간에 통찰력을 발휘해 교착상태에서 나오는 방법을 깨친다면 눈부신 성과를 이룰 수 있을 것이다.

통찰력을 경험할 때 가장 매혹적인 측면은 무엇일까? 바로 통찰력을 발휘하려면 뇌라는 무대를 완전히 이끌기 위해 노력해야 한다는 점이다. 대부분의 경우 전전두피질이 과열되면 창의적인 작업은 걸림돌에 부딪히고 만다.

통찰력이 빛나는 순간

오랫동안 통찰력은 저절로 펑 하고 나타나는 신비로운 현상으로 여겨졌다. 생물학적으로 통찰력이 어떻게 작용하는지 제대로 아는 사람은 아무도 없었다. 그렇기 때문에 통찰력을 더 자주 발휘하는 방법을 알려주는 이론을 발전시키기도 어려웠다. 하지만 마크 비먼 박사와 같은 과학자들 덕분에 어느 정도 이론이 정립돼 있다. 비먼 박사는 노스웨스턴대학의 부교수로 재직하고 있는 통찰력 신경과학의 세계적인 전문가 중 하나다.

비먼 박사는 원래 뇌가 언어를 이해하는 과정에 대해 연구했다. 그런데 언어에서 발견되는 틈을 채우는 방식을 연구하다가 흥미 있는 사실을 발견했다. 인지 문제를 더 일반적으로 해결하는 방식에 주목한 것이다. 이렇게 시작된 연구는 '통찰력 경험'이라는 매력적인 분야로 그를 이끌었다. 2004년 비먼 박사는 존 쿠니어스를 비롯한 여러 동료들과 신경과학 분야에서 획기적인 연구에 돌입한다. 통찰력을 경험하기 이전과 도중 그리고 이후에 뇌에서 어떤 일이 벌어지는지를 탐구하기 시작한 것이다. 그의 연구실에서 진행된 인터뷰에서 비먼 박사는 흥미로운 말을 했다.

"그 옛날 윌리엄 제임스는 주의력에 대해서 '누구나 주의력이 무엇인지 안다. 주의력을 정의하려고 노력하는 동안은⋯.'이라는 유명한 말을 남겼다. 통찰력에 대해서도 이와 비슷한 말을 할 수 있다. 누구나 통찰력을 지니고 있다. 통찰력에 대해서는 위대한 과학적 이론이 별로 없다. 차고에 차를 딱 맞게 집어넣으려고 차고의 물건들을 정리하는 것과도 같기 때문이다."

비먼 박사는 사람들이 단어 퍼즐을 풀 때 통찰력을 발휘하는 것에 대해 연구한다. 그는 간단한 단어 퍼즐이야말로 실생활에서 흔히 보지만 연구실에서는 쉽게 연구하기 힘든 온갖 문제들과 일맥상통한다고 생각한다. 가령 'tennis, strike, same'이라는 세 단어로 퍼즐을 푼다고 해보자. 이 퍼즐에서는 주어진 세 단어와 공통으로 관련 있는 단어를 찾아야 한다. 해답은 바로 'match'다. 'tennis match'와 'strike a match'라는 조합을 떠올릴 수 있으며 'match'는 'same'과 의미가 비슷하기 때문이다.

비먼 박사는 사람들이 뭔가가 번쩍 떠오를 때까지 다양한 발상을 차례로 검토하면서 과제를 논리적으로 해결하는 시간이 전체 해결 시간의 약 40퍼센트를 차지한다는 사실을 알아냈다. 그리고 나머지 60퍼센트의 시간에 통찰력을 경험한다는 것이다. 통찰력을 경험하는 것은 해결책에 대한 논리적인 진척이 아니다. 느닷없이 해답에 대한 깨달음에 다다르는 순간이다. 그는 "통찰력이 발휘되면 느닷없이 해결책이 떠오른다. 게다가 그 순간 그 해결책에 대해 '바로 이거다!'라고 확신한다. 머릿속에서 해결책을 보는 순간 그것이 옳다고 믿는 것이다."라고 주장한다.

통찰력을 경험하는 순간 그것이 명확하고 확실한 해결책이라고 믿는다는 사실은 뇌에서 일어나는 작용을 짐작할 수 있는 좋은 실마리가 된다. 비먼 박사 연구진은 문제를 해결할 때 뇌가 의식적으로 인지하는 수준에서 작용하는지를 알아내고자 했다. 점화에 관한 연구에 따르면 사람들은 무의식이 이미 해결한 문제에 대한 답을 들을 때 그 답을 더 빨리 읽어낸다. 비먼 박사는 이것이 사실이라는 것을 밝혀냈다.

통찰력은 무의식적인 과정이 일어날 때 발휘되는 듯하다. 평소에 문제를 풀려고 끙끙대지도 않았는데 갑자기 해결책이 퍼뜩 떠올랐던 경험을 생각하면 이해될 것이다. 예를 들어 샤워나 운동을 하거나 운전하다가 갑자기 문제가 해결되던 순간 말이다. 통찰력에 대한 지식을 알고 있으면 창의력을 향상시키는 데 큰 도움이 된다. 무의식을 통해 문제를 해결할 수 있기 때문이다. 만약 근무시간에 산책한다고 상사가 노려본다면 반석같이 굳어진 과학적 사실에 근거해서 그 합리성을 잘 설명할 수도 있을 것이다.

다행스럽게 산책 말고도 통찰력을 높일 수 있는 세련된 전략이 있다. 어떤 전략이 있는지 "아하!"라고 외치는 순간에 대해 더 깊이 파고들어보자.

머릿속에서 맴도는 생각 끄집어내기

교착상태는 통찰력과 반대되는 개념이다. 하지만 과학자들은 통찰력을 이해하려면 통찰력이 나타나기 직전의 상황부터 이해해야 한다고 생각한다. 이 분야의 연구는 시카고 일리노이대학의 스텔란 올슨 박사가 선도하고 있다. 올슨 박사는 사람들이 새로운 문제에 직면하면 이전에 통했던 전략을 적용하려 한다고 주장한다. 만약 전에도 비슷한 문제를 경험했다면 그때의 전략이 새로운 문제도 해결해줄 것이라고 믿기 때문이다. 하지만 그런 경우는 그리 많지 않다. 오히려 과거 경험에서 찾아낸 방법이 더 나은 해결책이 나타나지 못하도록 길을 막는 경우가 더 많다. 결국 부정확한 전략이 교착상태의 원인이 되는 것이다.

에밀리는 '지속 가능성'이라는 한 가지 생각에 사로잡히는 바람에 교착상태에 빠지고 말았다. 올슨 박사의 연구를 살펴보면 사람들은 새로운 아이디어를 떠올리기 전에 여러 가지 길로 사고를 진행해봐야 한다. 올슨 박사는 이렇게 말한다.

"이전 경험을 투사하고 싶은 마음을 적극적으로 억제해야 한다. 우리는 뭔가를 억제하는 것은 나쁘고 창의력을 제한한다고 생각하는 경향이 있어서 이 말을 의외라고 여길지도 모른다. 하지만 과거의 해결책을 지나치게 신뢰해서 최고 수준으로 활성화하다 보면 같은 방식을 되풀이하게 될 뿐이다. 참신한 아이디어는 결코 떠오르지 않을 것이다."

바로 이 대목에서 4장에서 설명한 '억제' 개념이 다시 등장한다. 사고 과정을 스스로 멈추는 능력이야말로 창의력을 발휘할 수 있는 핵심이다.

이제 당신이 어떤 문제에 부딪혔을 때 바깥에서 어슬렁거릴 핑곗거리를 또 하나 얻었다. 누군가는 그로 말미암아 상사에게 해고 통지를 듣기 직전에 이렇게 말하게 될지도 모른다.

"저는 일을 잊고 완전한 무의식 상태가 되기 위해서 산책하려고 합니다.”

우습게 들릴지도 모르지만, 많은 연구 결과에서 교착상태에 빠지면 이러한 방법이 효과적임을 보여준다. 오답이 정답의 출현을 방해하는 상황을 막기 위해서다.

당신도 직접 가벼운 교착상태를 경험해보기 바란다. 그냥 보기에는 답이 뻔할 것 같지만 막상 풀려고 하면 거의 모든 사람들이 교착상태에 빠지게 되는 난센스 퀴즈가 여기 있다.

“H, I, J, K, L, M, N, O를 결합하면 무엇이 될까?”

잠깐 이 퀴즈를 풀어보면서 자신이 어떤 전략을 채택했으며 어디서 막혔는지를 잘 기록해두라. 자, 이제 어떤 결과가 나왔는가?

보통 이 퀴즈를 두문자어(頭文字語)로 접근하면 교착상태에 빠진다(“He Is Just Kindly Laughing.” 같은 문장을 만들면 말이다). 정답이라면 훨씬 자연스러울 뿐 아니라 보는 순간 ‘그거다!’라는 생각이 들 것이다. 저 철자들은 무엇을 의미할까? 이는 H와 O 사이$^{H\ to\ O}$에 있는 철자들이다. 이제 알겠는가? 저 철자들은 당신이 매일 마시는 뭔가를 의미한다. 바로 H_2O 말이다.

이 퍼즐을 풀어보면 고정된 사고의 틀을 깨는 것이 얼마나 어려운지 알 수 있다. 일단 두문자어로 문제를 풀려고 하는 순간 다른 해결책은 뒤로 밀려나 버린다. 두문자어 지도가 뇌에서 활성화할 때 발생하는 전기 활동이 다른 회로의 형성을 막기 때문이다. 이런 점으로 미뤄볼 때 교착상태를 피해가기란 다리 위에서 교통의 흐름을 바꾸는 것과 흡사하다. 자동차들의 방향을 반대편으로 돌리기 전에 한 방향으로 가는 흐름부터 막아야 하기 때문이다.

올슨 박사의 억제 원칙을 이해하면 통찰력이 샤워나 수영을 할 때 느닷없이 발휘되는 이유를 짐작할 수 있다. 골치 아픈 문제에서 잠시 벗어나면 사고를 진행하는 능동적인 방식도 잦아든다. 이것은 아주 잠깐이라도 효과가 있어 보인다.

여기서 실험을 해보자. 나중에 십자낱말풀이나 낱말 퍼즐을 풀다가 막다른 골목에 부딪히면 잠깐이라도 그것과 전혀 상관없는 일을 해보라(신발끈을 매거나 기지개처럼 간단한 일이면 된다. 중요한 것은 잠깐이라도 머릿속에서 퍼즐을 몰아내는 것이다). 그런 후에 다시 퍼즐을 풀어보라. 그리고 어떻게 되는지 확인하라. 의식적인 사고처리 능력을 담당하는 전전두피질이 가끔은 문제의 원흉이 되기도 한다는 것을 알게 될 것이다. 전전두피질을 치워버리라. 그러면 해답이 보일 것이다.

이러한 뇌의 특성은 당신의 문제에 다른 사람들이 해답을 제시하는 이유도 설명해준다. 다른 사람들은 당신과 같은 사고의 틀에 빠져 있지 않기 때문이다. 문제를 너무 속속들이 알다 보면 해답을 보지 못할 수도 있다. 가끔은 신선한 관점이 필요하다.

이런 주장이 의외라는 사람도 있을 것이다. 일반적으로는 문제에 관련된 모든 것을 알고 있어야 최선의 해결책을 찾게 된다고 생각하기 때문이다. 일하다 보면 매일 수많은 교착상태에 빠지는데, 이때 필요한 것이 바로 사고방식의 파트너십일지도 모른다. 즉, 세부적인 사항까지 잘 아는 사람과 그렇지 않은 사람이 짝을 이루는 것이다. 그 두 사람이 어느 쪽이든 혼자서 하는 것보다 더 빨리 해답을 찾아낼 것이다.

이제 에밀리의 이야기로 돌아가보자. 그녀는 지금 창의적인 사고를 해야 한다. 먼저 머리를 비우려고 필요한 작업을 했지만 보람도 없이 교착상태에 빠지고 말았다. 도대체 어디가 잘못되었을까? 에밀리는 마지막 몇 분 동안 문제에 너무 집중하지 말고 전혀 직관적이지 않은 일을 해야만 했다. 소중한 시간에서 딱 1분만 내어 완전히 다른 일, 흥미롭고 재미있기까지 한 뭔가를 하며 통찰력이 튀어나오는지 살펴야 했다. 말도 안 되는 소리라고 생각할지 모르겠다. 그러나 비먼 박사는 회의에 참석한 자신의 모습을 상상하며 주의력을 기울였지만 좋은 발상이 떠오르지 않았던 에밀리의 경우처럼 문제에 더욱 집중하려고 들었다가는 통찰력을 발휘하기는커녕 오히려 감소될 뿐이라는 사실을 증명했다.

무대 위 조명 꺼두기

해고의 위험을 무릅쓰고 산책하는 것 말고 통찰력을 높이는 방법에는 또 무엇이 있을까? 비먼 박사의 연구 결과에 그 해답이 있다. 그는 사람들이 통찰력으로 문제를 해결할 때 오른쪽 귀의 아랫부분인 우측내측두엽 right anterior temporal lobe 이 좀 더 활성화된다는 사실을 알아냈다. 이곳은 뇌의 전체적인 회로 연결에 관계하는 뇌의 우반구에 있다. 조너선 스쿨러는 사람들이 큰 그림이 아니라 세부 사항에 집중할 때 통찰력이 방해를 받는데, 그것은 뇌가 좌반구 모드로 넘어가기 때문이라는 사실을 알아냈다.

비먼 박사는 통찰력 있는 사람들은 통찰력이 나타나기 직전에 흥미로운 뇌의 신호를 경험한다는 사실도 밝혀냈다. 통찰력이 일어나려고 하면 뇌의 어떤 부위는 시동만 켜놓은 자동차처럼 잠잠해진다는 것이다. 그는 "통찰력으로 문제를 풀기 약 1.5초 전에 뇌로 들어오는 시각정보를 처리하는 부위인 우측후두엽 right occipital lobe 전반에 걸쳐 알파대 alpha band 의 활동성이 느닷없이 평소보다 증가하는 시간이 길어졌다."고 주장했다. 그러다가 통찰력이 발현되자 알파대의 활동성이 사라졌다고 한다. 또한 그는 "알파대의 활동성은 사람들에게 문제를 해결할 순간이 임박했음을 슬며시 알려주는 것과 같다. 머릿속 어딘가에서 힌트를 슬쩍 보여주는 섬세하면서 미미한 회로가 활성화하고 있다는 것을 말이다. 그러면 뇌는 시각정보를 차단하거나 약화시키려 한다. 그렇게 해서 뇌 속의 잡음을 줄여 해답을 더 잘 보려는 것이다. 마치 '조용히 해. 나 지금 생각 중이잖아.'라고 말하는 것과 같다."고 덧붙인다. 당신의 머릿속에서는 이런 작용이 늘 일어난다. 다만 자각하지 못할 뿐이다.

비면 박사는 감정 상태와 통찰력 사이의 강력한 상관관계도 알아냈다. 행복할수록 통찰력을 더 잘 발휘하는 반면, 불안감이 높아질수록 그 반대가 된다. 이는 미세한 신호를 인지하는 능력과도 관계가 있다. 불안하다면 전반적인 전기 활동이 강화된다. 그러면 미세한 신호를 포착하기가 더 어려워진다. 소리를 잘 들어야 하는데 주위가 너무 시끄러운 것이다. 그래서 구글 같은 기업이 직원들에게 즐기면서 놀 만한 작업환경을 만들어준 것이다. 놀이공간이 아이디어의 질을 향상시킨다는 것을 이미 경험했기 때문이다.

지금까지 여러 실험을 통해 뇌에서 인지작용 제어에 관여하는, 즉 사고 과정을 전환하는 부위들이 통찰력이 발휘되기 전에 활성화된다는 사실이 밝혀졌다. 지금까지 한 방향으로만 문제의 해결책을 고민했다면 이제 방향을 바꿔서 생각해야 한다. 그래야 문제 해결 가능성이 높아진다. 통찰력이 생기기 바로 직전 내측 전전두피질이 활성화되는 경향이 있다. 실험실에서 피실험자들이 문제를 풀 때 그들의 뇌를 스캔해서 촬영해보면 통찰력을 잘 발휘하지 못하는 사람은 내측전전두피질이 덜 활성화되는 반면, 뇌의 시각 영역은 더 활발해졌다. 그들은 문제를 가까이 들여다 보기만 할 뿐 어떻게 봐야 하는지는 모르는 것이다. 비면 박사는 그동안 쌓은 지식을 바탕으로 실험을 해보기도 전에 가장 통찰 력이 뛰어날 것 같은 사람과 그렇지 않을 것 같은 사람을 가려내 는 수준에 도달했다. 그의 유일한 판단 기준은 뇌의 활성화 패턴 이었다.

비면 박사가 밝혀낸 사실들은 다음과 같다. 통찰력이 좋다고 해서 시력이 더 좋은 것은 아니다. 문제를 꼭 풀고야 말겠다는 각 오가 더 강한 것도 아니다. 문제에 더 집중하는 것도 아니고 반드 시 천재도 아니다. 박사가 실험을 해보기도 전에 뇌의 촬영 사진 으로만 골라낸 통찰력의 달인은 자신의 내적 경험을 잘 인지하고 있는 사람들이다. 그들은 스스로 생각의 흐름을 잘 관찰하고 있 다가 필요하면 사고방식을 바꿀 수 있다. 이런 사람들일수록 인 지 제어를 잘하며 필요할 때 좀 더 평온한 마음 상태를 만들 수 있다.

이런 흥미로운 사실은 각 분야의 교육과 훈련에도 중요한 교 훈을 준다. 지금까지 교육 현장과 작업장에서는 주로 인지와 보 편적 지능을 강조해왔다. 자기 자신이나 인지 제어를 알아야 한 다는 목소리는 별로 들을 수 없었다. 앞으로 교착상태를 피해가 는 법이 주목을 받게 된다면 무엇보다 문제 해결 방식의 교수법 부터 다시 생각해봐야 할 것이다.

내면에 귀 기울이기

앞의 내용을 정리해보면 통찰력을 키울 기술과 연습법을 만들지 못할 것도 없다. 나는 이 과제를 풀고자 10년이 넘는 시간을 투자했다. 그 결과 '아리아^ARIA 모델'을 고안해냈다. 아리아란 인식 ^Awareness, 반추^Reflection, 통찰력^Insight, 행동^Action의 첫자를 딴 조어다. 통찰력이 발휘되는 순간에 이 과정을 인지할 수 있으므로 아리아로 통찰의 단계도 설명할 수 있다. 이 모델을 잘 이해하면 통찰력을 잘 발휘할 수 있는 실용적인 기술도 습득하게 될 것이다.

우선 '인식'은 뇌가 교착상태에 다소 집중된 상태를 말한다. 이 상태에서는 문제를 무대로 올리고 싶지만 다른 배우들도 올라올 수 있도록 최소한의 공간만을 배정하려고 한다. 전전두피질의 활성화를 최소화하고 싶은가? 그렇다면 지나치게 집중하지 마라. 그 대신 잡념을 마음에서 몰아내고 최대한 문제를 단순화하라. 어떻게 하면 문제를 단순화할 수 있을까? 최대한 간단하게 설명하면 된다. "나는 일과 가족에 더 잘 집중하고 운동과 오락을 즐길 여유를 얻기 위해서 에너지가 더 필요해."라고 말하지 마라. 그 대신 "나는 에너지가 더 필요해."라고 말하라. 그러면 전전두피질이 훨씬 덜 활성화된다.

다음으로 '반추' 단계에서는 교착상태에 사로잡혀 있지만 사고의 내용보다 과정을 더 반추한다. 앞에서 나온 H_2O 퍼즐에서도 보았다시피 채택한 전략이 모두 쓸모없다는 사실을 알아차리고 새로운 전략을 떠올리려고 할 때 통찰력이 나타날 확률이 높다. 이 단계에서는 너무 세부 사항에 빠지지 말고 좀 더 높은 곳에서 당신이 빠진 교착상태를 바라봐야 한다. 그러면 통찰력에 중요한

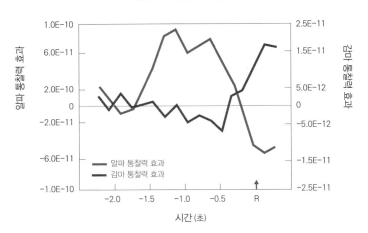

부위인 우반구가 활성화돼 느긋한 회로가 연결된다. 마치 아침에 잠이 덜 깬 상태에서 참신한 발상들이 꿈결처럼 흘러들어오는 순간처럼 편안하면서 긴장이 풀린 의식 상태를 활성화하고 싶을 것이다.

세 번째 '통찰력' 단계는 환상 그 자체다. 통찰력이 나오는 순간에는 뇌에서 감마대gamma band가 폭발하듯 증가한다. 감마파는 가장 빠른 뇌파로 한 무리의 뉴런이 초당 40회씩 일제히 켜진다. 감마파는 뇌의 여러 부위가 서로 의사소통을 하고 있음을 의미한다. 깊은 명상에 잠겨 있으면 감마파가 많이 나온다. 학습 장애가 있는 사람은 감마파가 정상인보다 더 적으며, 의식이 없는 사람은 아예 감마파가 나오지 않는다.

다음 그림은 비먼 박사가 만든 감마파 그래프다. 알파대를 의미하는 진한 선이 위로 솟구치면 뇌는 조용해진다. 그 순간에 바로 통찰력이 반짝한다. 통찰력이 찾아오면 마치 한방 맞은 것 같은데, 사람들의 표정이나 목소리, 몸짓에서 이를 알 수 있다. 직접 만나지 않고 통화하면서도 느낄 수 있다. 무엇을 귀담아들어야 하는지만 알면 느껴지는 것이다. 통찰력이 반짝할 때는 뭔가가 변하는 순간이다. 이때 아드레날린과 도파민의 분출을 동반한다. 그래서 신이 나게 하고, 당신의 관심을 유발하며, 스스로 대단하다고 느끼게 한다. 복잡한 문제 앞에서는 마음을 비우라.

마지막으로, '행동' 단계에서는 통찰력이 발휘될 때 분출한 에너지를 활용한다. 이때 나오는 에너지는 강력하지만 금세 사라진다. 지금 재미있는 책을 읽고 있다고 상상해보라. 결말이 다가오면서 전체 줄거리가 딱딱 들어맞을 때 느끼는 희열을 떠올려보자. 아마 한 2분 동안은 감격에 차 희열을 만끽하겠지만 10분 후면 금세 시들해질 것이다. 이 희열이 있는 동안은 좀 더 대담해져서 어떤 행동을 해야겠다는 강한 동기를 느끼게 된다. 하지만 그런 강력한 동기는 순식간에 사라지고 만다. 이 짧은 시간을 맘껏 활용하라.

아리아 모델은 뇌의 통찰력이 얼마나 소중한지를 잘 보여준다. 나는 워크숍을 운영하면서 70명이 넘는 재계의 리더들에게 통찰력의 신경과학과 남을 도와 통찰력을 발휘하게 하는 기술을 지도했다. 나는 그들에게 5분을 주며 실제 현장에서 겪는 여러 문제들을 아리아 모델로 풀어보도록 했다. 그러자 교착상태에 빠졌던 리더들 중 약 75퍼센트가 단 5분의 대화로 문제를 해결했다('해결했다'는 상황은 새로운 관점에서 문제를 본 뒤 통찰력을 발휘해 다른 뭔가를 해야겠다는 확실한 결정을 내리는 순간을 의미한다). 여기서 내가 한 일이라고는 통찰력을 발휘할 수 있도록 우뇌 상태를 만들어주는 방법을 보여준 것뿐이었다.

우리 뇌는 통찰력을 사랑한다. 대부분 전전두피질을 잠시 쉬게 하고 더 깊은 곳에서 들려오는 신호에 귀 기울일 때 통찰력이 반짝하고 떠오른다.

아리아 모델은 자신뿐 아니라 타인에게도 적용할 수 있다. 통찰력이 발휘되면 뇌에서 일어나는 과정을 더 잘 기억해낼 수 있다. 무대가 더 조용해지면서 내부의 인지적 인식과 인지 제어가 더 잘되는 것이다. 따라서 사람의 이름을 외우거나 십자낱말풀이를 풀거나 시나리오의 다음 장면을 떠올리거나 할 때 아리아 모델을 활용할 수 있다.

지금 이 순간 당신도 교착상태에 빠져 있을 수 있다. 지금까지 나는 전전두피질을 효과적으로 활용하라고 목청을 높였다. 일을 효과적으로 하려면 무대에 배우들을 최소한으로 올리되, 적절한 순서에 맞춰 한 번에 몇 명씩 적절한 자극을 주면서 올려야 한다고 했다.

그런데 이제부터는 때때로 무대에서 배우들을 모두 내리고 무의식을 통해 문제를 해결해보도록 할 것이다. 그렇다면 과연 '언제', '어떻게' 무대를 비워야 할까? 하지만 이보다 더 중요한 문제가 있다. 여기에서 결정된 사항을 과연 '누가' 실행에 옮겨야 할까? 그 해답을 구하기 위해 잠깐 숨을 돌리고 나서 뇌에 대해 더 깊이 탐구해보자.

다음에 나오는 장면 2는 이 같은 내용을 잘 숙지한 에밀리가 좀 더 창의적으로 문제를 해결해내는 모습이다.

크리에이티브가 필요할 때-장면 2

●   정오

에밀리는 앞으로 30분 동안 새 회의에 제출할 기획안을 써야 한다. 몇 분쯤 썼을까, 갑자기 반짝하고 아이디어가 떠오른다. 점심 미팅에서 소개할 신규 회의의 모토를 만들면 좋겠다는 생각이 든 것이다. 그러자 도파민 수치가 마구 치솟는다. 그녀는 도파민이 더 많은 통찰력을 발휘하는 데 필요한 화학반응을 촉진하며, 이때 에너지를 분출한다는 사실을 잘 안다. 그래서 재빨리 이 에너지를 이용하기로 한다. 전화기와 호출기를 모두 끄고 문고리에 "방해하지 마시오."란 푯말을 건다. 컴퓨터에서 새 문서를 열고 아이디어를 쥐어짜기 시작한다.

에밀리는 키워드를 짧게 연결해본다. '지속 가능한 비즈니스'다. 그리고 이 주제와 관련한 단어를 열 개까지 찾았다. 그녀는 잠시 생각을 멈추고 어떤 경로로 이런 결과를 얻었는지 되짚어본다. '지속하다'라는 개념에 사로잡힌 것을 깨닫는다. 일단 마음을 차분하게 가다듬으면서 다른 실마리가 떠오르지 않는지 마음의 귀를 활짝 연다. 미약하지만 어떤 생각이 들린다. '미래'에 관한 뭔가가 말이다. 에밀리는 그 실마리를 놓치지 않고 따라간다. 새로운 단어가 열 개 더 생각난다. 더 많은 실마리에 귀를 기울여 그 즉시 '보장'이나 '위험 감소'와 같은 아이디어와 연결한다. 또다시 새로운 단어가 잔뜩 떠오른다. 여기까지 하자 새로운 아이디어가 더 이상은 떠오르지 않는다. 이제부터는 섬세한 회로가 잘 연결되도록 정신을 집중해야 한다. 아무래도 교착상태에 빠진 것 같다. 그렇다면 이 세 가지 주제를 바탕으로 더 많은 해결책을 도출해내는 작업을 계속해야 할 것이다.

에밀리는 해결책을 찾아내느라 더는 고민하지 않는다. 그 대신 뇌를 푹 쉬게 한다. 일단 폴에게 전화해 잠시 잡담을 한다. 의뢰인에게 제안서를 제시하느라 몹시 긴장된다는 폴의 이야기를 듣자 갑자기 새로운 주제어가 퍼뜩 떠오른다. '긴장을 풀라.'이다. 에밀리는 전화를 끊고 '편안한 미래'와 '긴장을 풀고 미래로'를 떠올린다. 하지만 그걸로 끝이다.

에밀리는 이번에는 아이들의 사진을 보며 긴장을 푼다. 갑자기 의식 아래에서 흥분이 전해져오면서 아이디어가 펑 하고 떠오른다. 에밀리는 '미래가 보장된 당신의 비즈니스'라는 표현을 인터넷으로 검색해본다. 아직까지 누구도 이런 표현을 쓰지 않았다. 그녀는 이 주제를 바탕으로 해서 기획안을 새로 작성한다. 다시 도파민이 샘솟으면서 몰입 상태가 된다. 이번에야말로 최고의 기획안이 완성됐다. 기획안을 다 쓰고도 아직 다른 기획안들에 대한 초안을 작성할 시간이 남았다. 활력이 넘치자 더 참신한 아이디어들이 쏟아져 나온다. 그녀는 긍정적인 기분으로 회의 장소로 향한다.

• ― 뇌의 비밀 ― •

- 매번 비슷비슷한 해결책에 연연하기 쉽다. 이런 상황을 교착상태라고 한다.
- 교착상태에서 빠져나오려면 뇌의 긴장을 풀고 잘못된 대답이 활성화되는 상황을 줄여야 한다.
- 통찰력을 얻으려면 내면에서 들려오는 미세한 신호를 잘 듣고 느슨한 회로가 연결되도록 해야 한다. 그러려면 마음을 편안하게 하고 전기 활동이 최소가 되도록 한다.
- 마음이 편안하고 행복할 때 통찰력을 더 잘 발휘할 수 있다.
- 구체적인 자료보다는 정보들끼리의 연결에 관여하는 우반구가 통찰력을 발휘하는 데 더 도움이 된다.

• ― 일 잘하는 뇌 만들기 ― •

- 압박감을 훌훌 털어버리라. 마감기한을 늘리라. 그리고 뭐든 긴장을 늦추고 신나는 일을 하라.
- 휴식을 취하면서 가볍고 재미있는 일을 하라. 그러면서 해결책이 떠오르는지 잘 지켜보라.
- 문제에 집착하지 말고 정보의 연결에 집중하라. 그러기 위해서 세부 사항에 매달리지 말고 전체적인 패턴과 회로의 연결을 지켜보라.
- 문제를 일목요연하게 단순화하라. 그리고 좀 더 높은 차원에서 자신을 반추하며 통찰력을 발휘하기 직전에 나타나는 미세한 회로가 연결되는지 관찰하라. 그리고 마침내 통찰력이 나타나면 그 짧은 시간에 집중하라.

막과 막 사이

연출자 :
무대에 배우를
올리는 자

 잠깐 쉬어가기 위해서 뇌 이야기를 좀 더 해보자. 지금까지 뇌를 잘 알아야 업무의 효율을 높일 수 있다고 주장했다. 뇌에 대해 알면 시시각각 다른 결정을 내릴 수 있기 때문이다. 하지만 뇌를 많이 안다고 해서 모든 문제가 해결되는 것은 아니다. 다음은 에밀리의 에피소드 중 한 구절이다. 굵은 글자로 된 부분에 유의하면서 읽어보자.

 "'지속하다'라는 개념에 사로잡힌 것을 **깨닫는다.** 일단 마음을 **차분하게 가다듬으면서** 다른 실마리가 떠오르지 않는지 마음의 귀를 활짝 연다. 미약하지만 어떤 생각이 **들린다.** '미래'에 관한 뭔가가 말이다. 에밀리는 그 실마리를 놓치지 않고 **따라간다.**"

 에밀리는 정신 작용이 일어날 때마다 관심을 기울인다. 그녀는 자신의 뇌가 작동하는 모습을 관찰하고 있다. 이렇게 관찰하지 않으면 뇌에 대한 지식이 크게 바뀌지 않는다. 최고 성과를 내는 지점에 도달하려면 두 가지 요소를 결합해야 한다. 뇌에 대한 지식과 뇌가 작용하는 과정을 관찰하는 능력이다.

무대로 돌아가자. 배우란 의식적인 정보를 의미한다. 청중이란 온갖 기억이나 습관처럼 의식의 자각 아래에 있는 정보를 의미한다. 그리고 여기에 '연출자'라고 부르는 역할이 등장한다. 연출자는 당신의 경험 밖에 있는 인식의 일부분을 의미하는 은유다. 연출자는 당신의 인생이라는 연극을 지켜볼 수 있다. 게다가 당신의 뇌가 어떻게 반응할지 결정을 내리고 심지어는 원고를 고칠 수도 있다.

연출이라는 개념은 수많은 이름으로 불리고 있다. 게다가 수세기 동안 과학자와 철학자, 예술가, 신비주의자들의 관심을 한몸에 받았다. 서양철학의 여명기에 소크라테스는 "성찰하지 않는 삶은 살 가치가 없다."고 말했다. 요즘은 자신을 관찰하는 경험을 '자기인식 self-awareness'이나 '마음 챙기기 mindfulness'라고 부른다. '초인지 meta-cognition'라고도 하는데, 한마디로 '생각에 관한 생각'이라는 뜻이다. 이름이 뭐든 철학, 심리학, 윤리학, 리더십, 경영, 교육, 학습, 훈련, 양육, 식이요법, 스포츠와 자기계발의 핵심 사상이며 대다수 세계 문학에서 중심 가닥이라는 점은 분명하다. "너 자신을 알라."는 말이 모든 변화를 향한 첫걸음이라는 사실을 모르면 인간의 경험에 관해 아무것도 읽을 수 없다.

이런 사상을 고려할 때 글 창작 과정을 바라보는 다음 두 가지 반응에 대해 되돌아볼 수 있다. 하나는 모든 작가가 표절을 한다는 것이다. 그리고 다른 하나는 작가가 글을 쓸 때는 자신에게서 한발 떨어져 시시각각 겪는 경험을 관찰할 수 있는 중요하고 보편적이며 생물학적인 뭔가가 일어난다는 것이다. 많은 연구 결과는 후자의 손을 들어준다.

인지과학자들은 1970년대에 처음으로 작동기억, 즉 무대에는 이른바 '실행 기능'이 있다는 사실을 알아냈다. 이 실행 기능은 작동기억의 꼭대기에 앉아 당신의 사고를 관찰하다가 자원을 최적으로 분배할 방법을 결정한다. 이런 현상에 대한 연구는 1990년대에 최신 기술이 개발되면서 더욱 심화됐다. 특히 2007년에 접어들어 사회인지신경과학이라고도 부르는 사회인지 및 정서신경과학이라는 분야의 등장으로 더욱 발전했다.

사회인지신경과학이란 인지신경과학과 뇌기능 연구 및 사람들이 어울리는 방식을 연구하는 사회심리학이 한데 녹아든 학문이다. 이 학문이 생기기 전에 신경과학자들 대부분은 뇌의 기능에만 치중하는 경향이 있었다. 하지만 사회인지신경과학에서는 경쟁과 협동, 공감, 공정함, 사회적 고통, 자기인식과 같은 문제들을 탐구하면서 사람들의 뇌가 상호작용하는 방식을 연구한다. 우리 뇌는 타인을 이해하기 위해 사용하는 뇌의 여러 부위들로 자기 자신을 이해한다. 사회인지신경과학자들은 철학적 측면에서 도전적인 주제들을 탐구하는 데 흥미를 느끼고 뇌에 은둔해 있는 연출자에 대해 주목하기 시작했다.

케빈 옥스너는 뉴욕 컬럼비아대학에서 운영하는 사회인지신경과학연구소 소장을 맡고 있으며 이 학문을 세상에 탄생시킨 두 명의 과학자 중 하나다. 그는 이렇게 말했다.

"자기인식이란 당신의 피부를 뚫고 나가 최대한 객관적인 시각으로 자신을 자세히 관찰하는 것이다. 자기인식은 자신에 관한 제3자의 관점을 의미하는 경우가 많다. 다른 사람의 눈으로 자신을 본다고 상상하면 이해가 될 것이다. 내가 카메라가 되어 자신을 보면서 무슨 해답을 생각하는지 잘 지켜보는 것이다. 자신을 인식하는 것, 다시 말해 자신을 초관점meta-perspective에서 바라보는 과정은 타인과 소통하는 과정과 매우 흡사하다. 이것이야말로 사회인지신경과학이 이해하려고 애쓰는 본질이다."

경험에서 벗어나지 못해 자기인식을 할 수 없다면 시시각각 자신의 행동을 조절하고 지휘할 수 없다. 성숙한 어른이라면 목표를 달성하기 위해 매 순간 자신의 행동을 조절해야 한다. 기계적으로 휩쓸리듯 경험하는 습관을 버리고 주의력을 필요한 곳으로 돌리려면 이런 능력이 필요하다. 그러므로 연출자가 없다면 당신은 탐욕이나 공포, 습관에 휘둘리는 로봇에 불과하다.

| 연출자 들여다보기 |

신경과학자들이 연출자에 대해 설명하기 위해 자주 쓰는 용어가 바로 '마음 챙기기'다. 마음 챙기기란 원래 고대 불교에서 비롯된 개념이다. 하지만 현대에 들어서 과학자들은 이 단어를 '개방적이고 관대한 태도로 현재에 긴밀한 주의력을 기울이는 경험'이라고 정의한다. 즉, 이는 '현재를 산다.'는 개념이며, '현재 일어나는 경험을 인식한다.'는 뜻이며, 또 '본 것을 그대로 받아들인다.'는 의미다. 이 분야에서 가장 선도적인 연구자이며 작가이자 UCLA의 마음챙기기연구센터의 공동 소장인 대니얼 시겔은 거두절미하고 마음 챙기기란 '마음 내려놓기'의 반대 개념이라고 전한다.

"마음 챙기기란 우리가 반응하기 전에 잠시 쉬어가는 능력을 의미한다. 그렇게 하면 마음에 여백이 생겨서 다양한 대안을 살피고 나서 그중 가장 적당한 것을 고를 수 있다."

신경과학자들이 말하는 마음 챙기기는 영성이나 종교, 명상과는 아무 관계도 없다. 이것은 누구나 어느 정도는 지니고 있는 특성으로 다양한 방식으로 계발할 수 있다. 마음 챙기기는 업무 효율성을 높이는 데도 관여한다고 밝혀졌다. 만약 산더미처럼 쌓여 있는 이메일에 일일이 답하는 행동을 멈추고서 일단 하루 일과를 체계적으로 보낼 계획을 짜야겠다고 생각했다면, 당신은 지금 마음 챙기기의 상태에 있는 것이다. 또 집중해서 첫 회의 장소를 찾아가야겠다고 깨달았다면 이 또한 마음 챙기기 상태에 있는 것이다. 어느 경우든 당신은 내부에서 보내는 신호를 깨달았기 때문이다. 이런 종류의 신호를 포착하는 능력이야말로 작업 효율을 높이는 핵심 기술이다. 뇌에 대해서도 잘 파악하고 있어야 하지만, 지식을 제대로 써먹기 위해서는 매 순간 우리의 머리가 무엇을 하고 있는지도 잘 알아야 한다.

전 세계의 과학자 수백 명이 지금도 마음 챙기기에 대한 연구에 몰두하고 있다. 버지니아 커먼웰스대학의 커크 브라운도 그중 하나다. 브라운은 회복 중인 환자들 가운데 남달리 인체 내부의 신호를 잘 포착하는 사람이 있다는 사실을 발견했다. 그리고 내적인 신호를 잘 듣는 환자는 다른 환자들에 비해 놀랍게도 큰 수술을 한 뒤의 회복 속도도 빨랐다. 내면의 신호를 인식하는 것은 내면 세계를 인식하는 것과 흡사하다. 그동안 내면 세계의 신호를 알아차리는 능력을 측정하는 방식은 없었다. 그래서 브라운은 이를 직접 개발했다. 즉, 마음 챙기기 주의력 척도Mindful Awareness Attention Scale, MAAS다. 현재 MAAS는 매 순간 개인의 마음 챙기기를 측정하는 척도로 인정받고 있다.

브라운은 누구나 내면 세계를 인식할 수 있지만 그 정도가 사람마다 다르다는 사실을 밝혀냈다. 그는 몇 년 동안 진행한 테스트를 바탕으로 MAAS 점수는 육체 및 정신적 건강이나 인간관계의 질과도 관계가 있음을 알아냈다. 브라운은 이렇게 말했다.

"처음에는 우리 데이터에 무슨 문제가 있는 줄로만 알았다. 하지만 우리가 수행한 연구는 모두 이 결과를 뒷받침하고 있다."

스트레스 해소 클리닉과 매사추세츠 의대의 의학·보건·사회의 마음챙기기센터를 운영하고 있는 존 카밧진의 연구에서도 피부병 환자들 가운데 마음 챙기기를 실천한 사람이 더 빨리 나았다는 결과가 나왔다. 옥스퍼드대학의 마크 윌리엄스도 마음 챙기기를 연습하면 우울증의 재발률이 75퍼센트나 감소한다는 연구 결과를 얻기도 했다. 마음 챙기기는 확실히 건강을 회복하고 유지하는 데 큰 도움이 된다. 과연 마음 챙기기를 수련하면 스트레스를 덜 받거나 건강에 도움을 주는 강력한 뭔가가 발생하기 때문일까? 중국의 뛰어난 신경과학자인 탕 이위안(唐一源) 박사는 바로 이 질문에 대한 해답을 찾고자 고심했다. 탕 박사는 2007년에 마음 챙기기가 단지 긴장완화 훈련인지, 아니면 다른 것이 작용하는지 알아보는 연구를 수행했다. 40명의 자원자들은 닷새 동안 하루에 20분씩 마음 챙기기를 수련했다. 여기에는 탕 박사가 '심신통합훈련'이라고 이름 붙인 테크닉이 이용됐다. 그리고 비교 그룹은 같은 기간에 긴장완화 훈련을 받았다. 탕 박사는 실험 결과를 보고하면서 이렇게 반문했다.

"닷새 후 두 그룹은 현저한 차이를 보였다. 마음 챙기기를 수련한 그룹의 타액 샘플을 분석한 결과 면역 기능이 평균 50퍼센트나 강화되었다. 마음 챙기기로 단지 긴장만 풀어지는 것이 아님을 확실히 알수 있다. 그렇다면 도대체 마음 챙기기가 뭘까? 어떻게 일상의 여러분야에서 그토록 큰 영향을 미치는 걸까?"

| 마음 챙기기와 신경과학 |

토론토대학의 노먼 파브는 동료 과학자 여섯 명과 함께 신경과학적 관점에서 마음 챙기기를 이해하는 데 새로운 지평을 열었다. 그의 연구 내용을 들여다보면 당신은 외부 세계를 뇌 속에 그대로 재현할 능력을 타고났다. 뇌에 재현된 외부 세계가 바로 뇌 속의 지도다. 지도는 여러 차례에 걸쳐 관심을 기울인 것을 바탕으로 만들어진다. 폴이 뇌에 재현한 신용카드 지도처럼 말이다. 변호사는 수많은 법정소송에 관한 지도를 머릿속에 지니고 있고, 칼라하리의 부시맨은 물을 찾는 지도를 지니고 있다. 아이 셋을 낳은 엄마라면 아이들을 재우는 방법에 관한 지도가 있을 것이다. 어떤 지도는 저절로 만들어질 정도로 강력하기도 하다. 후각 지도가 좋은 예다.

파브와 여섯 명의 과학자는 인간이 매 순간 어떻게 자신의 삶을 경험하는지 연구할 방법을 고심했다. 그 결과 사람들이 두 가지 방법으로 세상과 상호작용을 하는데, 여기에는 두 가지 지도 세트가 필요하다는 사실을 알아냈다. 첫 번째 지도 세트는 당신의 경험을 경험하는 지도다. 이것은 방해 요소와 통찰력을 설명하는 4장에서 언급한 뇌의 부위가 관련돼 있다. 이 지도가 바로 앞에서 언급했던 디폴트 네트워크로, 뇌에서는 내측전전두피질과 기억을 담당하는 '해마hippocampus'가 관여한다. 이 네트워크를 디폴트라고 부르는 것은 당신이 특별히 아무것도 하지 않을 때 생각이 저절로 당신 자신으로 향하면서 활성화되기 때문이다. 당신은 지금 방파제에 앉아 있다. 미풍에 머리카락이 살랑거리고 손에는 시원한 맥주가 있다. 그런데 당신은 이토록 상쾌한 날씨를 만끽하지 않고 '오늘 저녁은 뭘 먹을까?'라고 생각하고 있을지도 모른다. 그러면서 음식을 잔뜩 만들어 남편이나 아내를 즐겁게 해주면 어떨까 생각해본다. 이럴 때 디폴트 네트워크가 활성화된다. 이 네트워크가 활성화되면 계획하고, 백일몽을 꾸고, 곰곰이 생각하게 된다.

디폴트 네트워크는 타인을 생각할 때도 활성화된다. 그래서 이 네트워크에는 서사narrative가 있다. 서사는 여러 차례에 걸쳐 상호작용을 하는 등장인물들이 엮어나가는 줄거리다. 뇌에는 자신과 다른 사람들의 이야기에 관해 방대한 양의 정보가 저장돼 있다. 디폴트 네트워크가 활성화되면 당신은 자신의 이야기와 미래와 자신을 비롯해 당신이 아는 모든 이들에 대해 이런저런 생각을 한다. 그러면서 어떻게 엄청난 정보가 씨실과 날실이 돼 거대한 양탄자를 짜나가는지에 대해서도 생각한다. 파브 연구진은 디폴트 네트워크를 '서사회로'라고 부른다.

서사 네트워크로 세상을 경험하면 이런 일이 일어난다. 먼저 외부 세계에서 정보를 받아들여 모든 의미에서 검토한 후 자신의 해석을 덧붙인다. 서사회로가 활성화된 상태로 방파제에 앉아 있다고 해보자. 그러면 시원한 바람은 더는 시원한 바람이 아니다. 그것은 단순히 '곧 여름도 끝나겠구나.'란 생각을 의미하지 않는다. 금세 당신은 어디로 스키를 타러 갈지 생각하기 시작하고 그 생각은 스키복을 세탁소에 맡겨야 할지로 이어진다.

디폴트 네트워크는 주로 깨어 있는 시간에 활성화되며 조작에 특별한 노력을 기울일 필요가 없다. 이런 네트워크가 활성화된다고 해서 문제될 것도 없다. 중요한 것은 우리가 외부세계를 오로지 디폴트 네트워크로만 경험하고 싶지는 않다는 사실이다.

파브 연구진은 경험을 다르게 경험할 수 있음을 밝혀냈다. 과학자들은 이런 경험을 '직접경험'이라고 부른다. 직접경험 네트워크가 활성화될 때 뇌에서 더 활성화되는 부위들이 있다. 먼저 뇌섬엽^{insula}은 몸으로 감각을 받아들이는 부위다. 또한 실수를 탐지하고 관심을 다른 곳으로 돌리는 일을 하는 부위인 전측대상피질도 활성화된다. 이 네트워크가 활성화되면 과거나 미래, 자신이나 타인에 대해 의도적으로 생각하지도 않고 무엇인가를 곰곰이 생각하지도 않는다. 그저 실시간으로 감각으로 쏟아져 들어오는 정보를 경험하기만 한다. 방파제에 앉아 있는 당신의 관심은 온통 피부를 데우는 태양의 온기, 머리를 흔드는 시원한 미풍과 손에 든 차가운 맥주에 쏠려 있다.

과학자들은 서사회로와 직접경험회로가 역비례임을 밝혀냈다. 다시 말해 설거지를 하면서 회의를 생각하면 깨진 유리컵을 미처 보지 못해 손을 다칠 가능성이 더 높다. 왜냐하면 서사회로가 활성화돼 있을 때 시각이 관여하는 지도는 덜 활성화되기 때문이다. 생각에 빠져 있으면 잘 보거나, 듣거나, 느끼지 못하고 심지어 아무것도 감지하지 못한다. 안타깝게도 이런 상태에서는 맛있는 맥주를 마셔도 그 맛을 모른다.

그런데 이 시나리오는 또 다른 방식으로도 작용한다. 설거지를 하면서 손에 떨어지는 물을 느끼는 것처럼 뇌로 들어오는 데이터에 집중하면 이번에는 서사회로가 잠잠해진다. 그러니 곧 있을 골치 아픈 일을 미리부터 걱정하느라 서사회로가 과열되었다면 심호흡을 한 다음 현재에 집중해보라. 안정을 되찾는 데 도움이 될 것이다. 당신의 감각이 그 순간에 모두 생생하게 살아나는 것이다.

이 실험을 더욱 의미 있게 만들기 위해 지금 당장 간단한 실험을 해보자. 지금부터 딱 10초만 뇌로 들어오는 데이터에 집중해보라. 지금 의자에 앉아서 이 책을 읽고 있는가? 그렇다면 의자의 감촉에 집중하라. 직물의 느낌이며 쿠션의 스프링 상태며 의자에 관한 모든 감각에 집중하라. 아니면 주변에서 들리는 소리에 집중해보면 어떨까? 어떤 소리가 들리는가? 10초만 감각을 집중해보라.

이 실험을 하는 동안 당신은 주의를 기울인 감각들 외에도 몇 가지 사실을 알아차렸을 것이다. 첫째, 10초 동안 한 가지에 집중하기가 얼마나 어려운지 깨달았을 텐데, 그 사실도 무척 흥미롭다. 당신은 아마 10초 동안 집중하던 감각의 끈을 금세 놓치고 딴생각에 빠져들었을 것이다. 주의력이 의자의 감촉에서 점심으로 옮겨간 순간 당신의 뇌도 직접경험에서 서사 네트워크로 전환됐다. 그러다 이 실험이 다시 떠올라 감촉이든 시각이든 감각 정보에 집중하면 직접경험회로가 활성화된다.

이 실험을 해보면 두 회로 사이에서 옮겨다니는 느낌을 확인할 수 있다. 즉, 두 회로의 차이를 인식하게 된다. 이런 실험을 자꾸 해보면 회로가 전환될 때를 더 잘 알아차릴 수 있다. 마음 챙기기 수련을 하는 사람들은 회로가 전환되는 시점을 잘 느낀다. 그들은 어떤 일을 직접경험할 때와 뇌가 그 경험에 자체적인 해석을 덧붙일 때의 차이를 남들보다 더 잘 안다. 이런 수련을 규칙적으로 하면 내면의 상태를 관찰하는 회로가 더욱 발달한다. 연출자에게 관심을 쏟으면 쏟을수록 연출자는 더 많은 힘을 얻는다.

10초 실험으로 알 수 있는 사실은 이것만이 아니다. 실험하는 동안 감각이 더욱 예민해진다. 방파제에 앉아 따사로운 햇살에 관심을 집중하면 금세 미풍도 느끼게 된다. 직접경험 네트워크가 활성화되면 뇌로 들어오는 데이터가 더욱 풍성해진다. 그러면 더 많은 정보를 입수하게 된다. 정보를 많이 깨달을수록 대안도 더욱 다양해지니 결정을 더 잘 내릴 수 있어서 결국 업무 효율도 높아진다.

지금까지의 내용을 요약해보자. 당신이 외부 세상을 서사회로로

경험한다면 기획하고, 목표를 정하고, 전략을 수립하는 데 큰 도움이
된다. 이와 달리 좀 더 직접적으로 경험한다면 감각 정보를 더 많이
받아들일 수 있다. 직접경험회로는 무슨 사건이든 그 진상을 좀 더
가까이에서 볼 수 있게 해주기 때문이다. 그래서 주변에서 일어나는
사건에 대해 더 정확하고 많은 정보를 입수할 수 있다. 이렇게 실시
간으로 정보를 입수하면 할수록 세상에 반응하는 태도는 더욱 느긋
해지고 융통성이 생긴다. 이와 동시에 과거나 습관, 기대, 추측에도
덜 사로잡히므로 지금 벌어지는 사건에 대해 적절한 반응을 보일 수
있다.

　자신의 연출자를 활성화하면 감각 정보를 더 많이 인지할 수 있
다. 바로 여기에 더욱더 흥미로운 사실이 도사리고 있다. 이 감각 정
보에는 자기 자신에 대한 정보도 있다. 즉, 당신의 생각과 느낌, 감정
과 내면의 상태에 관한 정보 말이다. 연출자를 활성화하면 내면에서
어떤 일이 일어나는지 더 많은 정보를 얻을 수 있다. 지금 어떤 업무
를 처리해야 하는데 자신의 뇌에서 무슨 일이 일어나는지 알 수 있다
면 얼마나 좋겠는가. 당신의 무대가 너무 지쳐서 제대로 작동할지,
무대가 너무 꽉 차 있는 것은 아닐지, 무대를 환기시켜야 할지, 무대
의 불을 끄고 통찰력을 불러일으켜야 할지 등을 잘 알아차릴 테니 말
이다. 원할 때마다 연출자를 활성화할 수 있다면 이런 내면의 풍경을
더 잘 관찰할 수 있다.

| 핵심 연습 사항 |

　규칙적으로 명상하는 사람들처럼 파브의 실험에서도 서사경로와
직접경험경로를 구별하는 연습을 규칙적으로 하자 두 경로의 차이

가 점점 더 뚜렷해졌다. 피실험자들은 자신이 지금 어느 경로에 있는지를 알았다. 게다가 쉽게 경로를 전환할 수도 있었다. 이런 연습을 하지 않은 피실험자들은 의식하지 않으면 금세 서사경로로 전환되곤 했다.

커크 브라운은 실험에서 마음 챙기기 척도가 높으면 무의식적인 사고 과정을 더 잘 인지한다는 사실을 알아냈다. 게다가 이런 사람들은 인지 제어를 더 잘하므로 마음 챙기기 척도가 낮은 사람들보다 말과 행동이 더 구체적이었다. 연출자가 강력하면 자신이 지금 미풍을 맞으며 방파제에 앉아 있으면서도 화창한 날씨를 만끽하지 않고 저녁거리를 고민한다는 사실을 더 잘 알아차릴 수 있다. 그러면 재빨리 따사로운 햇살로 관심을 되돌릴 수 있다. 관심의 대상이 바뀐다는 것은 뇌의 기능이 바뀐다는 말이다. 게다가 이런 상황은 뇌의 작용 방식에 장기적인 영향을 줄 수도 있다.

이런 상황에 대해 대니얼 시겔은 "자신의 마음에 균형 있고 정교하게 집중하면 이전에는 몰랐던 경로의 차이를 파악해서 조절할 수 있다. 이런 식으로 마음에 집중하면 뇌의 기능과 나아가 구조도 바꿀 수 있다."라고 말한다. 다시 말해 연출자를 마음대로 활성화할 수 있으면 언제든지 자신의 정신 상태에 대해 더 많은 정보를 인식할 수 있다는 것이다. 그러면 무엇에 집중할지 직접 고를 수 있다. 바로 이것이 이 자리에서 강조하고자 하는 핵심 사항이다. 아니, 이 책의 핵심 주제라고도 할 수 있다. 뇌를 잘 알면 뇌를 바꾸는 능력을 기를 수 있다. 무대가 협소한지, 신기한 것에 대한 도파민 수치가 높은지, 통찰력이 필요한지처럼 자신의 상황을 더 잘 알아차리면 마음을 챙기고 멈춰 서서 관찰하는 기회도 더욱 늘어날 것이다. 그렇게만 할 수 있다면 마음 챙기기 명상을 하겠다고 굳이 높은 산에 올라가지 않아도 된다. 직장에서도 얼마든지 가능할 테니 말이다.

여기까지는 좋은 소식이었다. 그럼 이제 나쁜 소식을 알아보자. 앞으로 2막에서 연출자를 활성화하는 법을 배울 텐데, 여러 가지 일이 동시다발적으로 벌어지거나 심한 압박감을 느끼면 좀처럼 연출자를 활성화할 수 없다. 바쁜 삶의 굴레에 매여 몇 년째 이 회로를 사용하지 않는 사람도 있을 것이다. 연출자를 깨우는 일은 결코 쉽지 않다.

최근에 은퇴한 존 티즈데일은 마음 챙기기 연구 분야의 석학이다. 그는 이렇게 설명한다.

"마음 챙기기는 습관이다. 하면 할수록 쉬워진다. 마음 챙기기는 누구나 배울 수 있는 기술이며, 우리는 이미 그 기술을 지니고 있다. 마음 챙기기는 어려운 것이 아니다. 다만, 그런 상태를 계속 유지해야 한다는 사실을 기억하는 것이 어렵다."

나는 여기서 마지막 부분이 가장 마음에 든다. 마음 챙기기는 어려운 것이 아니다. 잊지 않고 꾸준히 실천하는 것이 어렵다. 연출자는 항상 관객석 맨 앞줄에 앉도록 배려해야 한다. 그래야 필요하면 언제든 무대로 올라올 수 있지 않겠는가.

뭔가를 쉽게 기억하려면 어떻게 해야 할까? 기억하려는 대상이 뇌에서 가장 중요한 것이어야 한다. 즉, 최근의 경험이라면 여러 기억 중에서도 가장 앞에 있을 것이다. 연출자를 능수능란하게 다루려면 규칙적으로 연출자를 활용하는 연습을 하는 수밖에 없다. 이런 연습을 한 사람들이 뇌의 구조를 바꿨다는 연구 결과가 수없이 많이 발표됐다. 이런 사람들은 인지 제어와 주의력 전환에 관여하는 특정 부위들이 더 두꺼워졌다. 어떻게 연습할 것이냐는 중요하지 않다. 직접적인 감각에 집중하는 연습이면 된다. 그리고 그 연습을 자주 하는 것이 가장 중요하다. 그러면 뇌로 들어오는 데이터를 다양하게 활용할 수 있다. 연출자를 깨우는 연습은 언제든지 할 수 있다. 음식을 먹든, 길을 걷든, 이야기를 하든 상관없다. 다만 햇살을 받으며 맥주를 마실 때는 좀 참아라. 그때는 잠시 연출자가 깨어나 일을 하는 듯하다가 곧장 파티를 하러 가버릴 테니 말이다.

연출자를 활용하는 연습이라고 해서 가만히 앉아서 호흡이나 관찰하라는 것은 아니다. 각자의 생활방식에 맞게 연습하면 된다. 나와 아내는 저녁을 먹기 직전에 늘 10초 연습을 한다. 우리는 모든 동작을 멈추고 짧게 하는 호흡 세 번을 관찰하고 나서 식사를 시작한다. 이렇게 하면 식사를 훨씬 더 맛있게 할 수 있다는 보너스도 있다.

연출자가 무대에 가까이 있으면 배우도 더 잘 대기하도록 할 수 있다. 연출자가 뇌의 변화를 감지하자마자 당신은 그 경험에 대한 단어를 더 잘 떠올릴 것이다. 그러면 현재 일어나는 사건에 숨어 있는 미세한 패턴을 더 빨리 알아차린다. 이런 기술을 잘 활용하면 당신에게도 미세한 변화가 일어날 것이다. 마음을 통해 실시간으로 뇌의 기능을 바꾸면 어떤 상황이 오더라도 좀 더 유익한 방향으로 반응할 것이다. 한마디로 적응력을 키울 수 있다.

이제 다시 에밀리와 폴의 이야기로 돌아가도록 하자. 두 사람이 새로운 시련을 겪을 때마다 무대에서 어떤 일이 일어나는지 지켜보자. 그리고 유능한 연출자라면 어려운 위기 상황을 어떻게 기회로 바꾸는지도 알아보자.

STAY COOL UNDER PRESSURE
감정 조절 뇌

[뇌에 대한 궁금증]

- 감정이 논리적 사고에 어떤 영향력을 미칠까?
- 감정에 휩싸이지 않고 절제하는 방법은 무엇일까?
- 정보처리 과정에서 기대가 차지하는 역할은 무엇일까?
- 단지 기대만으로 세상을 인식하는 데 영향을 미칠 수 있을까?

뇌는 단순한 논리연산 장치 그 이상이다. 뇌는 우리를 살아 있도록 하며,
바로 이것이 뇌의 존재 이유다. 매 순간 뇌는 당신을 둘러싼
이 세상이 그 가치를 위협하지 않는지를 판단한다.
위험이나 보상을 감지하는 작용이 놀랄 정도로 미세한 수준으로 일어나더라도
당신이 무엇을 어떻게 생각하는지에 엄청난 영향을 미친다.
위험이나 보상을 주는 상황에 자동적으로 반응하는 것을 우리는 '감정'이라고 부른다.
이런 감정에 휘둘리지 않고 자신을 잘 제어하는 능력이야말로
변화무쌍한 세상 가운데서 성공적인 삶을 유지하기 위한 필수 조건이다.

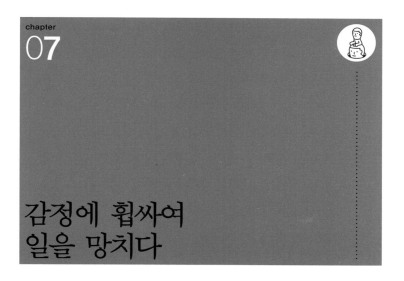

chapter

07

감정에 휩싸여
일을 망치다

감정을 다스리지 못하면

• 　　　　　　오후 12시 45분

폴은 웨이터에게 메뉴판을 건넨다. 그때 의뢰 회사의 임원인 미겔이 묻는다.

"그러니까 그때까지 끝낼 수 있다는 말이죠?"

폴은 "물론입니다."라고 대답하려다가 문득 지난번 프로젝트를 떠올린다. 그때도 의뢰인이 납기일을 너무 촉박하게 밀어붙였다. 폴은 납기일을 맞추려고 서두르다가 오히려 실수하는 바람에 마감도 지키지 못한 데다 예산까지 초과하고 말

7장 감정에 휩싸여 일을 망치다

았다. 갑자기 폴은 불안해져서 그때로 다시 되돌아간 것 같은 느낌이 든다. 하지만 이런 감정을 드러내고 싶지 않다. 불안한 감정을 애써 억눌러보지만 뜻대로 되지 않는다. 설상가상으로 폴의 서사회로가 자극을 받기 시작한다. 그는 어느덧 자신만의 생각 속으로 빠져드느라 유입 정보, 즉 미겔의 질문을 재빨리 포착하지 못한다. 미겔이 질문한 지 꽤 오랜 시간이 흘렀다는 것조차 모른 채 멍한 상태가 된다.

폴은 8주 안에 이 프로젝트를 끝낼 수 있을지 다시 한 번 생각해보지만 확신이 서지 않는다. 아무래도 10주는 필요하다고 말해야 할 것 같다. 폴은 점점 감정적이 되면서 명확하게 사고하는 것이 어려워진다.

"아마도요⋯. 할 수 있을 것 같긴 합니다만⋯ 저기, 혹시 마감일을 연장할 수 있을까요?"

마침내 폴이 말문을 열자 또 다른 임원인 질의 얼굴에 못마땅한 기색이 언뜻 비친다. 폴은 완벽하게 손톱을 손질하고 단정하게 머리를 틀어올린 질을 보며 학창 시절 교장선생님을 떠올린다. 불현듯 그 교장선생님이 폴에게 사흘간 정학 처분을 내리는 바람에 수학여행을 가지 못했던 아픈 기억이 생각난다. 폴은 자신의 대답에 질이 업신여기는 듯한 표정을 지은 게 아닌지 의심스럽다. 그러자 갑자기 체온이 상승한다.

"이런 종류의 작업을 감당할 수 있는 건가요?"

질이 묻는다. 폴은 오전에 전화와 컴퓨터를 다 <u>끄고</u> 이 미팅 준비에만 집중했더라면 좋았을 거라며 후회한다. 그랬다면 이런 질문에도 거침없이 대답할 수 있었을 텐데 말이다. 어느새 이마에 땀이 송글송글 맺힌 폴은 질이 자신의 감정을 다 알아차린 게 아닌지 걱정된다. 폴은 더욱 식은땀을 흘리며 질에게 불안을 들키지 않으려 애쓴다. 그런데 감정을 숨기는 데 급급한 나머지 정작 질의 질문을 제대로 듣지 못하고 만다.

"죄송합니다. 뭐라고 하셨죠?"

이렇게 말하는 폴의 얼굴이 점점 벌게진다.

"아, 일을 잘 감당할 수 있는지 물어보셨죠. 물론 우리는 그리 큰 회사가 아닙니다."

그는 일단 이렇게 대답한다. 마음속에서 어서 과거에 진행했던 비교적 대규모의 프로젝트에 대해서 들려주라는 목소리가 들리는 것 같다. 하지만 막상 어떤 것을 말해야 할지 생각나지 않는다. 그저 이 미팅이 끝나기 전에 적당한 것이 떠오르기만 바랄 뿐이다.

"음, 우리가 대기업은 아닙니다만 적어도 국내 회사가 아닙니까? 이런 업무가 외국 회사로 자꾸 맡겨지는 것보다는 우리와 같은 국내 회사에 맡겨지는 게 서로 좋지 않을까요? 국내 경제에도 도움이 되고 말이지요."

이렇게 말하고 나니 외국에도 이런 프로젝트를 맡을 수 있는 기업이 있다는 사실을 알려준 것이 아닌가 싶다. 하지만 한번 쏟은 말을 다시 주워담을 수도 없다.

"네, 우리도 애국하고 싶지요. 당신네와 같은 회사에 맡겨서 비용을 4분의 1 정도 절감할 방법이 있다면 굳이 해외로까지 눈을 돌릴 필요는 없겠죠. 해외 기업과 승부하려면 비용 삭감이 유일한 길일 것 같군요."

질이 되받아친다. 미겔도 옳다는 듯 고개를 끄덕인다. 폴은 더욱 불안하고 초조해진다. 미팅은 그 후로도 30분간 계속되며 까다로운 질문 공세가 이어진다. 마침내 미겔과 질은 폴에게 시간을 내줘서 고맙다며 작별인사를 한다. 폴은 애써 웃고 있지만 정신적으로는 완전히 녹초가 된 상태다.

폴은 집으로 돌아가기 위해 아무 생각 없이 약속 장소까지 왔던 복잡한 길로 다시 접어든다. 그러고는 길을 잃고 만다. 긴장의 연속이었던 미팅을 끝내자 폴의 전전두피질이 완전히 지친 것이다. 운전하면서 지도를 보려고 하지만 잘 되지 않는다. 심지어 노란불이 켜지자 속도를 줄이는 앞차를 박을 뻔한다. 집에 도착하자 아들 조시가 오늘따라 학교에서 일찍 돌아와 현관 앞에 앉아 있다.

"오늘은 왜 이렇게 일찍 왔니?"

"전화는 왜 꺼둔 거예요?"

조시는 냅다 소리를 지르며 현관문을 쾅 닫고 들어간다. 가뜩이나 감정이 격해 있던 폴은 조시가 오늘 견학을 갔다가 평소보다 일찍 집에 오기 때문에 그 시간에 맞춰 데리러 가야 한다는 사실을 잊어버린 것이다. 폴은 아차 싶었지만 아들에게 언성을 높이고 만다.

"아빠 앞에서 문을 쾅 닫다니 어디서 배운 버르장머리야?"

폴은 조시가 문을 세게 닫을 때마다 벌금을 물리는 것이 좋겠다는 생각을 한다. 문득 미팅에서 느꼈던 절망적인 교착상태를 해결했을 법한 아이디어가 뇌리를 스치고 지나간다.

'맞아, 벌금, 요금, 통행료. 그랬지, 전에 이런 일도 했지. 젠장, 도로통행료 프로젝트를 2년 전에 했는데, 지금 추진 중인 신용카드 프로젝트와 비슷하잖아. 게다가 훌륭하게 잘해내기까지 했는데…. 미팅 자리에서 기억이 났더라면 좋았을걸.'

감정을 관장하는 변연계

폴은 오늘 힘든 하루를 보내고 있다. 그렇지 않아도 스트레스가 심한 데다 오늘따라 뇌 활용을 제대로 못해서 더욱 그런 것 같다. 과거에 감정을 다스리지 못했던 일 때문에 지금의 업무 수행 능력까지도 영향을 받고 있다. 감정을 가라앉히려고 아무리 애를 써도 잘 되지 않았다. 결국 기껏 준비해간 내용을 제대로 설명하지도 못했다.

폴은 감정을 조절하려고 애썼지만 그의 방법은 엉터리다. 아무 감정도 느끼지 않는 것이 압박감 속에서 냉정을 유지하는 최선의 방법이라고 생각한 것이다. 이것은 화가 났을 때 입을 굳게 다물고 있는 방식이라 할 수 있다. 감정을 이런 식으로 조절하는 태도부터 뜯어고쳐야 한다. 그래야 압박감을 받아도 좌절하지 않기 때문이다. 폴이 매출을 늘리고 코딩 과정을 줄여서 사업을 키우고 싶다면 감정을 처리하는 새로운 회로를 한시바삐 발전시켜야 한다.

인간의 감정은 복잡하다. 뇌에서도 여러 부위가 여기에 관여한다. 감정 경험은 '변연계limbic system'라고 하는 거대한 네트워크와 연결돼 있다. 변연계에는 편도, 해마, 대상회cingulate gyrus, 안와전두피질orbital frontal cortex, 뇌섬엽 같은 다양한 부위가 포함돼 있다.

변연계는 사고와 사물, 사람, 사건에 대한 감정의 추이를 추적한다. 그리고 매 순간 이 세상을 어떻게 느끼는지 결정한다. 당신의 행동을 좌우하기도 한다. 종종 무의식적으로 말이다.

완벽한 변연계가 없어도 인간의 뇌는 기본적인 기능을 할 것이다. 하지만 빈약한 형태에 그칠 것이다. 또한 변연계가 없어도

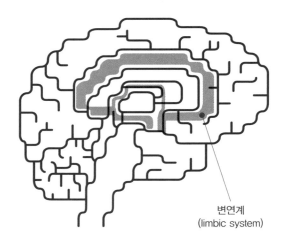

변연계
(limbic system)

기저핵이 적절한 운동뉴런들의 조합을 점화시켜 아침에 침대에서 일어날 수 있도록 할 것이다. 하지만 일단 침대에서 일어나면 당신은 무엇을 해야 할지 몰라 그대로 얼어붙어 있을 것이다. 매 순간 무수한 선택을 해야 하는 이 세상에서 다음 행동에 대한 가능한 대안들을 논리적으로 생각하고 있을 시간이나 에너지는 없다.

'아침을 먹어야 할까? 그렇다면 뭘 먹어야 할까? 어디서 먹을까? 차라리 잠을 더 잘까? 침대로 되돌아가서, 소파에서, 아니면 책상에서?' 매 순간 결정을 내릴 때 논리적 사고 과정만으로는 부족하다. 가치판단을 바탕으로 미묘한 차이를 보이는 선택도 해야만 한다. '아침으로 시리얼을 먹을까, 말까?'와 같은 판단을 내리는 것이 바로 변연계의 주요 기능 중 하나다.

좋아할까, 말까?

에비앙 고든 박사는 세계 최대의 뇌 데이터베이스를 구축한 브레인리소스의 창립자다. 고든 박사는 광범위한 분야의 연구들 사이에서 패턴을 구별할 수 있는 매력적인 장점을 지닌 사람이다. 리 윌리엄스와 함께 통합 모델을 창시한 고든 박사가 지난 10년 동안 이룩한 핵심 성과 중 하나는 뇌가 지배적인 조직원칙을 가지고 있다는 것이다. 즉, 뇌는 당신을 둘러싼 세상이 당신의 생존에 도움이 되는지에 따라 세상을 분류한다. 고든 박사는 이렇게 설명한다.

"당신이 무슨 일을 하든 그 일은 위험을 최소화하거나 보상을 최대화하려는 뇌의 결정에 따른 것이다. 위험의 최소화와 보상의 극대화야말로 뇌의 조직원칙이다."

변연계는 뇌로 들어오는 데이터를 훑으며 어디에서 어떤 식으로 더 주의해야 하는지 알려준다. 덤불에 열린 붉은 열매가 맛있는지, 독이 있는지 알려주는 것이 바로 변연계의 일이다. 호기심이나 행복, 만족감과 같은 감정은 반응을 이끌어낸다. 그 반면 불안, 슬픔, 공포 등은 반응을 멀리하게 한다.

뇌가 당신의 목숨을 위협한다고 느끼는 것을 '1차적 위협'이라 한다. 숲에서 곰을 보거나 굶주리거나 더위나 갈증을 느낄 때뿐 아니라 사진에서 성난 얼굴을 봐도 변연계는 1차적 위협을 느낀다. 한편 뇌가 생존에 도움이 될 만한 것을 탐지하면 1차적 보상을 알아차려서 보상감을 경험하게 된다. 1차적 보상은 음식이나 돈, 섹스 혹은 그저 익숙한 얼굴일 때도 있다.

변연계는 끊임없이 '좋아할까, 말까?' 중에서 하나를 결정한다.

이런 결정은 자동적으로 이뤄진다. 설령 결정을 내리자고 인식할지언정 인식하기 0.5초 전에 결정은 이미 내려져 있는 것이다. 어떤 연구 결과를 보면 뇌는 날씨나 현상에 기원을 둔, 감정적으로 중립적인 단어들마저도 유쾌함이나 반대로 불쾌함을 불러일으킨다고 한다.

당신이 어떤 감정을 느끼면 변연계는 자동적으로 자극을 받는다. 뇌의 여러 부위도 이런 과정을 일부 담당하는데, 변연계에서는 해마와 편도가 무척 흥미로운 존재다. 해마는 '서술기억 declarative memory'을 관장하는 큰 부위다. 서술기억이란 의식적으로 경험할 수 있는 기억을 의미한다. 이런 기억은 뇌의 전역에 퍼져 있는 수많은 복잡한 신경지도 네트워크로 만들어진다. 해마는 이런 지도를 조직하고 목록을 짠다. 해마는 단지 사실만 기억하는 것이 아니라 사실에 대한 감정도 기억한다. 뭔가에 대한 감정이 강렬할수록 기억하기도 더 쉽다. 고등학교 시절 짝사랑했던 선생님의 얼굴을 마음속으로 그릴 수 있다면 그에 대한 감정도 떠올릴 수 있을 것이다. 기억이 떠오르는 순간 감정도 되살아난다. 이런 작용들은 모두 같은 네트워크에 속한다.

해마는 새로운 경험을 이전 기억과 연관시키면서 위험이 될지, 보상을 줄지 기억해내는 중요한 네트워크를 형성하고 있다. 폴이 의뢰인인 질을 보면서 학창 시절 교장선생님을 떠올릴 때 바로 변연계가 활성화된 것이다.

편도는 아몬드처럼 생겼는데 냄새를 인지하는 부위 바로 위에 있다. 편도는 종종 뇌의 감정 중추로 여겨지지만 실은 변연계의 일부다. 편도는 해마를 비롯해 변연계의 다른 부위들과 함께 작용한다. 편도에는 편도의 유명세에도 한몫한 매우 흥미로운 특징

이 있는데, 그것은 편도가 감정 반응의 강도와 비례해서 자극을 받는다는 것이다. 한마디로 편도는 뇌에 달린 감정 계량기라고 할 수 있다. 어떻게 자극을 받는지는 기능적 자기공명영상으로 확실하게 볼 수 있다. 이제부터 살펴볼 텐데, 호감과 비호감의 감정은 변연계에서 각기 다른 방식으로 발생하지만 자극은 이 두 감정에 좌우된다.

걸어서 다가가고 뛰어서 도망친다

조너선 헤이트는 자신의 저서 『행복의 가설』에서 현 인류는 풀숲에서 사부작 소리만 나도 잔뜩 긴장하는 사람들의 후예라고 했다. 위험천만인 세상에서 신경이 극도로 예민한 사람들만이 살아남았다. 탐침으로 편도를 자극한다면 주로 한 가지 종류의 감정을 느끼게 될 것이다. 불안처럼 비호감에 해당하는 감정이다. 머릿속에 바늘이 들어가니 당연히 불안하겠지만 그게 아니더라도 요즘은 편도가 우디 알렌과 같은 캐릭터라는 것이 정설이다. 다시 말해서 신경질적이고 변덕스럽고 불안정한 감정과 관계가 있다는 것이다.

변연계는 행복보다 불안과 더 가까운 것은 물론이고 보상보다 위험을 느낄 때 더 강렬하게 반응한다. 위험으로 발생한 자극은 더 빨리 오고 더 오래 지속되고 가라앉기도 더 어렵다. 욕망과 같은 가장 강력한 호감도 금세 달아오르기 힘든데, 두려움은 순식간에 우리를 점령한다. 비호감에 비해 호감은 좀 더 섬세하고 사라지기 쉬우며 자극하기 더 어렵다. 아마도 부정적 감정이 부정적인 감정을 불러일으키는 '하향식 확산'보다 긍정적 감정이 긍정적인 감정으로 이어지는 '상향식 확산'을 보기 어려운 것은 바로 이런 이유 때문일 것이다. 인간은 호감을 향해 걸어서 다가가지만 비호감을 만나면 뛰어서 도망친다.

변연계를 자극하는 것들

변연계는 매우 다양한 상황에서 활성화된다. 어떤 상황에서 그런지는 이 책의 후반부에서 살펴보도록 하고 이번 장에서는 폴의 상황을 좀 더 자세히 살펴보자. 폴의 변연계는 이전에도 지금처럼 까다로운 상황이 있었다는 사실을 떠올리자마자 자극을 받았다. 마치 전에도 곰과 한 번 마주쳤던 오솔길을 다시 걷는 것과 비슷하다. 폴에게 과거와 비슷한 빡빡한 일정은 전에 마주쳤는데 또 마주친 곰과 같다. 아마도 그 순간 곰에게 물건이든 몸이든 물어뜯긴 기억이 어제 일처럼 되살아날 것이다.

누구나 변연계가 활성화되도록 방아쇠 역할을 하는 자신만의 특별한 버튼이 있다. 수세기에 걸쳐 심리학자와 철학자들은 이 방아쇠에 대해 논의를 거듭해왔다. 게다가 이 방아쇠를 부르는 이름도 각양각색이다. 무의식, 패턴, 그렘린(기계에 고장을 일으키는 것으로 여겨지는 가상의 존재), 이슈 또는 악마라고까지 부르지만 나는 '핫 스폿'이라고 부르겠다. 핫 스폿은 변연계에 '위험'이라는 딱지를 달고 저장돼 있는 일정한 패턴의 경험을 의미한다. 핫 스폿을 유발했던 원래 패턴이 다시 나타나면 위험 반응이 시작되는데, 반응의 정도는 그 상황에 따르는 위험 정도에 비례한다.

실제든 가상이든 위험으로(혹은 드물게도 강력한 보상으로) 변연계가 과도하게 자극받으면 뇌의 기능이 손상을 받는다. 뇌가 손상을 받는 양상은 무척 다양하며 결코 무시할 수 없다. 뇌의 기능은 인식도 못하는 사이에 손상을 받을 때가 많다. 그 결과 근거 없는 자신감이 만들어질 수도 있다. 가령 공포를 느꼈기 때문에 아드레날린이 증가했는데도 집중력이 높아졌다고 여겨 자신의 결정을 자신하는 실수를 범할 수도 있다. 최선의 결정을 내릴 수 있는 능력이 크게 손상된 상태인데도 말이다.

과잉 자극의 영향

변연계가 과잉 자극을 받으면 전전두피질이 제대로 작동하기 위해 필요한 자원이 줄어든다. 변연계가 자극을 받지 않은 상태에서는 직장 동료의 이름을 금세 기억하지만, 자극을 받고는 족히 5초가 걸릴 수 있다. 심지어는 1시간이 지나도 기억하지 못할지도 모른다. 전전두피질의 모든 기능, 즉 이해하기나 결정하기, 기억하기, 환기하기, 억제하기 등이 다 마찬가지다. 뇌에 포도당과 산소가 부족하면 의식작용에 필요한 전전두피질의 복잡한 지도들이 제대로 작동할 수 없다. 이미 존재하는 제한 요소의 영향력이 더 강력해진다.

변연계의 자극과 전전두피질 기능 사이의 관계는 놀랄 정도로 낮은 수준에서 시작된다. 이런 현상을 연구하기 위해 진행한 실험도 있었다. 학생들을 두 그룹으로 나누고 종이미로를 풀게 했는데, 종이 한가운데 있는 쥐 모형을 움직여서 게임을 시작하도록 했다. 한 그룹은 보상으로 미로 마지막에 치즈 한 조각을, 다른 그룹은 올빼미를 그려두었다. 과제를 마친 뒤 이번에는 학생들에게 창의성 문제를 풀게 했다. 그러자 치즈를 향해 요리조리 미로를 빠져나갔던 학생 그룹이 다른 그룹보다 약 50퍼센트나 문제를 더 많이 풀었다. 전전두피질의 기능은 문장 마지막에 웃는 얼굴을 보느냐, 아니면 찡그린 얼굴을 보느냐에 따라 좌우된다는 연구 결과도 있다. 전전두피질의 기능을 저해하는 방향으로 변연계를 자극하는 일은 너무나 간단하다.

폴은 미팅을 시작하기 전부터 이미 몇 가지 문제를 안고 있었다. 약속 장소에 도착했을 무렵 이미 강력한 감정을 여러 차례 경험한데다 이를 가라앉히기 위해 아무것도 하지 않았다. 그의 인지 기능은 예전에 실패로 돌아갔던 프로젝트를 떠올리자 더욱 삐거덕거리기 시작했다. 그 결과 첫 대화부터 의뢰인이 지적한 중요한 사항, 즉 마감기한이 무엇보다 중요하다는 요구를 잊어버리는 실수를 범했다. 게다가 의뢰인에게 질문을 다시 묻기까지 했다. 이전에 맡았던 비슷한 프로젝트도 기억하지 못했다. 그것만 기억했더라도 프레젠테이션을 망치지 않았을 것이다. 집으로 돌아와서야 아들인 조시와 이야기하다가 마침내 기억을 떠올렸다.

의식작용을 할 만큼 자원이 충분하지 않으면 뇌는 기계적인 상태로 전환돼버린다. 그래서 최근 일처럼 관객석의 앞쪽에 있는 깊이 각인된 기능이나 아이디어에만 의지한다. 한마디로 뇌는 최소한의 자원으로, 즉 자원이 가장 적게 들어가는 도구를 활용해서 처리할 수 있는 작업만 수행한다. 폴의 경우 집으로 돌아올 때는 약속 장소까지 왔던 길을 거꾸로 따라갔다. 왜냐하면 그 정보가 관객석 제일 앞줄에 있었기 때문이다. 하지만 미팅 후 정신적,

육체적으로 녹초가 된 폴에게 그것은 잘못된 선택이었다. 결국 휴대전화를 다시 켜는 것도 잊고 말았다.

변연계가 과잉 자극을 받으면 발생하는 문제는 이것이 다가 아니다. 연출자가 실종될 수도 있다. 연출자를 깨우면 정보를 더 많이 인지해서 훨씬 좋은 결정을 내릴 수 있다. 압박감에 시달리고 있다면 더욱더 올바른 결정을 내려야 한다. 그런데 일단 변연계가 활성화되면 연출자를 깨우는 것은 고사하고 어디에 있는지조차 찾기 어렵다. 가령 미팅 중이라고 생각해보자. 누군가가 "왜 그렇게 생각하지요?"라는 질문을 던진다. 이 질문에 대답하려면 일단 생각부터 해야 한다. 어떤 질문에 대해서 생각하려면 많은 자원이 필요하다. 이것은 마치 무대에 네 명의 배우가 올라가 있고, 다른 배우 네 명이 무대 위 배우들의 연기를 보면서 지적하는 것과 같다. 연출자가 없으니 폴은 이전 고객에 대한 기억처럼 원치 않는 생각을 무대에서 쫓아버리는 것이 거의 불가능했다.

변연계의 자극으로 발생하는 세 번째 문제는 상황에 부정적으로 반응할 확률이 더 높아진다는 것이다. 부정적인 면만 보기 때문에 복지부동 전략으로만 나가려고 한다. 변연계는 인생에서 마주칠 수 있는 위험 상황에 반응하는 초의식이다. 그러므로 위협으로 발생한 위험에 훨씬 더 잘 반응한다. 폴은 자극이 증가하자 계약을 따내지 못할 거라는 생각에 사로잡힌다. 게다가 견적에 너무 치중하는 실수까지 범한다. 이런 태도는 계약을 관리하고 유지하는 데는 도움이 될지 모르나 서비스를 팔기에 적합한 마음 자세가 아니다. 폴이 일단 부정적인 상태가 되자 교착상태를 빠져나가기 위해 필요한 통찰력은 더욱 모습을 감춰버렸다. 그래서 회사의 역량을 묻는 질문에 그만 말문이 막히고 만 것이다.

변연계가 과잉 자극을 받으면 무대의 공간이 줄어들고 그러면 더 부정적인 상태로 빠져든다. 악순환이 시작되는 것이다. 그게 다가 아니다. 변연계가 자꾸 자극을 받으면 있지도 않은 회로가 연결될 확률도 높아진다. 폴의 경우를 보자. 그는 변연계가 자극 받은 상태에서 의뢰인인 질이 자신이 학창 시절 싫어했던 교장 선생님과 닮았다고 생각한다. 편도가 자극을 받으면 우연한 연결이 만들어지는데, 이는 다시 말해 입수된 정보의 오역을 의미한다. 이런 오역은 일반화 법칙에서 비롯된다. 최근에 뱀을 보았다고 하자. 그러면 당신의 뇌는 뱀처럼 생긴 물건만 봐도 경계하게 된다.

이 같은 현상이 일어나는 것은 편도가 기억을 저장하는 방식 때문이다. 즉, 편도는 적은 양의 데이터만을 저장할 수 있다. 비유하자면 저해상도 상태인 것이다. 저해상도로 작업할 때는 고용량보다 간략한 스케치를 담은 저용량의 이미지를 전송하는 게 더 쉬운 것처럼 편도도 순식간에 잠재적인 위협에 반응할 수 있다. 물론 정말로 위험에 처했을 때는 무척 유용한 기능이다. 뱀을 한 마리 보았다면 더 있을 가능성도 있으므로 뱀처럼 생긴 것만 봐도 경계하는 것이 최선일 테니 말이다. 하지만 편도가 위험 요소를 대충 기억하는 특성 때문에 실수할 확률 또한 높아진다.

불안하면 우연한 회로가 연결되는 이유는 또 있다. 주의를 알리는 깜박임인 정보처리 과정의 한계 때문이다. 이는 다른 자극을 구별할 때 걸리는 시간 차이다. 일반적으로 주의 깜박임에 걸리는 시간은 0.5초가 넘는다. 최소 0.5초는 흘러야 새로운 것에 대해 자유롭게 생각할 수 있다. 하지만 단어 몇 개를 듣고 나면 주의력은 자극처럼 내면의 목소리로 향하게 된다. 그래서 그다음 단어를 들을 만한 시간이 없다. 크레이그 해세드 박사는 의대생들에게 마음 챙기기 수련을 가르친다. 마음 챙기기는 스트레스를 줄여줄 뿐 아니라 결정을 내리는 데도 도움이 되기 때문이다. 그는 "우리는 말 그대로 우리를 향해 다가오는 것을 보지 않는다." 라고 말한다. 우리는 불안하면 자신에게 전해지는 자극을 놓치고 누가 말을 해도 못 듣고 실수한다. 왜냐하면 주의력이 내면으로 향해 있기 때문이다.

이제 과잉 자극으로 빚어지는 마지막 문제를 알아보자. 장기간 과잉 자극을 받으면 알로스테틱 부하가 증가한다. 다시 말해 코르티솔이나 아드레날린처럼 자극을 나타내는 물질의 혈중 농도가 만성적으로 높아진다. 계속해서 위협에 처한 느낌을 받으며 위협을 느끼는 한계점도 낮아진다. 알로스테틱 부하가 높으면 뉴런이 죽고 기억에 중요한 해마에 새 뉴런이 자라지 못한다는 연구 결과도 있다. 확실히 감정을 조절하는 능력은 익히기 쉬운 기술이 절대 아니다. 하지만 이런 능력은 업무뿐 아니라 인생에서 성공하기 위해서도 꼭 필요하다.

다행스럽게도 뇌를 기반으로 한 기술들이 있어서 잘만 익히면 자극의 효과를 반대로 바꾸거나 제로로 만들 수도 있다. 물론 신경과학이 철저한 실험으로 그 효과를 검증한 기술들이다. 분명 살다 보면 과잉 자극을 받는 상황에 처할 수도 있다. 하지만 그때마다 과도하게 자극을 받을 필요는 없다. 자극을 최소화할 수 있는 방법이 있다. 그리고 어떤 방법이든 연출자가 개입해 머릿속의 연극을 이끌어나간다.

그로스의 '감정 조절 기법'

스탠퍼드대학 심리학과의 제임스 그로스 교수는 감정 조절 분야의 선두에 서 있다. 그로스는 감정이 일기 전과 지속될 때의 상황을 구별하는 감정 모델을 개발했다. 그는 감정이 일어나기 전에는 몇 가지 선택을 할 수 있다고 주장한다. 그것은 상황 선택과 상황 조절 그리고 주의 배치다.

폴은 의뢰인에게 사업 제안을 형편없이 할 줄 알았더라면 차라리 제안하지 않는 쪽을 택했을 것이다. 그것이 바로 일터에서 일어나는 '상황 선택'이다. 또한 어떤 상황에 이미 처해 있다면 어느 정도는 상황을 조절할 수 있다. 그것이 '상황 조절'이다. 폴은 대화의 주제를 판매 쪽으로 돌릴 수도 있었지만 준비한 것을 다 해낼 수 있다고 믿었다. 어떤 상황에 이미 처해 있다 하더라도 주의를 어디로 둘지는 여전히 선택의 여지가 있다. 그것이 바로 '주의 배치'다. 폴은 사업 제안을 하기로 했고 그에 맞춰 준비했다. 일말의 불안감을 떨칠 수 없었지만 크게 신경 쓰지 않기로 했다. 이런 방법은 내가 앞에서 소개했던 방해 요소 관리 기술인 거부권 행사와도 비슷하다.

이런 선택은 감정이 일어나기 전에만 할 수 있다. 일단 감정이 생기면 또 다른 선택안이 등장한다. 첫 번째는 감정을 표현하는 것이다. 아이들처럼 화가 나면 소리를 지를 수도 있다. 하지만 사회나 직장에서라면 이런 방법이 통하지 않을 것이다.

두 번째는 감정을 억제하는 것이다. 감정을 억제하려면 기분마저 가라앉지 않게 하면서 속내를 들키지 않도록 참아야 한다. 폴은 미팅 초반에 자신의 감정을 억눌러보려고 애를 썼다. 이전에 프로젝트를 제대로 끝내지 못했던 자신에게 화가 났기 때문이다. 새 고객에게는 이 감정을 드러내지 않으려고 노력했다.

세 번째는 인지적 전환이다. 이에 대해 그로스는 이렇게 설명했다.

"끔찍한 상황이 이미 시작돼도 여전히 달리 생각할 여지가 있다. 비교적 늦은 단계라고 해도 말이다."

이런 현상에 대해서는 두 가지 예를 들 수 있다. 하나는 '꼬리표 붙이기'다. 다시 말해 어떤 상황에 처하면 감정에 꼬리표부터 붙이는 것이다. 다른 하나는 '재해석'으로, 벌어진 사건에 대한 해석을 바꾸는 것이다. 재해석에 대해서는 8장에서 살펴보기로 하고 지금은 꼬리표 붙이기부터 알아보자.

그로스는 연구실에서 다음과 같은 실험을 진행했다. 먼저 피실험자들에게 절대 떠올리고 싶지 않은 장면이 들어간 비디오를 보여주고 감정을 유발했다. 그리고 감정 조절 테크닉을 몇 가지 시도하게 한 다음 그 기법들이 피실험자들의 감정 상태에 미치는 영향을 측정했다. 측정은 피실험자들에게 직접 하도록 하거나, 혈중 코르티솔 농도와 혈압 같은 신체적 변화를 통해서 하기도 했다. 그 결과 그로스는 놀랍고도 중요한 사실을 확인했는데, 피실험자가 부정적인 감정을 억제하려고 해도 그렇게 되지 않았다는 것이다. 겉으로는 멀쩡하게 보인다고 생각했지만 실은 변연계는 감정을 억제하지 않을 때만큼 자극을 받았다. 어떤 경우에는 훨씬 더 자극을 받기도 했다. 케빈 옥스너는 기능적 자기공명영상으로도 이를 증명했다. 따라서 억지로 감정을 느끼지 않을 수는 없다. 그러려고 했다가 역효과만 볼 수도 있다. 폴도 미팅에서 이런 상황을 경험했다. 화를 참으려고 했지만 결국 불안감만 더해지고 말았다.

이게 다가 아니다. 그로스는 피실험자가 감정을 드러내지 않으려고 하면 여러 사건에 대한 기억이 희미해진다는 사실도 알아냈다. 마치 주의력이 의식적으로 다른 곳으로 돌려지는 것 같았다. 폴도 이런 상황을 겪었다. 대화의 실마리를 잃어버리고 질에게 질문을 다시 말해달라고 부탁했다. 감정을 드러내지 않으려고 애쓰면 인지작용에 필요한 자원을 소비할 수밖에 없다. 그러면 당장 일어나는 일에 신경을 쓰기 위해 필요한 자원이 부족해지는 것이 당연하다.

또한 그로스는 피실험자가 다양한 감정 조절 기법을 직접 시도하는 동안 맞은편의 관찰자에게 그 모습을 관찰하도록 했다. 그런데 피실험자가 부정적인 감정을 표출하지 않으려고 하자 오히려 관찰자의 혈압이 상승했다. 관찰자는 앞으로 어떤 감정을 볼 수 있을 거라고 짐작했지만 그렇게 되지 않았던 것이다. 이는 기묘한 현상이었다. 이 결과를 보면 감정을 억압하면 말 그대로 다른 사람을 불편하게 한다는 사실을 알 수 있다. 그로스는 이렇게 설명했다.

"억압도 간접흡연처럼 사람들에게 실질적인 영향을 미친다."

안타깝게도, 폴은 누구보다 편안함을 주어야 할 사람들을 불편하게 만들었다. 그가 감정을 조절할 줄 알았다면 그런 실수를 범하지 않았을 것이다.

이처럼 감정을 억압하면 문제가 많다. 그렇다고 아무 때나 감정을 대놓고 표출할 수는 없다. 상황 선택을 통해서 감정을 일으키는 사건에 끼어들지 않아야 한다. 그러려면 차라리 집 밖으로 아예 나가지 않는 편이 나을지도 모른다. 어쩌면 자신의 관심이 감정을 일으키는 사건에 쏠리지 않도록 거부권을 행사하는 능력이 도움이 될 수도 있다. 하지만 정신적 자원이 부족해서 오히려 감정의 불씨에 기름을 붓는 역효과를 낼지도 모른다. 가끔은 감정을 억제하기 위해 더 많은 노력을 기울여야 할 때도 있다. 지금 필요한 것은 일종의 인지적 전환이다.

감정을 정의하는 꼬리표 붙이기

변연계가 깨어나면 전전두피질이 쓸 자원이 줄어든다. 하지만 이 상황을 거꾸로 뒤집어볼 수도 있다. 즉, 전전두피질이 활성화되면 변연계의 기를 죽일 수 있다. 이 두 가지 부위는 시소처럼 작용한다. 감정을 정의하는 적절한 단어를 찾으려 하다 보면 상황을 전환할 수 있다. 그 기법을 '상징적 꼬리표 붙이기'라고 한다.

신경과학자인 UCLA의 매슈 리버먼 교수는 인지신경과학을 창시한 또 한 명의 과학자다. 그는 변연계와 전전두피질의 기능 사이에 존재하는 상관관계 연구에서 선두적인 위치를 차지하고 있다. 2005년 연구에서 리버먼 연구진은 피실험자 30명에게 얼굴을 보여주고 다른 사진에서 비슷한 표정의 얼굴과 짝을 지으라고 했다. 그다음 같은 사진을 주고 이번에는 사진 속 얼굴의 감정을 정확하게 표현한 단어를 찾으라고 했다.

기능적 자기공명영상으로 뇌를 찍어보니 피실험자들이 단어를 찾을 때 편도의 활동성이 더 낮았다. 흥미롭게도 이 상황에서 활성화된 부위는 우측외배측전전두피질이었다. 이 부위는 모든 종류의 제동 작용의 중추다. 그렇기 때문에 모든 종류의 억제 기능의 중추로서 계속 등장한다. 이에 대해 리버먼은 이렇게 말했다.

"이 부위는 꼬리표 붙이기를 할 때 활성화된다. 이와 함께 변연계의 활동성은 감소하는데, 편도와 뇌회, 뇌섬엽이 모두 해당된다."

리버먼의 실험에서 알 수 있듯이 우측외배측전전두피질은 사람들이 의식적으로 뭔가를 억제하려고 들지 않아도 활성화된다. 피실험자들은 다른 사람의 표정이 어떻게 보이는지 말하는 과제만 수행하면 된다는 점을 떠올려보라.

꼬리표 붙이기가 매우 흥미로운 인간의 본성임을 보여주는 연구 결과도 있다. 피실험자들에게 자신의 감정을 말로 표현하면 기분이 좋아질지 나빠질지 예상해보라고 했다. 그랬더니 감정을 표현하면 감정적 자극이 늘어날 것이라고 생각하는 경향이 강했다. 실험 결과 감정의 강도가 실제로 낮아진 것을 목격했으면서도 말이다! 사람들은 감정을 말로 표현하면 그 감정이 더 심해진다는 오해를 하고 있기 때문에 감정에 대해 말을 삼간다. 특히 비즈니스에 종사하는 사람들에게서 그런 경향이 두드러진다. 인간의 본성에 대해 잘못 알려져 있는 가정에서 비롯된 안타까운 편견 중 하나다. 그렇다고 다른 사람에게 너무 심하게 표현할 필요는 없다. 문제는 어떻게 하느냐다. 자극을 줄이려면 몇 가지 단어로 감정을 묘사해야 한다. 이왕이면 상징적 언어를 사용하면 더 좋다. 즉, 경험을 간접적으로 비유하고 계량화하고 단순화하는 것이다. 그러면 전전두피질을 활성화해서 변연계의 자극을 줄일 수 있다. 결론은 이렇다. 감정을 한두 단어로 정의하라. 그럼 감정을 누그러뜨릴 수 있다. 감정에 대해 구구절절한 대화를 시작하면 오히려 감정을 더 자극하게 된다.

UCLA의 신경과학자인 데이비드 크레스웰도 감정 조절에 대해서 연구한다. 그는 리버먼의 실험을 반복했다. 하지만 MAAS 척도를 이용해서 피실험자가 얼마나 자신의 마음을 챙기고 있는지 측정했다. 그는 "MAAS 척도가 높은 사람들은 편도의 활동성이 낮았다. 한마디로 편도를 완전히 꺼버린 것이다."라고 말했다. 그는 마음 챙기기를 잘하는 사람일수록 뇌가 억제 기능을 더 많이 실행한다는 사실도 알아냈다.

"이것은 단순히 우측배외측전두피질이 활성화되는 것만이 아니다. 내측과 우측배외측, (좌측 관자놀이 아래에 있는) 좌측외배측전두피질을 비롯한 여러 부위가 관여한다는 것을 의미한다."

압박감 속에서 냉정을 유지하는 능력은 오늘날 많은 일에서 기본적인 조건에 속한다. 리더라는 지위에 있다면 누구보다도 이런 능력이 절실할 것이다.

가장 성공한 임원들은 변연계가 극도로 흥분한 상태에서도 냉정을 유지하는 능력을 키운 사람이다. 꼬리표 붙이기의 덕도 보았다. 그들은 자동차가 미끄러진다고 감지했을 때 느끼는 두려움을 표현하는 적절한 단어를 아는 노련한 운전자와도 같다. 미끄러지는 순간 그 상황에 맞는 단어를 떠올리면 패닉 상태를 진정시킬 수 있다. 스트레스가 항상 나쁜 것만은 아니다. 잘만 다루면 도움이 된다. 성공한 사람들은 전전두피질의 기능을 강화해서 극심한 스트레스를 긍정적 스트레스로 바꿀 줄 안다. 지금 설명한 꼬리표 붙이기 기술뿐 아니라 앞으로 설명할 여러 기술을 활용하기도 한다. 압박감을 이겨낸 사람들은 높은 자극을 받는 상황에서도 평정을 잃지 않는다. 그래서 어떤 상황에서도 명확하게 판단할 수 있다. 이 기술은 시간을 들여 연습하면 자유자재로 쓸 수 있는 자원이 된다. 감정을 더 잘 조절할 수 있도록 뇌의 배선을 바꿀 수 있다. 그렇다면 폴이 감정을 제대로 조절했더라면 프 레젠테이션을 얼마나 더 잘할 수 있었을까?

감정에 휩싸여 일을 망치다-장면 2

● 　　　　　　오후 12시 45분

폴은 웨이터에게 메뉴판을 건넨다. 그때 의뢰인인 미겔이 폴 을 보며 묻는다.

"그러니까 그때까지 끝낼 수 있다는 말이죠?"

"문제는 마감기한입니다."

폴은 이렇게 대답하며 잠시 생각에 잠긴다. 문득 과거에 의 뢰인이 서두르는 바람에 망친 계약이 떠오른다. 갑자기 그쪽 으로 생각이 쏠리려고 하자 폴은 재빨리 머릿속에 그 계약에 대한 기억이 등장하지 못하도록 쫓아내고 눈앞에 있는 의뢰 인들의 표정 변화를 유심히 살핀다. 폴에게는 실시간으로 자 신의 사고 과정을 관찰할 수 있는 강력한 연출자가 있다. 폴 은 과거의 문제가 눈 깜짝할 사이에 어떤 감정을 유발할 수 있다는 사실을 잘 안다. 게다가 감정에 휘말리면 자신도 모르 게 서사회로로 빠져들게 된다는 것도.

주의력을 최대로 발휘하자 폴은 자신의 마음이 확실하게 느껴진다. 의뢰인에게 제시한 기간 내에는 안 된다고 말하고 싶은 것이다. 물론 어떻게든 이 계약을 따내고 싶은 마음도 있다. 그렇게만 되면 사업을 두 배로 확장할 수 있을 것이다. 하지만 8주 안에 프로그램을 만들어서 설치까지 끝낼 묘안이 떠오르지 않는다. 마감을 10주 뒤로 연기해달라고 부탁하고 싶다. 폴은 순간 의식적으로 뒤로 물러나 자신의 사고 과정과 감정 상태를 관찰한다. 그러자 지금 자신을 압도한 감정을 말로 표현할 수 있을 것 같다. 폴은 지금 압박감을 느끼고 있다. 즉시 연출자를 깨워서 지금 느끼는 감정에 '압박감'이라는 꼬리표를 붙이자 뇌가 받는 자극이 줄어든다.

이제 전전두피질이 쓸 수 있는 자원이 충분하다. 폴은 인도의 프로그램 개발자들이 자료에 언급되었다는 사실을 떠올린다. 따라서 8주 안에 끝낼 수 있다고 장담할 경쟁자도 분명히 있을 것이라고 직감한다. 이제 무대 위에 두 그룹의 배우들을 올려놓고 어느 쪽이 더 마음에 드는지 양자택일을 해야 한다. 한쪽은 그 자리를 박차고 나가는 것이다. 다른 쪽은 일단 알겠다고 한 뒤에 어떻게든 마감을 맞출 방법을 찾는 것이다. 폴은 두 가지 대안이 의미하는 바를 비교하면서 양쪽의 장점을 가늠한다. 아직은 스트레스가 극심하지 않기에 폴은 여전히 낙관적이다. 그래서 마지막으로 말을 한 지 겨우 2초 만에 이렇게 대답한다.

"…하지만 할 수 있을 겁니다!"

다른 의뢰인인 질이 어정쩡한 표정을 짓지만 폴은 아무렇지도 않다. 그는 아마도 질이 속으로 뭔가를 비웃고 있을지도 모르지만 적어도 그 대상이 자신은 아니라고 생각한다. 폴은 완벽하게 손톱을 손질하고 단정하게 머리를 틀어올린 질을 보면서 학창 시절 교장선생님을 떠올린다. 하지만 코웃음을 치며 그 생각을 머리에서 쫓아낸다.

"이런 종류의 작업을 감당할 수 있나요?"

질이 묻는다. 그 질문에 폴은 방어적인 기분이 된다. 하지만 이번에도 재빨리 그런 감정을 인정함으로써 감정을 가라앉힌다. 그때 의식의 뒤편에서 어떤 아이디어가 튀어나오려고 한다. 조금만 더 침착하면 회로를 연결할 수 있을 것이다. 순간적으로 최근에 맡았던 큰 계약이 떠오른다.

폴은 숨을 고르며 말문을 연다.

"지난번 계약은 이 일보다 훨씬 대규모였습니다. 2년 전에 동부로 난 도로의 통행료 징수 프로그램을 맡은 적이 있습니다. 당시 하루에 2만 대에 달하는 자동차가 신용카드로 통행료를 지급할 수 있는 프로그램을 개발해서 설치까지 끝냈지요. 마감 시한은 물론이고 예산까지 맞췄습니다. 귀사의 소매점 체인에서는 하루에 거래가 몇 건이나 이뤄지나요?"

그러자 미겔이 대답한다.

"우리도 아마 그 정도 될 겁니다. 하지만 우리 경우는 한 지점이 아니라 500곳이나 되는 소매점에서 거래가 이뤄지지 않습니까?"

"그런 건 문제가 되지 않습니다."

폴은 확신을 심어주기 위해 미겔의 말이 끝나자마자 재빨리 대답한다. 그러고는 몸을 앞으로 살짝 기울이며 덧붙인다.

"500개 지점에서 데이터를 모으는 기술은 간단합니다. 누구라도 그런 작업을 할 수 있지요. 그것보다 프로그램을 소매점에 정확하게 설치할 때 신경 써야 하는 세부 사항이 더 문제지요. 우리 회사가 대기업은 아닙니다. 하지만 이런 작업을 전에도 해본 적이 있다는 장점이 있습니다. 그래서 이 작업을 처음 하는 회사가 범할 수 있는 실수로 여러분을 귀찮게 하지 않을 겁니다. 게다가 회사가 작아서 여러분과 더 밀접하게 작업을 진행할 수 있습니다. 원하신다면 프로그램을 개발하는 동안 귀사로 매일 찾아가도록 하겠습니다."

폴은 질이 뭔가를 기록하는 것을 놓치지 않는다. 식사가 끝날 무렵, 폴은 미팅 결과를 장담할 수는 없지만 어쨌든 만족스럽다. 그래도 많이 지쳤기 때문에 고민하지 않아도 되는 큰길로 운전해 집으로 가기로 한다. 이 시점에서 그의 무대가 재충전을 하려면 무의식적으로 할 수 있는 자연스러운 운전이 꼭 필요하다. 잠시 후 휴대전화를 꺼놓았다는 것을 깨닫는다. 휴대전화를 켜자 아들 조시가 전화해서 집에 일찍 간다고 알린다. 집에 도착한 폴은 조시와 함께 15분간 야구 게임을 한다. 그러자 폴의 뇌는 더욱 상쾌해진다. 아들과 놀이를 마친 폴은 책상 앞으로 돌아가 계약이 성사될 경우를 대비해 미리 준비를 시작한다.

• — 뇌의 비밀 — •

- 뇌는 위험(비호감 반응)을 최소화하고 보상(호감 반응)을 극대화하려고 한다.
- 변연계는 쉽게 자극받는다.
- 비호감 반응은 호감 반응보다 더 강력하고, 빠르고, 오래 지속된다.
- 비호감 반응으로 당장 쓸 수 있는 인지 자원이 줄어들 수 있다. 이 반응 때문에 사고에 관해 생각하는 것이 어려워지고 주어진 상황에 더 방어적이 되며 상황을 위협으로 오해할 수도 있다.
- 일단 감정이 일어나면 억누르려고 해도 소용없다. 오히려 상황을 더 악화시킬 수도 있다.
- 감정을 억누르면 사건에 대한 기억이 상당 부분 희미해진다.
- 사람들은 감정을 말로 표현하면 감정이 더 악화될 것이라고 오해하지만, 오히려 감정을 정의하면 자극을 낮출 수 있다.
- 꼬리표 붙이기로 변연계에 가해지는 자극을 줄이고 싶으면 감정을 구구절절 설명하지 말고 상징적이고 집약적으로 표현하라.

• — 일 잘하는 뇌 만들기 — •

- 연출자에게 감정 상태를 관찰하게 하라.
- 변연계를 자극할 수 있는 상황에 늘 주의하라. 자극이 시작되기 전에 그런 상황을 피해갈 방법을 연구하라.
- 감정이 일어나는 순간을 알아차리는 연습을 하라. 그러면 감정이 생기기 전에 미리 감지할 수 있다.
- 강렬한 감정이 생길 것 같으면 그전에 다른 자극원으로 재빨리 주의를 돌리라.
- 감정 상태에 적절한 단어를 붙이는 연습을 하라. 그러면 설령 자극이 시작돼도 그 강도를 줄일 수 있다.

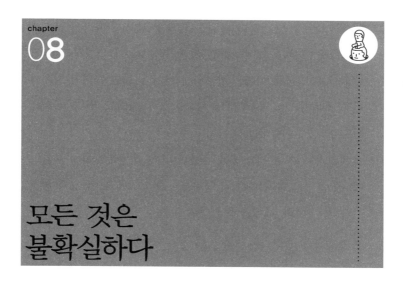

모든 것은
불확실하다

정해지지 않은 미래의 두려움

• 오후 1시

에밀리는 작업 관리자인 릭, 재무 책임자인 칼과 함께 점심을 먹었다. 휴가 계획에 대한 잡담이 끝나고 에밀리가 새로운 회의 기획안을 소개할 시간이 되었다. 승진하기 전 에밀리의 업무는 정해진 예산을 받아 규정에 따라 몇 단계의 업무를 잘 구조화하는 것이었다. 예를 들어 후원업체를 섭외하고 연사를 초빙하고 마케팅을 처리하는 업무가 그녀의 소관이었다. 하지만 이번 승진으로 에밀리는 각종 예산을 짜고, 회의를 진행하는 실무진을 관리하는 업무를 맡게 되었다. 따라서 그녀의 목표는 새로운 회의 세 건을 기획하고 그에 따른 예산을 짠 다음 그만큼의 예산을 확보하는 것이다. 물론 그녀가 기획한 회의들이 조직 내의 다른 리더들에게 '팔려야' 한다. 이것이 오늘 점심 미팅의 목표이기도 했다.

에밀리는 '지속 가능성'에 관한 회의를 제안하고 야심찬 아이디어를 제시하려 한다. 경영자들이 한자리에 모여 경제 위기와 기후 변화, 세계화에 직면한 회사가 장기적으로 살아남을 능력을 향상시키는 방법에 대해 토론할 수 있는 장을 만들어보고 싶다. 에밀리는 이 회의 개최에 의욕을 불태우지만 과연 임원들이 자신의 아이디어를 승인해줄지 걱정스러운 것도 사실이다. 회의를 열기에는 여러 상황이 매우 불확실하기 때문이다.

'광범위한 조직의 임원들이 이런 발상을 받아들일 준비가 되어 있을까? 회의 참가자들의 참가비는 얼마가 적당할까? 연사는 누구로 섭외할까? 팀에서 누가 실무 책임자로 적당할까?'

에밀리는 오랫동안 담당했던 실무 권한을 누군가에게 넘기려니 안심이 되지 않는다. 도대체 누가 그 일에 적임자란 말인가?

대부분의 여성은 자신의 감정에 꼬리표를 붙이는 일에 능숙하다. 에밀리는 지금 자신이 불안한 상태라는 것을 직감한다. 하지만 꼬리표 붙이기만으로 변연계를 진정시킬 수는 없다. 지금 당장 그녀는 필요 이상으로 긴장하고 있다. 릭과 칼도 그녀의 불안을 느낀다. 그 결과 두 사람의 변연계가 경계

모드로 들어간다. 두 사람은 에밀리의 기획에 이의를 제기하기 시작한다. 그것은 다시 에밀리의 변연계를 과도하게 자극한다. 이제 에밀리는 두 사람이 이런저런 질문을 하는 의도조차 파악할 수 없다.

'내 판단을 의심하는 걸까? 내가 여자라서?'

불안감이 꼬리를 물고 이어진다. 에밀리는 자신의 선택이 신뢰를 받지 못한다고 느낀다. 그러자 업무를 제대로 파악하지 못했다는 자책감이 밀려든다. 이전처럼 주는 대로 예산을 받아 할 일만 잘하면 되었던 시절이 그립다.

그 결과 나머지 두 건의 기획도 제대로 말해보지도 못했다. 에밀리는 좌절감이 들 때마다 꼬리표 붙이기를 하고 머릿속에서 밀어내보려 하지만 그것만으로는 충분하지 않다. 미팅을 마친 에밀리는 이번 승진으로 고생길만 훤한 것 같아 마음이 편치 않다.

에밀리가 직면한 위기는 7장에서 살펴본 폴의 문제와는 사뭇 다르다. 두 사람은 모두 자신의 아이디어를 상대에게 팔려고 한다. 무슨 일을 하든 이런 업무만큼 고달픈 것도 없을 것이다. 그래도 에밀리는 대부분 컴퓨터 작업을 하는 폴에 비해서 이런 업무에 익숙한 편이다. 그래서 그녀가 이러한 일을 할 때 변연계가 받는 기본적인 자극 수준은 낮은 편이다. 그리고 폴은 문득 떠오른 과거의 경험에서 촉발된 감정 때문에 변연계가 과도하게 자극을 받았지만, 에밀리의 경우는 불확실한 미래에 대한 불안감 때문에 변연계가 자극을 받기 시작했다.

뇌는 확실한 것을 좋아한다. 미래에 대한 불확실성이나 통제를 벗어났다는 느낌이 들면 변연계는 강력하게 반응하기 시작한다. 에밀리는 점심 미팅에서 이 두 가지 위협을 동시에 경험했다. 에밀리가 새 직책의 업무를 성공적으로 출발하려면 어떻게 해야 할까? 무엇보다 그녀의 뇌가 꼬리표 붙이기만으로는 해결할 수 없는 더 강렬한 감정들이 있다는 사실을 인정하고 그에 맞게 대처해야 한다.

'세상은 불확실하다'는 것은 확실하다

뇌가 예측 기계라고 상상해보라. 막대한 양의 신경 자원들이 매 순간 무엇이 일어날지 예측하는 데 쓰이고 있다. 『생각하는 뇌, 생각하는 기계』를 쓴 제프 호킨스는 자신의 저서에서 뇌가 예측을 얼마나 좋아하는지 설명하기도 했다.

"당신의 뇌는 외부로부터 패턴을 입수하면 기억으로 저장한다. 그런 후에 이전에 본 것과 지금 일어나는 일을 조합해 예측한다. 예측은 단지 뇌의 여러 기능 가운데 하나가 아니다. 예측이란 두 뇌 신피질의 주요 기능이며 따라서 지능의 토대다."

뇌가 듣는 것은 단순히 듣는 것이 아니다. 뇌는 들으면서 다음에 무엇이 올지 예측하기 때문이다. 뇌가 보는 것은 단순히 보는 것이 아니다. 뇌는 매 순간 무엇을 봐야 하는지 예측하면서 보기 때문이다. 가령 각 단어의 첫 번째와 마지막 철자만 보이는 문단이 들어 있는 이메일이 있다. 나머지는 다 쓰레기다. 하지만 사람들은 그 내용을 읽을 수 있다. 뇌는 대략적인 패턴을 인식해서 그 의미를 정확하게 추측하는 데 명수이기 때문이다. 예측 과정은 모든 감각을 동원한다. 그래서 귀가 떨어져 나갈 것처럼 시끄러운 나이트클럽에서도 말소리를 알아들을 수 있다. 우리는 도저히 들을 수 없을 때조차도 들을 수 있다.

그러나 뇌가 지닌 예측 능력은 단순한 오감을 뛰어넘을 것을 요구한다. 『신념의 생물학The Biology of Belief』을 쓴 브루스 립턴 박사는 아무 때나 의식적으로 관심을 기울일 수 있는 환경 단서environmental cue가 우리 주변에 40개나 된다고 주장한다. 무의식의 관점에서 보면 환경 단서는 200만 개가 넘는다. 우리 뇌는 엄청난 데이터를 바탕으로 예측을 한다. 뇌는 이 세상에 흩어져 있는 패턴을 인식해서 앞으로 일어날 일을 예상하기 좋아한다. 한마디로 확실한 것을 좋아한다.

중독이 됐을 때처럼 뇌는 확실성에 대한 욕구가 채워지면 보상감을 느낀다. 가령 걸을 때 발이 어디에 닿을지를 예측하는 것처럼 낮은 수준에서는 보상감을 거의 느낄 수 없다. 반복적인 패턴을 바탕으로 한 음악을 들을 때 느끼는 예측의 즐거움은 더욱 예민하다. 예측력과 예측에 부합하는 데이터를 획득하게 되면 대개 호감 반응이 일어난다. 혼자서 하는 카드놀이나 스도쿠 혹은 십자낱말풀이 같은 게임이 재미있는 데는 이런 이유도 한몫한다. 이런 게임을 하면 이 세상에 확실성을 안전한 방법으로 좀 더 부여했다는 작은 흥분을 느낀다. 인류의 산업은 더 큰 규모의 불확실성을 해결하는 데 온갖 노력을 쏟고 있다. 점쟁이에서 주식 동향을 예측해 투자자들을 백만장자로 만들어준다는 신비로운 '묘령의 블랙박스'에 이르기까지 말이다. 회계와 컨설팅 업무 가운데는 전략기획과 예측을 통해서 경영자들에게 확실성이 증가한다는 인식을 심어주고 돈을 버는 분야도 있다. 2008년 금융시장은 미래란 원래 불확실한 법임을 다시 한 번 보여주었다. 하지만 확실한 것도 있다. 사람들은 조금이라도 덜 불안하다고 '느끼기라도 하고 싶어서' 앞으로도 돈을 펑펑 쓸 준비가 돼 있다는 점이다. 우리 뇌는 불확실성이야말로 생명을 위협하는 요소라고 느끼기 때문이다.

어떤 상황의 결과를 예측할 수 없다면 조심하라는 경계 신호가 발생한다. 전반적인 비호감 반응이 발생하는 것이다. 2005년에 진행된 어떤 연구를 보면 모호함을 약간만 감지해도 편도가 반응을 한다. 전화 통화는 몇 차례 했지만 한 번도 만난 적 없고 사진조차 본 적 없는 사람이 있다고 하자. 당신은 이 사람에 대해 일말의 불확실성을 느낀다. 이렇게 미세한 불확실성 때문에 그 사람을 대하는 태도가 바뀔 수도 있다. 그런데 얼굴을 알게 되면 그 사람을 대하는 태도가 어떻게 바뀌는지 관찰해보라. 불확실성은 상황에 대해 완전무결한 지도를 그리지 못하는 상태와 같다. 일부가 빠진 상태로는 완벽한 지도를 가졌을 때의 편안함을 결코 느낄 수 없다.

에밀리가 겪는 불확실성은 지속 가능성에 관한 회의 기획안의 승인에 달려 있다. 뇌는 매 순간만이 아니라 장기적인 관점에서도 상황이 어떻게 진행될지 지도를 그려가면서 미래를 예상하고 청사진 만들기를 좋아한다. 에밀리의 뇌는 반대되는 두 가지 미래를 예상해보려고 했다. 기획안이 승인 나는 경우와 그렇지 않은 경우다. 어느 쪽이든 미래에 대한 지도는 거대하게 펼쳐진다. 그러므로 한 번에 두 가지를 모두 마음에 담아두기란 거의 불가능한 일이다. 두 지도가 모두 비슷한 네트워크를 활용하기 때문이다. 에밀리는 거대한 지도 두 장을 양쪽에 놓고 이쪽저쪽으로 계속 옮겨다녀야 한다. 그것만으로도 진이 쏙 빠질 것이다. 게다가 기획안의 승인 여부가 불투명하므로 에밀리는 온갖 결정들이 열을 지어 있는 듯한 기분이 들 것이다. 기획안의 결재 여부만 정해지면 다른 문제들도 쉽게 결정이 날 것이기 때문이다.

기획안의 승인 여부, 회의 개최 장소와 기간, 실무 책임자 미정과 같은 불확실성 때문에 에밀리는 최고의 능력을 발휘할 수 없었다. 결국 동료들도 이 점을 알아차렸다. 그녀는 불확실성을 다루기 위해서 좀 더 강력한 감정 통제 기법을 익혀야 한다. 이런 기법을 알아보기 전에 감정 조절 말고도 에밀리의 상황을 더 악화시켰던 다른 문제점부터 살펴보자.

자율과 통제에 따른 위협

에밀리는 불확실성 때문에 불안을 느꼈다. 그녀는 이제부터 다양한 사람들에게 여러 단계에 걸쳐 기획안의 승인을 받아야 한다. 전에는 자신이 회의 진행 실무를 담당했지만 이제 그 일을 다른 직원에게 위임해야 한다. 승진은 했지만 스스로 결정을 내릴 수 있는 자율권에 대한 인식은 오히려 떨어진 상태다.

자율권은 확실성과 비슷하다. 게다가 이 두 가지는 서로 연결돼 있다. 통제가 안 된다고 느끼면 결과에 영향을 미칠 수 있는 능력인 힘이 부족하다고 느낀다. 미래를 결정할 수 없다는 느낌, 즉 매 순간 무엇이 일어날지 예측할 수 없다는 느낌이 생긴다. 이런 느낌에 휩싸이면 불확실성은 더 커지게 마련이다. 하지만 확실성과 자율권이 개별적인 사항으로 비칠 수도 있다. 확실성을 장담할 수 없지만 자율권은 여전히 지니고 있을 수 있다. 폴의 경우처럼 말이다. 그는 회사의 경영자지만 계약이 완료될 때까지 수익을 예상할 수 없다. 아니면 안전한 직장 덕분에 확실성은 확실히 보장받을 수 있지만 쩨쩨한 상사가 당신에게 아무런 결정권도 위임하지 않을 수 있다.

자율권은 보상이나 위협을 유발하는 중요한 동인(動因)이다. 콜로라도 볼더대학의 스티브 마이어는 유기체가 발휘할 수 있는 통제력의 정도에 따라 스트레스 요인이 유기체의 기능을 바꿀 수 있는지 결정된다고 주장한다. 그의 연구에 따르면 통제가 불가능한 스트레스 요인만이 유기체에 유해한 효과를 발휘한다. 도저히 피할 수 없거나 통제할 수 없는 스트레스는 파괴적일 수 있다. 그 반면 피할 수 있다고 느끼는 스트레스는 그렇게 파괴적이지 않다.

확실히 그렇다. 윌밍턴 노스캐롤라이나대학 심리학과의 스티븐 드워킨 교슈는 실험실 쥐들이 약물에 영향을 받는 방식에 대해 연구했다. 어떤 연구에서 실험실 쥐는 레버를 누를 때마다 바로 코카인을 받았다. 그 쥐는 음식과 수면 부족으로 죽었다. 그런데 놀랍게도 이 쥐가 코카인을 받을 때 같은 분량으로 함께 코카인을 받은 쥐는 더 일찍 죽었다. 차이점이 있다면 자신의 의지와 상관없이 코카인을 받았다는 것이다. 이것이 바로 통제권 인식의 차이다. 이런 종류의 연구는 전기충격을 비롯한 여러 가지 스트레스원을 함께 사용했다. 심지어 사람에 대한 연구도 마찬가지다. 과학자들은 거듭된 연구에서 스트레스에 대한 통제력 인식이 스트레스원의 영향력을 바꾼다는 사실을 확인했다.

여기서 눈여겨봐야 할 점이 또 있다. 영국 공무원을 대상으로 진행한 연구를 보면 담배를 피우지 않는 하급 공무원일수록 상급 공무원에 비해 건강 문제가 더 많았다. 상식적으로 잘 이해가 되지 않을 것이다. 직급이 높을수록 스트레스를 더 많이 받는다고 인식되고 있기 때문이다. 하지만 이 연구를 보면 선택을 할 수 있다는 인식이 식이습관이나 다른 건강 요인보다 더 중요한 것 같다. 스트레스를 경험하는 방식을 선택하면 스스로 선택하거나 통제하지 못하고 경험할 때보다 스트레스를 덜 받는 것이다.

사람들이 창업을 선호하는 이유가 주로 일과 사생활의 균형을 이룰 수 있기 때문이라는 사실을 보여주는 연구는 수없이 많다. 하지만 소규모 창업주들은 어딘가에 고용돼 일할 때보다 더 많이 일하고도 돈은 덜 버는 경우가 많다. 그런데도 창업하는 이유는 뭘까? 스스로 선택을 할 수 있기 때문이다. 퇴직자 전용 아파트에 사는 주민을 대상으로 한 연구도 있다. 이 연구를 보면 연구군에 속한 피실험자들의 사망률은 같은 건물의 다른 층 주민이었던 대조군에 비해 50퍼센트에 불과했다. 피실험자들은 주거환경에서 추가로 세 가지 선택을 더 할 수 있었고, 선택안도 식물이나 오락거리처럼 사소한 것이었다는 점을 보면 자율권의 중요성을 짐작할 수 있다.

에이미 안스텐 박사는 변연계가 자극을 받으면 전전두피질의 기능에 어떤 영향을 미치는지 연구하고 있다. 그녀는 예일대에 있는 자신의 연구소에서 진행한 인터뷰에서 통제감이 얼마나 중요한지 설명했다.

"전전두피질의 기능은 통제력을 상실했다고 여길 때 비로소 장애를 일으킨다. 우리가 어떤 상황을 통제하고 있는지 결정하는 곳이 바로 전전두피질이기 때문이다. 설령 통제 아래 있다고 착각만 해도 인지 기능은 아무런 손상도 받지 않고 보존된다."

이렇듯 통제력 인식이야말로 행동의 주요 동인이다.

선택권이 스트레스를 줄인다

자율권은 선택 능력이라는 렌즈를 통해 다른 식으로도 살펴볼 수 있다. 그러면 스트레스라고 여겼던 것도 선택권이 있음으로써 좀 더 수월하게 다룰 수 있다고 느껴진다. 어떤 상황에 대해 선택권이 있다는 사실을 알면 자율권 상실과 불확실성에서 비롯된 위협을 줄일 수 있다.

가령 에밀리는 미팅 일정을 다시 정할 수 있다. 그녀가 오늘 회의 아이디어를 소개하기로 정한 사람이 자신이었다는 사실만 기억했어도 기획안의 승인에 대해 그렇게 스트레스를 받지 않았을 것이다. 선택권에 대해 미미하게 인식하기만 해도 변연계에 영향을 줄 수 있다. 새로운 팀원을 뽑아야 하기 때문에 골치가 아프다고 상상해보라. 뽑지 않을 수 없는 상황이라고 말이다. 그렇다면 잠시 숨을 돌리고 충원해야 하는 긍정적인 이유를 떠올려보라. 그러면 당신의 변연계는 좀 더 호감 반응을 보낼 것이다. 이런 상태에서는 상황을 반추하기가 더 쉽다.

선택권 인식이 얼마나 중요한지에 대해 아이들에게 간단히 실험해볼 수 있다. 아이들은 종종 선택권이 없다며 투덜거리니까 말이다. 예를 들어 아이가 잠자리에 들려고 하지 않을 때 선택권을 주면 잠을 자지 않겠다는 저항을 줄일 수도 있다. 아이에게 잠자기 전에 읽을 책이나 들을 이야기를 고르도록 하는 것이다. 이러한 선택권은 엄청난 영향력을 지닌다. 뇌에 중요한 것은 선택권을 인식하는 것이기 때문이다. 10대들의 행동을 연구한 여러 자료를 보면 질풍노도로 불리는 이 시기가 생물학적으로 필수적인 통과의례는 아니다. 그것은 이런 현상을 경험하지 않는 문화권이 무척 많다는 것을 보면 알 수 있다. 10대 비행률이 높다고 알려진 서구 문화권에서 진행된 10대의 연구를 보면 서구의 10대들은 감옥의 죄수보다도 더 선택권이 없다. 이는 생각해볼 문제다.

아무리 사소한 것이라도 선택을 할 수 있으면 뇌에 상당한 영향을 미칠 수 있다. 비호감 반응을 밀어내고 호감 반응을 이끌어낼 수 있는 것이다. 어떤 물건을 밀어내는 행위 대 끌어당기는 행위가 뇌에서 이러한 반응을 만든다고 생각하면 된다. 감정 상태는 때때로 너무나 간단하게 변하곤 한다. 단어나 구절 하나가 바뀌는 것만으로도 큰 차이가 날 수 있다.

지금 교통 체증에 갇혀서 차가 밀린다며 분통을 터뜨리고 있다고 하자. 뇌가 이런 상태면 서류를 집에 두고 온 것처럼 사소한 실수에도 큰 좌절감을 느끼게 된다. 그러다가 어느 순간에 연출자가 끼어들어 '일단 좌절감을 잊고 느긋하게 운전에 집중하자.'고 마음을 다잡을 수도 있다. 밤늦게까지 글을 써야 하는데 낮부터 툴툴거리느라 소중한 에너지를 낭비하면 안 되기 때문이다. 상황의 노예가 되지 말고 스스로 정신 상태에 책임을 지기로 다짐한다. 이런 결정을 내리는 순간에 주변에 있는 정보들이 더 잘 보이게 된다. 덕분에 오랜만에 소원했던 친구에게 전화를 해보기로 마음먹은 것처럼 행복감을 느낄 기회를 얻을 수 있다. 이것이야말로 선택안을 모색해서 직접 선택을 하는 경험이다. 그리하여 지금 이 순간에 무엇을 어떻게 받아들이는지를 변화시킨다.

인생에서 책임을 지는 것이 얼마나 중요한지 설파하는 글이 수없이 많다. 책임감이란 반응하는 능력을 의미한다. 적극적인 선택을 통해 호감 반응이 생기면 뇌로 들어오는 데이터를 바탕으로 상황에 적응하는 능력이 커진다. 이러한 개념은 업무 수행 능력을 극대화하는 데 무척 중요하다. 일을 하다 보면 변연계를 과도하게 자극하는 상황에 수없이 부딪히기 때문이다. 상황을 의식적으로 달리 보는 개념을 '재해석'이라고 한다. 에밀리가 점심 미팅에서 절실하게 필요했던 것이기도 하다.

상황을 재해석하라

인지적 재해석(줄여서 '재해석'이라 칭한다)은 감정을 조절하는 인지적 변화 전략이다. 여러 연구를 보면 일반적으로 재해석이 꼬리표 붙이기보다 감정 제어 효과가 더 크다. 그러므로 이 기술은 좀 더 강렬한 감정의 영향을 줄이는 데 꼭 필요하다.

재해석을 의미하는 표현은 매우 많다. '전화위복'이나 '불행 속 한 줄기 희망'처럼 말이다. 케빈 옥스너는 제임스 그로스의 심리학 연구를 부분적으로 활용해 재해석의 신경과학을 연구하고 있다.

"심리학 자료들을 보면 하반신이 마비된 사람이 6개월만 지나면 복권에 당첨된 사람과 행복 수준이 비슷해진다는 유명한 사실이 나온다. 그것을 보면 사람들은 최악의 상황에서도 긍정적인 면을 보려고 애쓰는 것이 분명하다. 우리가 할 수 있는 일이라고는 처해 있는 상황의 해석을 통제하는 것뿐이다. 그것이 바로 재해석의 본질이다."

옥스너의 재해석 실험을 살펴보자. 피실험자들에게 교회 밖에서 울고 있는 사람들의 사진을 보여준다. 그러면 그들은 자연히 슬픔을 느낀다. 그다음에 그 사진이 결혼식 장면이라고 생각하게 한다. 사진 속 사람들의 눈물이 기쁨의 눈물이라고 말이다. 그 순간 피실험자들은 사건을 재해석한다. 물론 이들의 감정 반응도 바뀐다. 옥스너는 기능적 자기공명영상으로 그 순간 참가자들의 뇌에서 어떤 반응이 일어나는지 관찰했다.

"우리의 감정 반응은 궁극적으로 이 세상을 어떻게 해석하느냐에 달려 있다. 그래서 해석이 바뀌면 감정 반응도 바뀌는 것이다."

사람들의 대부분은 재해석을 하면 상황을 더 낙관적으로 본다. 물론 그 반대의 경우도 있어 상황을 더 나쁘게 해석할 수도 있다. 에밀리도 미팅에서 동료들의 질문이 그녀의 판단력에 대한 불신을 의미한다고 지레짐작하면서 행동을 했다. 우리가 인지한 위험요소가 강력한 효과를 미칠 수 있음을 기억하라. 그러므로 조금이라도 나쁜 방향으로 재해석한 것이 실제로 매우 큰 효과를 미칠 수 있다.

옥스너는 상황을 긍정적으로 재해석할 때 좌우외배측전전두피질이 더욱 활성화되면서 변연계의 활동성이 감소하는 것을 알아냈다. 이것은 꼬리표 붙이기를 할 때 일어나는 현상에 관한 리버먼의 연구 결과와도 일맥상통한다. 이 사실로 미뤄보아 변연계를 의식적으로 통제할 수 있음을 알 수 있다. 감정을 억누르지 말고 그 감정을 유발한 상황을 재해석한다면 말이다. 꼬리표 붙이기와 재해석의 차이는 사람들이 꼬리표 붙이기로 자극이 증가할 것이라고 오해하는 반면, 재해석에 대해서는 자극을 감소시킬 것이라고 정확하게 예측하는 것이다.

재해석하는 네 가지 방법

재해석은 크게 네 가지로 구별할 수 있다. 첫 번째는 앞에서 나온 결혼식과 장례식 사진 실험에서 볼 수 있다. 위협적인 사건을 더는 위협적이지 않다고 생각하기 시작하는 것이다. 우리는 자신도 모르게 이런 재해석을 자주 내린다. 가령 공항에서 탑승구를 향해 걷고 있다고 하자. 그런데 탑승구가 보이지 않으면 비행기를 놓칠까 봐 불안해한다. 그러다 탑승구가 보이고 탑승을 기다리는 승객들의 줄이 보이는 순간 이런 불안감은 사라진다. 위험이 사라졌다고 생각하기 때문에 금세 기분이 좋아진다. 이런 재해석에는 사건을 새로 해석하는 과정이 들어간다.

　문득 1970년대에 세계무역센터의 쌍둥이 빌딩 사이에서 외줄타기를 한 고층 줄타기 예술가 필립 프티가 떠오른다. 그는 고도(高度)의 두려움을 이기기 위해 헬리콥터를 타고 쌍둥이 빌딩보다 더 높은 고도에서 문을 열어놓은 채 비행을 했다고 한다. 외줄타기를 하게 될 높이보다 훨씬 높은 곳에서도 편안함을 느낄 수 있도록 말이다. 뇌가 쌍둥이 빌딩보다 300미터나 높은 곳에서도 위험하지 않다고 느끼게 만들어 며칠 뒤 그보다 더 낮은 쌍둥이 빌딩에 설치된 외줄 위에서 안전하다고 느끼도록 한 것이다. 그에게는 더 이상 외줄이 높게 느껴지지 않았다. 이런 종류의 재해석은 상황에 대해 즉각적으로 튀어나오는 감정 반응을 바꾸는 것이라고 정의할 수 있다.

두 번째는 효과적인 경영 기법과 심리치료 기법의 정수라 할 수 있다. '일반화'라고도 부르는데, 이는 매우 광범위하게 활용되는 도구다. 당신이 갓 취직을 했다고 가정해보자. 지금은 사무용품이나 커피를 두는 곳처럼 간단한 것에 대해서도 정신적 지도가 없다. 모든 것이 새롭다. 새롭다는 것은 불확실하다는 뜻이고 불확실한 것은 자극을 의미한다. 자극이 일어나면 당신의 무대에서 여유 공간이 줄어들게 마련이다. 그런데 새로운 환경일수록 무대를 사용할 일은 더 많아진다. 배우들이 과로하면 꼬리표 붙이기를 하거나 재해석을 해서 불확실성으로 생기는 자극을 누그러뜨리기가 더 힘들어진다. 그러다 보니 새로운 것을 하면 하향식 확산이 생성될 것이다. 그래서 변화가 어려운 것이다. 익숙하지 않은 행동은 감정의 하향식 확산을 형성하고 우리는 그 감정에 압도돼버린다.

만약 에밀리가 새 업무를 시작한 첫 몇 주 동안 겪은 압도되는 느낌이 일반적이라는 사실을 알았다면 불확실성에 너무 심각하게 반응하지 않았을 것이다. 어떤 경험을 구체적으로 설명할 수 있으면 불확실성이 줄어들고 통제력에 대한 인식이 증가한다. 변화관리 분야가 바로 이런 일반화의 효과를 바탕으로 한다. 즉, 거부나 분노처럼 변화를 겪는 와중에 발생하는 감정과 여러 단계를 설명해줌으로써 위협 반응을 줄이도록 돕는다. 새 직장에 들어갔거나 10대를 키우면서 겪는 각종 위기에서 오는 스트레스를 '원래 그런 것'이라고 일반화하면 당신은 두 번째 재해석을 활용하는 셈이다.

세 번째는 앞의 두 가지보다 좀 더 복잡하지만 본질적으로는 정보의 재정리를 활용하는 것이다. 뇌는 정보를 중첩된 계층으로 저장한다. 모든 정보는 다른 생각과의 관계를 고려해 위치가 정해진다. 조직도를 떠올려보라. 뇌에 들어 있는 지도들은 조직도처럼 모두 다른 지도의 위나 아래 혹은 나란히 있다. 가령 에밀리는 가족이라는 지도를 일이라는 지도보다 더 중요하다고 평가했다. 또한 동료들과 함께 일한다는 생각보다 혼자 도맡는 것을 더 중요하게 여겼다.

새 직책은 사물을 재정리하는 에밀리의 습관을 위협하는 위기다. 그녀는 지속 가능성에 관한 회의를 조직하고 싶다. 그러려면 다른 사람들과 더 자주 함께 업무를 진행해야 한다. 하지만 그녀는 그런 방식에 익숙하지 않다. 이 상황에서 뭔가를 포기해야 한다. 여러 상황에 부여한 가치를 새롭게 바라봄으로써 타인과의 작업에 긍정적인 자극을 줄 수 있는 방법을 찾을 수도 있다. 즉, 이 생각에 대한 평가를 끌어올리는 것이다. 이런 종류의 재해석을 하면 엄청난 수의 뉴런이 새로운 계층으로 재정리된다. 물론 다른 수많은 뉴런과의 관계를 고려하면서 말이다. 이러한 인지적 변화는 엄청난 양의 에너지를 풀어주는 경향이 있다. 아마도 엄청난 양의 재조정이 이뤄지기 때문일 것이다. 세상을 바라보는 가치관을 재정리하면 뇌가 정보를 저장하는 계층 구조가 바뀐다. 그러면 뇌가 외부 세상과 상호작용하는 방식에도 변화가 찾아올 것이다.

마지막 재해석은 실천하기가 가장 어렵지만, 때때로 가장 효과적이다. 어떤 점에서는 세 번째 재정리와도 흡사하지만 무대에서 사용하는 공간이 더 넓다는 차이가 있다. 교착상태와 통찰력을 다룬 6장에서 살펴보았듯이 사고는 굳기 쉽다. 사람들 사이에 긴장이 발생하는 가장 흔한 이유 중 하나가 자신만의 세계관에 사로잡혀 타인의 눈으로 세상을 보려고 하지 않는 것이다. 타인의 시선으로 세상을 보면 당신이 생각하는 상황의 맥락을 바꿀 수 있다. 에밀리도 이렇게 했어야 한다. 즉, 동료들이 자신을 신뢰하지 않는다며 지레짐작하지 말고 그녀를 잘 모르는 동료들의 눈으로 자신을 보아야 한다. 상황을 바라보는 새로운 위치를 찾는다는 점에서 이런 재해석을 '리포지셔닝 repositioning'이라고도 한다. 타인의 위치 혹은 다른 나라나 문화의 위치에서도 볼 수 있다. 심지어 시간을 달리해 달라진 자신의 위치에서도 볼 수 있다.

재해석, 일반화, 재정리와 리포지셔닝은 우리가 늘 사용하는 기법들이다. 재해석 뒤에 숨은 생물학을 좀 더 깊이 이해하라. 그것을 바탕으로 이런 기법들을 활용하기 위해 더 풍요롭고 찾기 쉬운 지도들을 이해하라. 그러면 더 자주 더 빨리 재해석을 할 수 있다. 이것이야말로 압박감 속에서 냉정을 유지하는 능력을 키우는 데 가장 확실한 방법이다.

재해석은 감정 조절의 특효약

1막에서 나는 역U자 곡선의 꼭대기에 있으면 어떨지 설명했다. 그 지점이야말로 결정을 내리고 문제를 해결하기에 최적인 자극 수준을 의미한다. 이것은 동시에 여러 가지 수준에서 생각할 수 있는 고요한 깨어 있는 상태를 의미한다. 만약 때때로 연출자가 끼어들 여지가 있어서 진행 중인 정신 작용을 관찰할 수 있다면 당신의 사고는 훨씬 더 향상될 것이다.

그러나 그런 완벽한 세상에 사는 사람은 아무도 없다. 일을 하다 보면 모든 것이 복잡하고 불확실하고 뒤죽박죽이다. 감정을 제대로 조절하지 못하면 무슨 일을 해도 1시간을 지속할 수 없다. 하지만 사람들은 대부분 상당한 수준의 감정 조절력을 지니고 있다. 그래서 최고 성과를 내는 지점에 다다르기에 최적인 수준을 넘는 자극을 받으면서도 일을 한다. 자극이 너무 심하면 연출자는 종적을 감춰버린다. 그가 없으면 정신은 정처 없이 떠돌기 시작한다. 그 결과 아무 상관도 없는 관객이 무대로 뛰어올라와 무대를 접수해버린다. 과도한 자극이 조금만 지속되면 쉬운 일도 질질 끌거나 통찰력을 발휘하지 못한다.

　물론 늘 이렇게만 되란 법은 없다. 뇌에 대해 더 많이 알면 어떤 상황에서도 침착할 수 있다. 미래에 대한 불확실성 때문에 변연계가 뇌를 압도할 정도로 자극을 받는 상황에서도 말이다. 이럴 때를 위해서 재해석을 할 줄 알아야 한다.

　나는 케빈 옥스너에게 재해석 연구를 하면서 자신의 사고에 어떤 영향을 받았는지 물어보았다. 그러자 그는 무척 의미심장한 대답을 해주었다.

　"우리의 감정 반응이 근본적으로 이 세상에 대한 여러 해석 혹은 재해석에서 비롯된다면, 그래서 그 해석들을 바꿀 수 있다면 그렇게 하도록 노력해야 한다. 그렇게 하지 않는다면 어떤 점에서는 무책임하다고도 할 수 있다."

　그렇다면 에밀리의 상황에서 재해석을 어떻게 활용할 수 있는지 살펴보자. 그녀는 자신의 아이디어를 동료들이 인정해줄지 확신이 없었다. 그러자 갑자기 불안해지고 업무 효율도 떨어졌다. 이때는 그로스의 감정 조절 선택 목록으로 되돌아가서 상황을 선택할 수도 있다. 가령 다른 사람을 보내 회의 기획안을 설명하도록 하는 것이다. 하지만 그랬다가는 기획안이 받아들여지지 않을 수도 있다. 또한 에밀리는 상황을 조절할 수도 있다. 가령 햇살이 잘 비치는 공원에서 미팅을 한다. 하지만 장소를 바꿔도 그녀의 불안감은 여전할 것이다. 아니면 관심을 다른 곳으로 돌릴 수도 있다. 자신이 불안하다는 사실에 지나치게 집중하지 않도록 말이다. 하지만 그러기에는 자극이 너무나 강렬하다. 감정을 표현할 수도 있지만 그랬다가는 정말 엉망이 될 것이다. 혹은 감정을 억누를 수도 있지만 그런다고 불안이 사라지는 건 아니어서 더 심해질지도 모른다. 게다가 동료들도 덩달아 불안해질 것이다. 이 상황에서 그녀에게 적절한 최선안은 인지적 변화다. 꼬리표 붙이기로 문제가 모두 해결되지는 않는다. 재해석을 해야 할 여지가 남아 있기 때문이다.

에밀리는 상황을 재해석할 수도 있다. 일단 동료들에게 기획안을 설명하기가 왠지 불안하다는 점을 알아차리고 그럴 바에야 아예 설명하지 않는 편이 좋겠다고 판단하는 것이다. 그 대신 그들에게 도움을 요청하자고 결심한다. 아니면 동료들이야말로 에밀리가 놓친 점을 볼 수 있는 사람이라고 생각할 수도 있다. 그들 덕분에 CEO에게 회의 기획안을 설명할 때는 미비한 곳을 모두 보완할 수 있을 것이라고 말이다. 에밀리가 이런 식으로 재해석했다면 미팅 결과가 바뀌었을지도 모른다. 개최될 가망성이 없었던 중요한 회의를 진행시킬 수 있었을 것이다. 어쩌면 옥스너의 말이 맞다. 재해석을 연습하지 않는 태도는 때로 매우 무책임하다.

재해석에 관한 연구를 살펴보면 큰 강점을 가진 전략임을 알 수 있다. 그로스는 연구실이 아닌 상황에서도 연구를 진행했다.

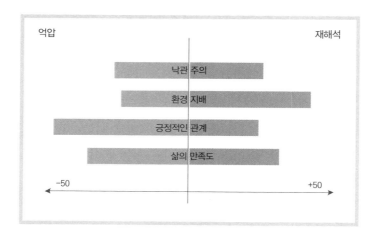

이 연구에서는 수백 명의 감정을 다룰 때 재해석과 억압 중 무엇을 주로 사용하느냐에 따라 수백 명의 피실험자를 두 그룹으로 나누었다. 그런 후에 낙관주의, 환경 지배, 긍정적 관계, 인생에 대한 만족도와 같은 다양한 테스트를 진행하며 두 그룹을 비교했다. 그러자 모든 항목에서 감정 억압보다 재해석을 잘하는 사람들이 훨씬 높은 점수를 받았다.

그로스는 여성보다 남성이 감정을 더 억압한다는 사실도 밝혀냈다. 아마도 남성은 타인에게 세상에 관한 이야기를 들려주는 게 남자답지 않다고 생각하는 것 같다. 그래서 이를 악물고 참아야 한다고 말이다. 또한 그로스는 이렇게 말했다.

"성인의 경우 나이가 더 많은 사람이 그렇지 않은 사람에 비해 감정 조절을 더 잘한다는 결과를 보여주는 연구가 상당히 많다."

10대가 감정을 표현하는 능력은 그들이 지닌 가장 훌륭하고 매력적인 특성 가운데 하나다. 감정 조절 전략으로 배우는 재해석 혹은 억압은 10대가 어른으로 성장하면서 앞으로 그들의 행복을 결정하는 데 중요한 요소가 될 것이다.

한편 그로스는 순수하게 과학자의 관점에서 표현 수위를 조절하면서 "재해석은 부정적인 감정을 경험하고 생물학적으로 표출될 가능성을 차단할 수 있는 꽤 효율적인 방법이다."라고 말했다. 그런데 그의 표현은 너무 약해 보인다. 나라면 이렇게 말할 것이다. "재해석은 인생에서 성공하기 위해 꼭 익혀야 할 기술이자 자신의 정신적 과정을 관찰할 수 있는 능력"이라고 말이다. 나는 그로스에게 교육과 사회라는 관점에서 재해석을 어떻게 생각하는지 물어보았다. 이번에는 좀 더 솔직한 답변을 얻을 수 있었다.

"이런 지식은 어린 나이에, 그것도 자주 배우는 것이 좋다."

이쯤 되니 재해석이야말로 세계 평화와 기아 문제를 해결할 수 있는 구세주처럼 들릴지도 모르겠다. 하지만 재해석 기법도 몇 가지 철학적 문제를 안고 있다. 2007년 암연구센터의 의사들에게 재해석에 관한 연구를 보여주었다. 그러자 그들이 내게 이렇게 반문하는 것이 아닌가.

"그럼 직장에서 성공하려면 현실을 바로 보지 말고 세상을 거짓되게 해석하는 능력을 키워야 한다는 말인가?"

나는 잠시 말문이 막혀 머뭇거릴 수밖에 없었다. 연구만 보면 장밋빛으로 물든 렌즈로 세상을 보는 사람들이 실제로 가장 행복한 듯하다. 그리고 행복한 사람들이 일도 더 잘한다. 그 의사들에게 내가 한 대답은 기본적으로 "예스."였다. 항상 사실을 바탕으로 판단을 내리는 과학자들은 이 대답을 논리적인 해결책으로 받아들이기가 어렵다. 재해석을 하려면 인지적 융통성, 즉 다양한 각도에서 사물을 바라보는 능력이 필요하다. 그런데 좀 더 창의적인 사람이 이런 일에 더 능숙하다. 기술자에게 다른 관점에서 창의적으로 본다는 생각은 비논리적일 뿐 아니라 이질적이기까지 하다. 그래서 불확실하게 받아들이는 것이다.

그러나 재해석을 다른 각도로 볼 수도 있다. 위대한 신경과학자인 월터 프리먼은 "모든 뇌는 자신의 내부가 아는 사실을 알 수 있다."라고 했다.

만약 이 세상에 대한 모든 해석이 오로지 당신의 뇌가 내린 해석, 즉 궁극적으로 당신의 해석이라는 점을 인정하면 아무 때나 쓸 수 있는 해석을 선택하게 된다는 것이 더 말이 된다.

재해석에도 문제는 있다. 그래서 만병통치약은 못 된다. 재해석에는 너무나 많은 에너지가 들어간다. 무대가 꽉 차 있거나 배우들이 지쳐 있으면 재해석을 하기가 쉽지 않다. 재해석을 하려면 우선 자원을 많이 잡아먹는 현재의 사고방식을 제한해야 한다. 다음으로 몇 가지 대안을 생각해내야 한다. 그 대안마다 복잡한 지도가 필요하다. 일단 대안이 떠오르면 최선책을 고를 때까지 모두 기억해둬야 한다. 그리고 가장 말이 되는 사건의 해석을 고르고 나서 거기에 집중해야 한다. 이 모든 과정이 착착 진행되려면 막강한 연출자의 힘이 필요하다. 모든 인지력을 자유자재로 쓰지 못한다면 전혀 피곤하지 않을 때에만 재해석을 할 수 있을 것이다.

재해석을 하려면 노력이 필요하기에 타인의 힘을 빌리면 더 수월하다. 멘토링, 코칭, 경력 카운슬링을 비롯해 다양한 심리치료에서 사용하는 여러 도구와 기법은 사건이나 사물에 대한 해석을 바꾸는 데 도움을 준다. 당신이 보지 못하는 점을 제3자는 볼 수도 있다. 그것은 전전두피질에 주는 보너스와도 같다.

연습으로 재해석에 익숙해질 수도 있다. 연습이 쌓일수록 전전두피질과 변연계 사이의 네트워크가 더 두꺼워지기 때문에 재해석이 더 쉬워진다. 코칭 기법도 재해석 연습에 도움이 된다. 더불어 일부 뇌 훈련법도 도움이 된다. 낙천주의자들의 뇌는 역경조차도 자동적으로 긍정적인 재해석을 하도록 만들어져 있을 것이다. 이들은 자극이 과도하게 부풀어오르기 전에 차단해버린다. 의심이 꼬리를 쳐들기 전에 아예 밝은 면만 보기 때문이다.

유머도 재해석의 또 다른 얼굴이다. 나와 친분이 있는 은퇴한 CEO인 존 케이스는 미팅을 하다가 사람들이 긴장한 듯 보이면 이런 말을 하곤 했다.

"방금 자동차보험으로 한몫 잡았다는 얘기를 했던가?"

밑도 끝도 없이 이런 말을 툭 던지면 사람들은 피식 웃게 마련이다. 심각하던 시각이 갑자기 재미있는 시각으로 전환되기 때문이다. 비호감에서 호감으로 말이다. 자칫 심각해질 수도 있는 상황을 가볍게 웃어넘길 때 여러 대안을 떠올리기 쉽다는 점을 당신도 알아차렸을 것이다. 유머감각을 발휘하면 재해석 과정에서 온갖 대안적 시각을 훑어보느라 아까운 에너지를 낭비할 필요가 없다. 모든 목적을 하나로 아우르는 완벽한 새 시각이 툭 떠오를 테니 말이다. 껄껄 웃음이 나오는 시각을 고르기만 하면 된다. 그런 점에서 유머를 저렴한 재해석으로 보아도 좋다.

또 뇌가 말썽이군

지금까지의 논의를 다른 수준에서 살펴보자. 자신의 한계, 실수, 놓쳐버린 기회, 건망증이나 나쁜 습관에 좌절할 때마다 변연계는 물 만난 고기가 된다. 사람들은 자신에게 짜증이 날 때 대부분 그런 감정을 억누르려고 한다. 내면의 좌절을 보이지 않는 곳으로 치워버리려는 것이다. 하지만 이제 당신은 감정을 무조건 억누르려고만 하면 어떻게 되는지 잘 알 것이다.

바로 여기에서 이 책의 주제가 등장한다. 뇌에 대해 배우면 배울수록 뇌의 구조가 온갖 약점과 실수로 뒤덮여 있다는 사실을 알게 될 것이다. 집 안을 어슬렁거리면서 복잡하기 짝이 없는 업무에 대해 생각할 수는 없다. 당신이 못하는 것이 아니라 뇌가 못하는 것이다. 변연계가 불확실성으로 점화되지 않으면 일본에서 통역 없이 지하철 타는 법을 배우는 것처럼 새롭고 복잡한 일은 절대 배울 수 없다. 게다가 이런 상태에서는 곧잘 실수를 저지를 것이다. 당신이 아니라 뇌가 못하는 것이다. 오후 4시에 미팅에 가서 사람들이 뭔가 반짝이는 아이디어를 떠올려주기를 바랄 수도 없다. 사람들이 아니라 뇌가 못하는 것이다.

그러므로 이제 자신을 원망하고 싶거든 이렇게 말하라.

"오, 내 뇌가 또 말썽이군."

이렇게 중얼거리는 것도 재해석의 일종이다. 감정을 표현하는 것보다 훨씬 나은 전략일 수도 있다. 자신의 약점에 대한 좌절감을 무조건 억누르려고만 하는 태도보다 훨씬 더 나은 태도임은 말할 것도 없다.

이 내용을 명심하고 에밀리의 점심 미팅을 다시 살펴보자. 에밀리가 상황이 불확실하며 자신을 통제할 수 없다는 사실을 깨닫고 상황을 재해석해 강한 자극을 누그러뜨리자 점심 미팅의 분위기가 어떻게 달라졌는지 잘 지켜보라.

모든 것은 불확실하다-장면 2

●   오후 1시

이제 막 점심을 마쳤다.

에밀리는 야심찬 첫 번째 회의 기획안을 소개한다. 지속 가능성에 관한 회의 기획안이다. 에밀리는 경영자들이 한자리에 모여 기후 변화와 세계화에 직면한 기업이 장기적으로 살아남을 능력을 향상시킬 방법에 대해 토론할 수 있는 장을 만들고 싶다. 에밀리는 이 회의 개최에 의욕을 불태우지만 과연 상사들이 자신의 아이디어를 승인해줄지 걱정스러운 것도 사실이다. 회의를 열기에는 여러 상황이 매우 불확실하기 때문이다. 재계의 광범위한 구성원들이 이런 발상을 받아들일 준비가 돼 있을까? 회의 참가자들의 참가비는 얼마가 적당할까? 연사는 누구로 섭외할까? 그녀의 팀에서 누가 실무 책임자로 적당할까? 에밀리는 오랫동안 담당했던 실무 권한을 누군가에게 넘기려니 안심이 되지 않는다. 도대체 누가 그 일에 적임자란 말인가?

이런 불확실성으로 불안감이 증폭되는 것을 느끼자 꼬리표 붙이기를 해보지만 효과가 없다. 아무래도 상황을 달리 볼 시각을 찾아야 할 것 같다. 에밀리는 잠시 진정하고 이 미팅에 대한 다양한 시각을 떠올린다. 그리고 한 가지를 선택한다. 즉, 이번 미팅을 계기로 새 상사들을 더 잘 알고 그들과 함께 일할 수 있는 최선의 방법을 찾아보기로 한 것이다. 상황을 이렇게 재해석하자 확 달아올랐던 변연계가 진정되는 것 같다.

에밀리는 릭과 칼이 자신의 제안에 의문을 제기하자 갑자

기 수세에 몰린 듯한 기분이 들지만 단호하게 그 감정을 거부한다. 그러자 좀 더 냉정한 상태로 미팅에 임할 수 있다.

에밀리는 상황을 재해석하기 시작한다. 이번에는 릭과 칼의 관점에서 자신을 보려고 노력한다. 바로 리포지셔닝을 적용하는 것이다. 그러자 릭과 칼의 관점에서는 회사 돈을 투자하기 전에 철저하게 검토해보고 싶은 것이 당연하다는 생각이 든다. 게다가 예산을 처음 짜보는 사람의 기획안이 아닌가. 그렇다면 그녀가 자신의 능력을 입증하면 기회를 줄지도 모른다. 이렇게 마음을 바꾸자 에밀리는 상사들의 질문에도 기가 죽지 않는다.

잠시 후 그들의 질문 공세도 끝이 난다. 에밀리는 준비해간 회의 기획안 세 건을 모두 훌륭하게 설명하고 성취감을 느낀다. 1시간이 다 돼간다. 두 사람에게 지속 가능성에 관한 회의 개최에 대해 동의를 얻었다. 더불어 구체적인 날짜도 정했다. 에밀리는 팀원들에게 이 회의에 대해 설명하고 가장 적합한 실무 책임자를 뽑을 준비를 마쳤다.

• ─ 뇌의 비밀 ─ •

- 확실성은 뇌의 1차적 보상 혹은 위협이다.
- 통제하고 있다는 느낌인 자율권은 뇌의 또 다른 1차적 보상 혹은 위협이다.
- 확실성의 부재로 발생하는 강렬한 감정과 자율권을 잘 다루려면 꼬리표 붙이기
  만으로는 부족하다.
- 재해석은 자꾸 커지는 자극을 다루는 데 유용하고 강력한 전략이다.
- 재해석을 잘하는 사람들이 삶의 질도 더 좋다.

• ─ 일 잘하는 뇌 만들기 ─ •

- 위협감을 만들어내는 불확실성을 주의하라. 이런 감정이 생기지 않는지 뇌를 관
  찰하라.
- 자율권이 줄어 위협감을 느끼지 않는지 주의하라. 이런 상태가 되지 않는지 뇌
  를 관찰하라.
- 어떤 상황에서든 선택권과 자율권 인식을 만들어내는 방법을 찾으라.
- 강렬한 감정이 시작되려고 할 때 재빨리 재해석을 하라.
- 사건을 재해석하거나, 가치관을 정리하거나, 상황을 일반화하거나, 시각을 바꾸
  거나 하는 기법으로 재해석을 할 수 있다.
- 자신의 경험을 재해석하면 내면의 스트레스 요소들을 능숙하게 다룰 수 있다.
  이 사실을 명심하라. 그리고 자신의 정신적 능력에 실망할 때 이 기법을 활용해
  이렇게 말하라. "내 뇌가 또 말썽이군."

기대가
어긋날 때

보상에 대한 기대 다루는 법

•   오후 3시

폴은 책상에 앉아 계약이 체결될 경우 새 프로젝트를 어떻게 해낼지 묘안을 짜내고 있다. 그는 결국 8주라는 빡빡한 일정에 동의했다. 하지만 최종 견적서를 제시하기 전에 상세한 계획서를 작성하기 위해 이틀을 더 달라고 요청했다. 의뢰인이 나흘 전에 처음 연락해온 이후로 폴은 이번 계약이 성사될 경우 벌어들일 수입에 꽤 큰 기대를 하고 있다. 아마 상당한 이익을 거둘 것이다. 적어도 가족과 근사한 휴가를 보내고 사업을 한 단계 도약시킬 정도는 될 것이다. 그런 기대를 품게 된 이래로 폴은 계속 긍정적인 기분에 도취돼 있다. 에밀리와 그 돈으로 어디서 휴가를 보낼지 이야기할 정도로 말이다. 아웃소싱 업체들에게 벌써 이번 건에 대해서 말해주었는데, 그들도 최근에는 일이 별로 없었기에 쌍수를 들고 환영했다.

폴은 수식 프로그램을 열고 예산을 짜기 시작한다. 청구할 수 있는 최고가를 기입한다. 그래도 여전히 경쟁력이 있다. 전체적인 비용을 짜기 시작한다. 잠시 계산해보니 8주 만에 프로그램을 만들려면 아웃소싱 업체들을 총동원해야 한다. 작업이 슬슬 끝나가자 폴은 스크롤을 내려 수식 프로그램의 끝으로 가서 이윤이 얼마나 되는지 보고 싶어진다. 10분 후 계산이 모두 끝났다. 폴은 스크롤을 내려 최종 수치를 확인하고 깜짝 놀란다. 흑자는커녕 적자가 났기 때문이다. 하지만 별로 당황하지 않는다. 어디선가 공식을 잘못 적용한 것이 분명할 테니 말이다. 그는 어디서 실수했는지 알아내려고 수식 프로그램을 찬찬히 점검해본다.

20분 후 폴은 부엌의 싱크대를 물끄러미 바라보고 있다. 수도꼭지를 틀고 물이 흐르는 모습을 멍하니 본다. 그렇게 우두커니 서서 흐르는 물을 본 지 30초가 지났다.

"아빠, 그러다 홍수 나겠어요."

조시가 냉장고 문을 열고 간식거리를 찾으면서 소리친다.

"어, 그래."

폴은 멍한 표정으로 대답한다.

"가게에 다녀와야겠어요. 먹을 게 하나도 없어요. 돈 좀 주세요."

조시가 냉장고문을 닫으며 말한다.

"안 돼. 어서 숙제나 해. 먹을 게 없긴 왜 없어? 이틀 전에 마트에서 쓴 돈이 얼마인데."

폴이 대답한다.

"아빠, 도대체 왜 그러세요? 평소에는 저를 집 밖으로 못 내보내서 안달이시더니 오늘따라 왜 그러세요?"

"그냥 시키는 대로 해. 오늘 아빠 기분이 별로니까."

폴의 목소리에 잔뜩 날이 서 있다.

"하지만 친구랑 만나기로 한 걸요."

"그럼, 너희 아빠가 성질이 고약해서 집 밖으로 안 내보내 준다고 친구한테 말해!"

"알았어요!"

조시는 그대로 부엌에서 달려나간다. 잠시 후 아이의 방문이 쾅 하고 닫히는 소리가 난다.

폴은 서재로 돌아가 다시 생각해보려고 한다. 가격을 더는 올릴 수 없다. 그랬다가는 계약은 물 건너갈 것이다. 하지만 이 가격으로는 지금까지 함께한 업자들 대신 더 싼 곳을 찾아야 한다. 지금으로서는 어느 쪽도 마음에 들지 않는다. 갑자기 우울해져서 아무 관련도 없는 일에 관심이 옮겨간다. 비서가 처리해줄 일, 내용을 확인해야 할 편지, 정리해야 할 서류가 눈에 들어온다. 뭐라도 해서 우울한 기분을 떨쳐버리고 싶다. 그래서 아웃소싱 업체들에 아직까지 일이 진척되지 않고 있다는 이메일을 쓰기 시작한다. 그 순간 신중하지 못한 이메일에 관한 경고 신호가 조용하게 그의 의식으로 들어오려고 한다. 하지만 시끄러운 파티장에서 울리는 휴대전화 소리처럼 신호는 너무 조용해서 그가 알아차릴 수 없다. 그는 그대로 전송 버튼을 누른다.

잠시 후 오랫동안 함께 일했던 아웃소싱 업체의 네드에게 답장이 온다. 네드는 폴에게 돈에 눈이 멀었다고 비난한다. 폴도 잔뜩 화가 난 채 다시 메일을 보낸다.

30분 후 폴은 다른 업자에게서도 비슷한 내용의 답장을 받는다. 그때 딸 미셸이 학교에서 돌아온다. 미셸은 아빠에게 하루가 어땠는지 묻는다. 부녀는 그날 있었던 일을 이야기하기 시작한다. 미셸은 조시보다 고작 세 살 많지만 열 살은 더 먹은 것처럼 어른스럽다.

"아빠, 코딩 작업을 대신해줄 사람을 해외에서 찾아보면 어때요? 요즘은 다 그러잖아요."

미셸이 제안한다.

"생각해줘서 고맙구나. 하지만 믿을 만한 사람이 없어. 게다가 그러려면 내가 외국으로 나가야 하는데 당장 그럴 만한 시간적 여유도 없고."

"다른 방법이 있을 거예요."

미셸은 이렇게 말하며 부엌으로 들어간다. 샌드위치 재료를 찾아서 아빠와 먹을 분량을 만든다.

두 사람은 테라스에 가서 샌드위치를 먹는다. 폴은 미셸에게 오늘 학교에서 어땠는지 물어본다. 딸은 미술 과제에서 기대했던 것보다 더 좋은 점수를 받았다고 한다. 폴은 미셸이 혹시 미술에 재능이 있는 게 아닌가 싶어서 딸의 작품이 궁금해진다. 문득 자신의 학창 시절, 과학 과제물을 만들던 때를 떠올린다. 그때 갑자기 한 가지 아이디어가 무대 위로 올라온다. 어쩌면 자신처럼 영세한 컨설턴트를 위해 프로그램을 짜 주는 업체를 찾을 수도 있겠다는 생각이 든 것이다. 폴은 재 빨리 인터넷에서 적당한 업체를 찾기 시작한다. 잠시 후 꽤 견실해 보이는 세 곳을 골라 문의서를 보내자 바로 한 곳에서 답장이 도착한다. 갑자기 기분이 좋아진다. 바로 전까지 그를 짓눌렀던 우울감은 사라지고 좋은 소식에 대한 기대감이 자 리를 잡는다.

'조금 전 네드와의 일을 그르치지 않았다면 더 좋았을 텐 데…'

1시간 동안 폴은 중요한 관계에 상처를 입히고 말았다. 조시 그리고 오랜 동업자인 네드와의 관계에 말이다. 오늘 밤이면 아 들과는 화해를 할 수 있을 것이다. 하지만 네드는 그렇게 쉽게 폴 을 용서해주지 않을 것이다. 폴이 뇌에 대해서 조금만 알았더라 면 네드와 갈등을 겪지 않고도 다른 사람에게 일을 맡기는 좋은 방법을 떠올릴 수 있었을 것이다. 폴은 냉정을 유지하는 새로운 방식을 배워야 한다. 기대를 다루는 방법, 특히 긍정적인 보상을 기대하는 마음을 다루는 방법을 배워야 한다.

'기대'에서 기대할 수 있는 것

2막에서는 지금까지 위협 반응을 처리하는 방식에 대해 집중적 으로 살펴보았다. 왜냐하면 보상보다 위협이 더 일반적이고 강렬 하기 때문이다. 게다가 맛있는 식사나 유쾌한 대화에서 일어나는 감정을 잘 관리하는 방법을 굳이 배우려는 사람이 어디에 있겠는가?

　그런데 긍정적인 상황도 때로는 뒤통수를 칠 때가 있다. 포커 게임을 생각해보자. 에이스 원페어 같은 최고의 패를 쥐고 있다면 이기는 것은 떼놓은 당상이라는 생각에 과도하게 흥분하기 쉽다. 승리를 다 잡았다는 흥분도 변연계를 과도하게 자극한다. 이러한 과잉 자극은 유쾌하게 느껴지기는 하겠지만 그 결과는 부정적인 자극과 비슷하다. 무대에서 쓸 자원을 과도하게 소비해서 논리적인 사고를 방해하기 때문이다. 따라서 평소라면 금세 알아차렸을 법한 만약의 사태를 놓치고 지나간다. 포커 게임이든 인생이든 이런 식의 실수는 비싼 대가를 치르게 마련이다.

　이번 장에서 폴의 상황은 에이스 원페어를 들고서 승리를 기대하는 것과 같다. 그가 그렇게 기대하는 것은 진짜 긍정적인 보상이 아니다. 보상에 대한 기대일 뿐이다. 긍정적인 보상에 대한 기대는 뇌에 꽤 큰 영향을 미친다. 정보를 처리하는 능력에만 영향을 미치는 것이 아니다. 무엇을 어떻게 인식하는지도 바꿔놓는다. 기대는 뇌에서 상향식이나 하향식 확산을 만드는 데 중추적인 역할을 한다. 기대 덕분에 최상의 업무 능력을 보일 수도 있고 절망의 구렁텅이로 추락할 수도 있다. 인생에서 늘 적절한 수준으로 기대를 하려면 우선 보편적인 행복감과 생활수준을 유지해야 한다. 적절한 기대를 만들어내는 것은 당신의 연출자에게 그때그때 위기 상황에 반응하는 것이라기보다 하루 일과에 대한 감정적인 일기를 기록하는 것과 같다.

기대가 인식을 바꾼다

기대란 독특한 구조물이다. 기대는 실제로 일어나는 보상이 아니라 있을 수 있는 보상에 대한 반응이기 때문이다. 실제로 맛있게 생긴 딸기를 봤든 상상을 했든 아니면 그런 딸기를 보고 싶다고 생각했든 뇌에는 무조건 딸기에 대한 지도가 활성화된다. 그리고 보상회로도 덩달아 활성화된다.

긍정적인 기대는 가치 있는 사건이나 대상이 곧 나타날 것이라고 감지하는 것 이상도 이하도 아니다. 물론 뇌가 생각하는 가치란 생존에 도움이 되는 어떤 것이다. 달콤한 음식이나 섹스와 같은 1차적 보상은 주로 변연계가 가치 있다고 여기는 것들이다. 당신도 가치 있다고 생각하는 대상이나 경험에 대해 나름의 지도를 만들 수 있다. 품질 좋은 구두를 가치 있게 생각하기로 선택할 수 있다. 그러면 「섹스 앤드 더 시티」의 캐리처럼 슈즈숍 앞을 지나가기만 해도 행복감을 느낄 것이다. 폴의 경우는 복잡하게 연결된 수십억 개의 뉴런으로 계약을 성사시킬 경우 들어올 이익에 대한 지도를 만들었다. 이익에 대해 생각하고 관심을 기울일수록 지도는 복잡해졌다. 심지어 이익에 대해 말할 때도 마찬가지였다. 그의 경우에는 아내와 휴가에 대해서 이야기를 나누었다.

가치 있는 대상에 대해 스스로 지도를 만드는 경우는 또 있다. 바로 목표를 설정할 때다. 목표를 세운다는 것은 최종 결과를 중요하게 생각하기로 결정한다는 뜻이다. 이 목표에 대해서 생각하거나 목표를 달성하기 위해 노력할수록 보상에 대한 기대는 커지게 마련이다. 목표를 향해 매진할 때 뇌에는 전반적인 호감 상태가 만들어질 수 있다.

당신의 뇌는 저절로 사건과 사람 그리고 당신이 긍정적으로 평가했던 것과 연결된 정보를 향해 촉수를 뻗는다. 엘리엇 버크먼과 매슈 리버먼은 「목표 추구의 신경과학」이라는 논문에서 이렇게 주장한다.

"여러 사회심리학 연구에서 피실험자들은 자신이 전혀 인식하지 못한 상태에서 목표와 관련된 신호에 이끌리면서 목표를 추구한다는 것이 입증되었다."

그래서 아이를 갖기로 마음먹으면 주변에서 온통 유모차나 놀이터, 어린이 메뉴만 눈에 들어오는 것이다. 이 원칙을 신경 수준에서 탐구한 연구도 많다. 어떤 연구에서 과학자들은 원숭이가 특정한 사물을 보면 기대하도록 훈련했다. 그것을 빨간 삼각형이라고 하자. 그러자 원숭이의 뇌에서는 빨간 삼각형이 나타나기 전부터 그것을 인지하는 신경들이 활성화되었다. "구하라. 그러면 찾을 것이다."라는 구절은 신경과학계의 금과옥조다.

뭔가를 기대하면 인식이 바뀐다. 그래서 사람들은 보고 싶은 것만 보이고 보기 싫은 것은 안 보이는 것이다. 폴의 계산 결과는 그의 기대를 충족시키지 못했다. 그러자 그는 대뜸 뭔가 착오가 있었을 것이라며 데이터를 무시했다. 조시 역시 집에 먹을 것이 없다고 생각했기에 간식거리로 먹을 만한 것이 보이지 않았다. 하지만 미셸은 그런 기대가 없었기에 냉장고를 보고서 조시와는 다른 행동을 보았다.

충족되지 않은 기대는 종종 위협 반응을 유발한다. 그런데 뇌는 위협을 피하도록 만들어져 있다. 그래서 사람들은 기대를 충족시키기 위해 상황을 재해석하느라 여념이 없다. 전혀 관련 없는 아이디어들 사이에서 터무니없는 관련성을 찾거나 이론의 오

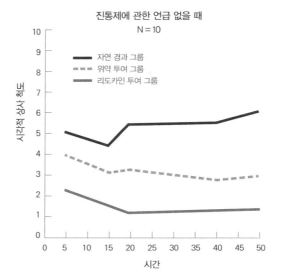

위약 1

진통제에 관한 언급 없을 때

N = 10

자연 경과 그룹
위약 투여 그룹
리도카인 투여 그룹

류를 입증할 중요한 데이터를 고의적으로 무시하는 모습을 흔히 볼 수 있다. 이런 일은 비극적인 결말을 가져오기도 한다. 경찰이 시민을 무장괴한인 줄 알고 오인사격을 하거나 다른 나라를 침공하는 근거가 되었던 판단이 훗날 잘못된 것으로 밝혀진다거나 하는 결말이다.

아무런 상처도 주지 않는다

일부 과학자들은 기대를 이용해 '플라시보 효과'라 불리는 위약 효과에 대해 설명할 수 있다고 생각한다. 돈 프라이스 박사는 과민성 장 증후군을 앓는 피실험자들을 세 그룹으로 나눈 뒤 직장에 풍선을 넣고 부풀리는 실험을 했다. 그리고 피실험자들에게

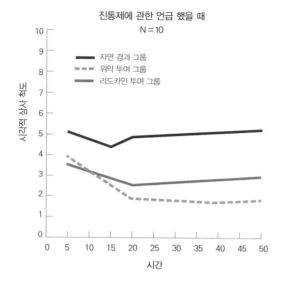

위약 2

진통제에 관한 언급 했을 때
N = 10

고통의 크기를 1에서 10까지의 수치로 말해보라고 했다.

첫 번째 그룹은 약도 없이 고통을 견뎌야 했다. 왼쪽 그림에서 검정선이 이 그룹의 결과인데, 평균 통증 점수는 5.5였다. 두 번째 그룹에는 감각을 거의 없애주는 국소마취제인 리도카인을 처방했다. 이 그룹의 통증 점수는 평균 2.5로, 가장 낮은 색깔선에 해당한다. 세 번째 그룹에는 위약인 바셀린 연고만 주면서 위약을 처방했다는 사실을 미리 알려주었다. 이 그룹의 실험 결과는 점선에 해당하는데, 평균 통증 점수는 3.5였다. 위약임에도 불구하고 고통이 경감된 것이다.

프라이스 박사는 이 실험을 반복했는데, 이번에는 위약 그룹에 "대부분의 사람에게 통증을 확실하게 없애준다고 알려져 있는 뭔가"를 처방했다고 말했다. 위약이라는 말은 전혀 하지 않았지만 그렇다고 거짓을 말한 것도 아니었다. 어떤 사람들은 위약에도 통증이 줄어드니 말이다. 그런데 이 두 번째 실험은 사람들의 기대를 혼란으로 밀어넣었다. 앞의 그림에서 알 수 있듯이 위약 그룹이 리도카인을 받은 첫 번째 그룹보다 통증을 덜 느낀 것이다.

이런 연구는 방식을 달리하면서 지금도 계속 이뤄지고 있다. 그리고 매번 사람들의 기대가 인지 과정에 상당한 영향을 미친다는 사실이 확인된다. 플로리다대학에서 통증에 관한 연구를 하는 로버트 코힐 교수는 온도를 조절할 수 있는 찜질 패드를 다리에 붙여서 강렬한 통증을 느끼게 하는 실험을 고안했다. 그는 참가자들의 기대 수준을 조작했는데, 기대 수준이 실제로 느끼는 고통의 정도에 어떤 영향을 미치는지 알아보기 위해서였다.

"열이면 열 사람 모두 섭씨 50도가 아니라 섭씨 48도로 온도를 내린다고 생각했을 때 통증 수치를 낮게 말했다."

또한 코힐 교수는 「고통의 주관적 경험: 기대가 현실이 되는 지점」이라는 논문에서 "긍정적인 기대는 인지하는 통증의 정도를 경감시키는데, 그 정도는 모르핀의 진통 효과와 맞먹는다."라고 덧붙였다.

적절한 수준의 기대는 가장 강력한 진통제에 맞먹을 만큼 강력하다. 브루스 립턴 박사는 『신념의 생물학』에서 이 현상을 좀 더 상세하게 탐구하기도 했다.

코힐 교수는 사람들이 과연 플라시보 효과에 속을지 궁금했다. 플라시보 효과는 단지 마음의 문제일 뿐인가? 아니면 실제로 뇌가 변한 결과일까? 그는 기대가 변하자 통증을 덜 느끼는 사람들의 뇌를 촬영해 그 결과를 검토했다. 그러자 평균 수준의 통증을 기대했는데 그보다 더 강한 통증을 느낄 경우 그에 반응하는 뇌의 부위도 바뀐다는 사실을 알아냈다. 이에 대해 코힐 교수는 "우리는 뇌의 여러 부위의 활성화를 극적으로 감소시켰다."라고 설명한다.

좋든 나쁘든 일단 기대를 하면 뇌의 여러 부위가 활성화된다. 이때 활성화되는 부위는 실제로 경험했을 때 활성화되는 부위와 일치한다.

기대에 미치지 못할 때

기대는 당신이 인지하는 데이터에 영향을 미치는 것에만 그치지 않는다. 뇌에서 활성화되는 부위도 바꾼다. 이것은 당신의 신경 반응에도 강력한 영향을 미친다. 영국 케임브리지대학의 울프램 슐츠 교수가 진행한 연구는 이 분야에서 최고 권위자다.

슐츠 교수는 도파민과 보상회로 사이의 관계를 연구했다. 도파민 분자는 뇌 깊은 곳의 측핵^{nucleus accumbens}에 있다가 보상을 기대하는 심리가 나타나면 출현한다. 슐츠 교수는 뇌가 주변 환경에서 보상을 받을 것이라는 단서를 발견하면 그에 대한 반응으로 도파민이 분비된다는 사실을 알아냈다. 예상하지 못한 보상을 받으면 예상했을 때보다 도파민이 더 많이 분비된다. 그래서 액수가 아무리 적어도 깜짝 보너스를 받으면 예상된 봉급 인상보다 뇌의 화학반응에 긍정적인 영향을 줄 수 있다. 반대로 예상했던 보상을 받지 못하면 도파민 수치는 가파르게 떨어진다. 이것은 결코 유쾌한 감정이 아니다. 흡사 고통과도 같다. 봉급이 인상될 줄 알았는데 그렇지 않으면 실망한다. 이 감정은 며칠이고 지속된다. 우리는 종종 기대가 충족되지 않아서 우울함을 느끼는 경험을 해보았을 것이다. 가령 자신이 주목받을 것이라고 기대했는데 그러려면 시간이 오래 걸린다는 사실을 알게 되었다고 생각해보라. 그러면 도파민 수치가 뚝 떨어지면서 좌절감만 남을 것이다. 은행에서 빠른 서비스를 기대했는데 앞에 대기자들이 길게 늘어서 있다면 그만큼 좌절감은 커질 것이다. 이런 경우에는 도파민 수치가 감소할 뿐 아니라 비호감 반응을 이끌어내 전전두피질의 기능을 떨어뜨리기까지 한다. 은행에서 느려터진 서비스로 좌절감을 느꼈다면 이렇게 말하면서 재해석을 할 수도 있다.

"이번 기회에 인터넷뱅킹을 신청해야겠군."

실제로 이렇게 해보라. 그러면 좌절감은 사라지고 그 자리에 호감 반응이 들어올 것이다.

도파민은 욕망의 신경전달물질이다. 도파민 수치는 뭔가를 원할 때 증가한다. 길을 건너고 싶은 것처럼 간단한 것이라도 상관없다. 간단히 말해서 도파민은 호감 상태의 중추다. 개방적이고 호기심이 충만하고 관심 많은 상태를 관장하는 것이다. 이 호르몬은 신체 동작과도 관련이 있다. 도파민 신경을 대부분 상실한 파킨슨씨병 환자는 동작을 시작하는 데 문제가 있다.

뇌에서 초당 연결되는 회로의 수도 도파민 수치와 관계가 있다. 코카인을 복용하면 도파민 수치가 급격하게 올라간다. 이 상황에서 초당 연결되는 회로의 수가 증가하기 때문에 복용자는 이 생각에서 저 생각으로 정신없이 널을 뛴다. 그 반면 도파민 수치가 너무 낮으면 그 수는 떨어진다. 로빈 윌리엄스와 로버트 드니로 주연의 영화 「사랑의 기적」은 도파민을 생성하는 약물인 엘도파를 복용한 후 혼수상태에서 깨어나 짧은 시간이나마 삶의 기적을 누리는 환자의 이야기를 다루고 있다.

측핵에 있는 도파민 세포는 뇌의 여러 부위와 연결된다. 1막에서 알아본 것처럼 적절한 도파민 수치는 집중을 하는 데 매우 중요한 부위인 전전두피질과도 연결돼 있다. 안스텐 박사에 따르면 좋은 아이디어를 전전두피질에 붙잡아두고 싶으면 도파민 수치가 적절해야 한다. 긍정적인 기대를 하면 뇌에서 도파민 수치가 올라간다. 그러면 집중을 더 잘할 수 있다. 덩달아 직관력도 더 높아진다. 만약 학생들이라면 관심 있는 과목을 다른 과목들보다 더 열심히 공부할 것이다. 관심과 욕망, 긍정적인 기대는 뇌의 도파민 수치를 증가시키는 비슷한 경험들에 대한 조금씩 다른 모습이다.

폴의 도파민 수치는 이익에 대한 기대가 깨어지자 곤두박질쳤다. 뭔가 중요한 것을 하고 싶은 욕망이 갑자기 줄어든 것이다. 그는 비서가 할 일인 잡무가 하고 싶어졌다. 또한 뇌에서 처리하는 아이디어 수도 뚝 떨어졌으며 전반적인 뇌의 활성화 수준도 감소했다. 그의 뇌는 전반적으로 비호감 상태에 진입했다. 그러자 코딩 작업을 외주로 처리하는 것처럼 복잡한 작업에 대해서는 생각하기 어려워진 것이다. 조시도 비슷한 위기를 경험한다. 조시는 친구를 만난다는 보상을 기대했지만 아빠의 호통으로 화가 나고 감정이 상했다.

폴은 도파민 수치가 떨어진 상태에서 상황을 다시 점검해보려고 애썼다. 아무리 봐도 계약을 따올 희망이 없어 보였다. 그러자 폴의 감정은 하향식 확산이 되기 시작했다. 도파민 수치가 떨어지기 시작하자 수치를 더 떨어뜨리는 상황으로 이어진 것이다. 하지만 뭔가에 관심을 보이자 악순환의 고리가 끊어졌다. 딸의 학교생활에 관심을 기울이자 도파민 수치가 올라가면서 다시 호감 반응이 시작된 것이다. 바로 그때 아웃소싱에 대한 통찰력이 떠오르면서 다시 흥분하기 시작했다. 생각난 것을 곧장 행동에 옮기면서 도파민 수치도 다시 상승했다. 생각지도 못한 통찰력이 도파민 수치를 높인 것이다. 아웃소싱 업체를 찾아낼 수 있을 것이라는 긍정적인 회로를 새로 연결하자 보상에 대한 기대감이 더 높아지면서 새로운 회로를 연결할 수 있는 능력도 커졌다. 이제 상향식 확산 상태로 옮아간 것이다.

미셸도 이번 장에서 상향식 확산 상태에 있다. 미셸은 긍정적인 마음 상태였다. 그런데 미술 점수가 예상보다 높게 나오자 기분은 더욱 좋아졌다. 이러한 상승 작용 덕분에 미셸은 폴이 오로지 문제로만 바라보던 상황에 대해서도 쓸 만한 해결책을 떠올릴 수 있었다. 게다가 조시는 하지 못했지만 미셸은 냉장고에서 먹을 만한 것을 찾기까지 했다.

이러한 상향식 확산의 효과가 의심스럽게 들리겠지만 어쨌든 이것으로 사람들이 행복할 때 일도 더 잘하는 이유를 어느 정도 설명할 수 있을 것이다. 노스캐롤라이나대학의 바버라 프레데릭슨을 비롯해 여러 과학자들이 진행한 수많은 연구를 보면 행복한 사람들이 더 넓은 범위의 데이터를 인지하고, 문제도 더 잘 해결하고, 상황에 적용할 수 있는 실천법에 대한 아이디어도 더 잘 떠올린다. 기대와 도파민, 인지 사이의 관계는 행복이 정신적 과제를 수행하기에 가장 좋은 상태인 이유를 설명해준다. 잡힐 듯 잡히지 않는 행복을 추구하는 것은 결국 적절한 도파민 수준을 찾는 것이나 다름없다. 이렇게 생각하면 행복하게 살려면 신기한 것을 늘 곁에 두고, 의외의 보상을 얻을 기회를 만들고, 상황이 언제나 조금씩 나아질 것이라고 믿어야 할 것 같다.

적절한 기대 수준

당신의 목표가 영원한 행복을 꿈꾸는 것이든, 단지 업무의 효율을 높이는 것이든 기대를 잘 조절하면 도움이 된다는 것은 확실하다. 즉, 적절한 도파민 수치를 만들면 된다. 그렇다고 엘도파나 코카인처럼 도파민 수치를 극대화할 수 있는 약물을 복용하라는 것은 결코 아니다. 기대 수준을 관리하는 가장 좋은 방법은 기대에 관심을 기울이는 것이다. 다시 말해 연출자를 깨워야 한다. 기대를 제대로 관리하면 연출자가 더 큰 선견지명을 발휘할 수도 있다. 상황이 꼬이기 시작하면 단지 문제를 가려내는 데 그치지 않고 배우들이 더 좋은 공연을 할 수 있는 무대를 만들기 때문이다.

충족되지 않는 기대는 반드시 피해야 할 경험 중 하나다. 더 강력한 위협 반응을 이끌어내기 때문이다. 에비앙 고든은 "뇌의 기능은 뭐가 되었든 위협의 최소화를 최우선으로 처리한다. 위협이 최소화돼야만 보상을 증대하는 데 집중할 수 있기 때문이다."라고 설명한다.

유능한 지도자들은 기대를 충족시키지 못하는 상황을 피하기 위해 기대 수준을 잘 조절한다. 버락 오바마는 2009년에 대통령 취임 선서를 하면서 사람들이 오바마 자신과 취임 후 1년에 대한 기대 수준을 낮추는 데 주의를 집중했다.

기대 수준을 의도적으로 바꾸면 놀라운 효과를 얻을 수 있다. 당신이 지금 장거리 국제선 비행에 대비해 좌석 승급을 받으려 한다고 생각해보자. 기대 수준이 낮으면 보상이 없어도 상관없다. 그런 상황에서 보상을 받으면 좋아서 어쩔 줄 모를 것이다. 하지만 좌석 승급을 받을 거라고 잔뜩 기대하고 있다면 어떨까.

승급이 안 될 경우 장거리 비행은 매우 끔찍한 경험이 될 것이다. 아니면 승급을 받더라도 좋아서 어쩔 줄 모르기보다는 나쁘지 않은 정도일 것이다. 이런 식으로 한발 물러서서 가능한 결과들을 다시 살펴보라. 그러면 대부분의 경우에 보상 수준을 최소로 예상하는 편이 낫다.

기대 수준을 낮게 유지하는 것 외에도 사기를 높일 수 있는 방법은 또 있다. 확실하게 충족시킬 수 있는 긍정적인 기대에 관심을 더 기울이는 것이다. 얼마 전 동료가 이런 말을 했다.

"나는 말이지, 긍정적인 기분이 되고 싶으면 곧 다가올 연휴를 떠올려. 연휴가 되려면 한참 남았거나 말거나 상관없어. 논리적이지 않을지는 몰라도 연휴가 곧 온다는 사실에만 집중하면 우울한 기분이 확 날아가거든."

실제로 뭔가에 집중하면 늘 기분이 조금은 좋아진다. 정반대되는 증거도 종종 나타나지만 도파민을 적정 수준으로 유지하는 데 확실히 도움이 된다.

뛰어난 육상선수들은 자신의 기대 수준을 조절하는 방법을 안다. 그들은 우승 가능성에 대해 과도하게 흥분하지 않는다. 그랬다가는 집중력이 흐트러지기 때문이다. 우승할 자신이 없어도 그런 생각을 하지 않으려고 노력한다. 어떤 식으로든 기대 수준을 조절하려면 꼬리표 붙이기나 재해석과 더불어 유능한 연출자가 필요하다. 일단 멈춰서 정신 상태를 잘 관찰하면 상황을 다르게 볼 수 있는 능력이 생긴다. 뛰어난 육상선수들은 자신의 주의력이 어디로 흐르는지 잘 관찰하면서 그 목적지를 섬세하게 바꿀 줄 안다. 그들의 연출자는 기대 수준이 지나치게 높아지면 흥분을 가라앉히도록 할 것이다. 순간적으로 뇌가 다른 것에 집중하도록 유도해서 말이다. 연출자를 제대로 활용하려면 연출자가 어디에 있는지부터 알아야 한다. 그러려면 자신의 경험에 더 많은 관심을 쏟아야 한다. 물론 기대 수준으로 마음의 상태가 어떻게 바뀌는지 관찰하는 것도 좋은 방법이다.

폴에게 유능한 연출자가 있어서 위기 상황에서 기대 수준을 적절하게 조절했다면 상황이 어떻게 달라졌을까.

기대가 어긋날 때-장면 2

●   오후 3시

폴은 책상 앞에 앉아 새 계약을 어떻게 해낼지 묘안을 짜내고 있다. 일단 빡빡한 일정에 동의했다. 하지만 상세한 계획서를 작성하기 위해 이틀을 더 달라고 요청했다.

폴은 수식 프로그램을 열고 잠시 자신의 사고 과정에 대해 생각해본다. 아무래도 계획서 작업을 할 만한 상태가 아닌 것 같다. 이유는 모르지만 내면에서 들려오는 조용한 목소리는 예산 작업에 대해 다른 접근법을 찾아야 한다고 조언하고 있다. 그는 잠시 가게에 가서 우유를 사오기로 한다. 그곳까지 걸어가면서 차분하게 생각할 수 있을 테니 말이다. 가는 길에 문득 큰돈을 벌 수 있다고 잔뜩 들떴던 일이 기억난다. 지레 흥분하는 바람에 명료하게 판단할 수 없었던 것도 생각난다. 그는 그 점에 대해서는 더 이상은 생각하지 말기로 한다. 그리고 벌써부터 흥분하지도 말자고 다짐한다. 원래 아웃소싱 업체들 몇 곳에 계약에 대해 전화로 알려줄 생각이었지만 그러지 않기로 한다. 혹시라도 기대가 깨질 수 있으니 말이다.
폴의 연출자는 배우들이 무대에 잘못 올라가자마자 즉각 끌어내린다. 무대에서 지체할수록 끌어내리는 일이 더 어려워지기 때문이다.

폴은 집으로 돌아와 수식 프로그램을 열고 견적을 내본다. 아무래도 더 많은 아웃소싱 업체들의 도움이 필요하고 작업 시간도 평소보다 더 길어질 것 같다. 그러면 그들은 폴에게 추가 비용을 청구할 것이다. 왜냐하면 더 많은 인원을 투입해야 하기 때문이다. 그는 숫자를 입력하고 스크롤을 내려 마지막에 나온 계산 결과를 확인해본다. 결과는 적자다. 폴은 자칫하면 자신이 화가 날 것이라는 사실을 알고 있다. 그래서 그렇게 되기를 단호하게 거부하며 아직은 최초 견적에 불과하다고 자신을 다독인다. 정말로 간과한 부분이 있을지도 모른다. 폴은 간식을 먹으러 부엌으로 간다. 포도당을 더 섭취하면 뇌에서 새 회로가 잘 연결될 거라고 생각하기 때문이다.

그때 조시가 먹을 것을 찾으러 부엌으로 온다. 폴은 아들을 보자 자신의 문제를 말하다 보면 혹시라도 교착상태를 피해 갈 수 있는 신선한 시각이 떠오를지도 모른다는 생각을 한다. 폴은 아들에게 문제를 설명하는 자신의 목소리를 듣다가 묘안을 떠올린다. 도저히 이번 일에서 이윤을 낼 방법이 없다는 이야기를 하는데, 문득 좋은 생각이 떠오른 것이다. 그의 연출자는 폴이 말할 때 그의 감정을 잘 관찰하다가 그의 말이 얼마나 멍청하게 들리는지 깨달은 것이다.

'방법이 없다니, 언제나 다른 길이 있지 않은가!'
이처럼 복잡한 생각을 크게 말로 해보면 좀 더 명료하게 사고를 들여다볼 수 있다. 폴은 코딩 작업을 인건비가 더 싼 나라에 맡기면 문제를 해결할 수도 있을 거라는 데 생각이 미친다. 긍정적인 기분이 되자 이 아이디어를 열린 마음으로 대할 수 있다. 결과는 확신할 수 없지만 적어도 아이디어를 그냥 무시하지는 않는다. 마음이 호감 상태일 때는 약간의 불확실성이 있으면 실천에 옮기기가 더 쉽다. 폴은 인터넷에서 인도의 소프트웨어 업체들을 검색해 적당한 곳을 여러 군데 찾아낸다. 그는 적당한 업체로부터 신속하고 긍정적인 답변을 받는다.

잠시 후 조시가 친구를 만나러 간다고 하자 폴은 숙제를 다 했는지 물어본다. 놀랍게도 아들이 숙제를 벌써 다했다는 사실을 알고 기분이 좋아진다. 이렇게 행복한 기분이 되자 폴은 아들에게 용돈까지 준다. 그는 아들이 뛰어가는 모습을 지켜본다. 조시는 기대했던 대로 친구를 만날 수 있어 행복하다.

미셸이 학교를 마치고 집으로 온다. 미셸은 학교에서 미술 점수를 잘 받았다는 이야기를 꺼낸다. 폴의 칭찬에 미셸은 환한 웃음을 짓는다. 미셸은 기분이 좋아져서 저녁은 자신이 하겠다고 한다. 그러자 폴은 저녁거리를 사오겠다고 한다. 그 결과 부녀는 함께 보낼 시간이 늘어난다. 정말 끝내주는 하루다!

2막까지 읽은 지금, 당신은 감정을 조절할 수 있는 세 가지 기술을 익혔을 것이다. 어느 기술이든 당신 안의 연출자를 깨우고 현재에 집중하라고 충고한다. 그래야 무대에 빈 공간을 늘릴 수 있기 때문이다. 감정의 정도가 평균이라면 꼬리표 붙이기만으로도 충분하다. 그러면 확실성을 늘리고 변연계가 받는 자극을 줄일 수 있다. 하지만 좀 더 강렬한 감정에 대해서는 사건이나 상황을 달리 바라보는 재해석을 해야 한다. 그렇게 해서 확실성과 자율권이 높아지면 감정을 확실하게 누그러뜨릴 수 있다. 자극이 갑자기 치솟지 않으려면 현 상황에 대해 올바르게 인식해서 이를 바탕으로 새로운 기대 수준을 선택함으로써 기대를 적절하게 조절하면 된다. 이 세 가지 기술은 유능한 연출자가 있으면 더욱 발전할 것이며, 거꾸로 이 기술들을 활용할 때마다 연출자의 역량도 따라서 발전할 것이다. 이 세 가지 기술만 잘 익힌다면, 다시 말해 언제든지 머릿속에서 펼쳐볼 수 있는 지도로 만들어둔다면 최악의 상황에서도 압박감을 잘 견디고 냉정을 잃지 않을 것이다.

• ─ 뇌의 비밀 ─ •

- 기대는 앞으로 있을지도 모르는 보상에 뇌가 관심을 기울이는 경험이다.
- 기대는 뇌가 인지하는 데이터를 바꾼다.
- 뇌가 들어오는 데이터를 기대에 맞춰 변형하거나 기대에 맞지 않으면 무시하는 일은 흔히 일어난다.
- 기대가 뇌의 기능도 바꿀 수 있다. 적절한 수준의 기대는 모르핀을 투여했을 때와 비슷한 효과를 낸다.
- 기대는 사고와 학습에 중추적인 도파민 회로를 활성화한다.
- 기대가 충족되면 도파민 수치가 약간 높아지고, 그 결과 약간의 보상 반응도 나타난다.
- 기대가 과도하면 도파민 수치가 뚝 떨어지면서 강렬한 위협 반응이 나타난다.
- 경험을 바꾸고 도파민 수치에 영향을 미치는 기대 사이의 역동적 관계는 뇌에서 상향식이나 하향식 확산을 유발한다.
- 좋은 일을 기대하면 일반적으로 건강한 도파민 수치를 얻을 수 있다. 이는 행복감을 의미하는 신경화학 반응이기도 하다.

• ─ 일 잘하는 뇌 만들기 ─ •

- 어느 때나 자신의 기대 수준을 유심히 관찰하라.
- 기대 수준을 조금 낮게 잡으라.
- 긍정적인 마음을 유지하려면 항상 기대 수준보다 조금이라도 앞설 수 있는 방법을 찾으라.
- 긍정적인 기대가 깨졌다면 상황을 재해석하라. 도파민을 잘못 다루는 주체는 당신이 아니라 당신의 뇌임을 기억하라.

제3막

COLLABORATE WITH OTHERS
협력 조달 뇌

[뇌에 대한 궁금증]

- 사회적 관계가 뇌에도 영향을 미칠까?
- 동료들 사이에 느끼는 친밀감이 조직의 성과를 올리는 데 얼마나 중요하게 작용할까?
- 공정하다는 느낌이 주는 업무적 효과는?
- 자존감이나 지위감이 주는 업무적 효과는?

혼자서 일하는 사람은 드물다. 따라서 타인과 협력하는 능력이야말로
어느 분야에서든 중요한 부분을 차지한다. 하지만 사회에서 인간관계는
끔찍한 충돌의 원인이 되기도 한다. 인간관계는 겉보기에 아무런 규칙도 없어 보여서
숨어 있는 인간관계의 규칙을 제대로 이해하지 못하는 사람이 많은 것도 사실이다.
사람들 사이의 문제는 뇌의 기본 욕구를 좀 더 광범위하게 이해하면 줄여나갈 수 있다.
음식이나 물, 은신처와 확실성에 대한 욕구 이외에도 뇌에는 '사회적 욕구'라는 것이 있다.
이 욕구가 채워지지 않으면 사람은 금세 위협감을 느끼는데,
이 감정 때문에 사람들 사이의 충돌이 빚어지기도 한다.

적을 내 편으로

조직은 오케스트라

• 　　　　　오후 2시

에밀리는 방금 점심 미팅에서 지속 가능성에 관한 회의의 승
인을 받았다. 사무실로 돌아온 에밀리는 수화기를 들고 장기
기억에 저장돼 있는 전화번호들을 떠올리며 전화를 건다. 때
맞춰서 자신의 팀원들도 전화회의에 참석하게 한다. 일부러
전화번호를 찾을 수고를 덜었기 때문에 주의력을 절약할 수
있었다. 그 에너지를 현재에 집중하면서 생각의 흐름을 잘 읽
고 연출자를 깨우는 데 투입한다. 그런데 아이디어를 무대 위

로 불러올리려면 몇 시간 전보다 더 시간이 걸린다는 사실을 알아차린다. 그러자 자신의 마음 상태에 맞는 단어를 떠올리려고 애쓴다. 마침내 '기진맥진'이라는 단어를 떠올린다. 이처럼 꼬리표 붙이기를 하자 마음이 다시 진정된다. 마음 깊은 곳에서 또다시 불편한 감정이 고개를 쳐들지만 이번에는 그 감정을 정의할 적당한 단어가 떠오르지 않는다. 이 모든 생각이 전화회의 시스템에 저장돼 있는 메시지들을 불러내는 몇 초 동안 떠오른 것이다.

콜린, 리사와 전화가 연결되었다. 대화를 하던 두 사람은 에밀리가 말을 시작하자 말문을 닫아버린다. 어색한 침묵이 흐르기 시작한다. 세 사람은 원래 직급이 같았기 때문에 전에는 밤늦게까지 회의 준비를 함께하곤 했다. 에밀리는 오랜 친구들이 부하직원이 된 상황이 어색하다. 왠지 불안감이 일어나는 것 같다. 에밀리는 어떻게든 상황을 재해석하려 하지만 집중할 수가 없다. 잠시 후 오늘 아침에 고용한 조앤이 전화회의에 합류하자 거기에 정신이 팔린다.

에밀리는 회의 진행에 집중하면서 생각을 모으려 한다. 먼저 의제부터 설명한다. 지속 가능성에 관한 회의를 진행할 담당자를 선정하고, 조앤을 소개시키고, 팀원들이 정기적으로 만날 일정을 짜야 한다고 말한다. 그녀는 모두가 한 팀이라는 일체감을 느끼기 바란다. 즉, 이전에 회의를 진행했던 사람들을 관리할 때 그녀가 느꼈던 공동체 의식 말이다. 하지만 팀원들이 전국에 흩어져 있다 보니 개인적으로는 만날 기회가 별로 없다. 게다가 각자 당장 진행하는 회의가 있다. 한편으론 지금도 팀원들 사이에 경쟁의식이 감도는데 새로운 직원을 소개하면 어떤 반응을 보일지 불안하기도 하다. 이처럼 경계 신호가 슬그머니 울렸지만 에밀리는 그 신호를 듣지 못한다.

"여러분, 조앤을 소개합니다. 조앤은 내가 담당하던 회의들을 넘겨받을 예정입니다."

에밀리는 잠시 말을 쉬고 심호흡을 한다.

"조앤은 이전에도 대규모 회의를 성공적으로 진행한 경험이 있습니다. 그 점을 높이 사서 조앤을 채용했습니다."

그러자 리사가 한숨을 쉰 것 같은데 확실하지는 않다.

"만나서 반갑습니다."

조앤이 모두에게 인사를 한다. 이제 핵심 의제로 넘어가야 한다. 에밀리는 지속 가능성에 관한 회의를 담당할 사람을 선정해야 한다고 말하지만 다들 묵묵부답이다. 할 수 없이 에밀리가 먼저 말을 꺼낸다.

"콜린, 당신은 나와 가장 오랫동안 함께 일했어요. 당신 생각에는 누가 적임자일 것 같아요?"

"리사는 그 회의에 적합하지 않은 것 같습니다. 리사는 복잡한 것보다 아름답게 조직된 시스템을 더 선호하니까요."

사실 콜린과 리사는 이제껏 사이가 별로 좋지 않았다. 그런 상황을 감안하더라도 에밀리는 콜린의 대답에 놀라지 않을 수 없었다. 콜린은 유머감각을 발휘한다는 듯 짐짓 가벼운 어조로 말했지만 그 말에 웃은 사람은 콜린 자신뿐이다. 자신의 말에 리사의 변연계가 격하게 반응할 줄은 꿈에도 모른 채 콜린은 말을 이어간다.

"게다가 이런 CEO 회의에 신참을 넣는 것도 옳지 않은 것 같습니다. 대형 이벤트 아닙니까?"

그러자 조앤이 발끈해서 끼어든다.

"말씀을 끊고 싶지는 않지만 제가 지난번에 진행한 회의도 이와 비슷한 규모였습니다."

리사도 가만히 있지 않는다.

"콜린, 회의 규모에 관해서는 당신도 할 말이 없잖아요."

리사의 말을 들은 콜린은 자신이 지난 회의에서 돈을 잃어버린 일을 비꼬는구나 싶어 기분이 안 좋다. 에밀리는 모두의 관심을 지속 가능성에 관한 회의로 되돌리려고 하지만 소용이 없다. 에밀리는 일단 회의를 일찍 마치고 일대일로 이 문제를 풀어보기로 한다.

에밀리는 회의 결과가 몹시 실망스럽다. 다들 왜 이러는지 도무지 알 수가 없다. 특히 콜린에게 화가 난다. 콜린이야말로 신뢰할 만한 직원이라고 자신했기 때문이다.

'콜린이라면 신참에게 부정적인 경험을 심어줘서는 안 된다는 걸 누구보다 잘 알 텐데. 적임자를 찾는 일이 얼마나 어렵고 중요한지 모른단 말이야?'

이렇게 강렬한 감정적 경험은 에밀리의 해마와 편도에 확실하게 각인된다. 앞으로 콜린을 보거나 떠올리면 오늘 회의부터 기억날 것이다. 에밀리는 친구라고 생각했던 콜린을 앞으론 다르게 대해야겠다고 다짐한다. 그녀의 생각은 조앤으로 넘어간다. 조앤이 그만두겠다고 할까 봐 걱정스럽다. 걱정을 하니 불확실성이 증가하고, 그 결과 기분은 더욱 나빠진다. 30분 만에 일이 너무나 커져버려서 무척 혼란스럽고 어찌할 바를 모르겠다.

오늘날은 무슨 일을 하든지 주변 사람들과 협력하지 않으면 성공하기 어렵다. 더욱이 컴퓨터나 공학처럼 논리적인 시스템을 중심으로 일하는 사람들은 사람을 다루는 일이 혼란스럽고 불확실하면 금세 압도당하고 만다. 하지만 사회생활을 성공적으로 이끌어나갈 수 있는 규칙이 있다. 바로 사회는 매 순간 우리가 존재하는 데 매우 중요하다는 사실이다. 매슈 리버먼은 "뇌가 쉬고 있을 때 그 배경에서 이뤄지는 사고 작용 다섯 가운데 넷은 타인과 자신에 대한 생각이다."라고 말한다.

에밀리는 뇌가 지닌 사회적 속성에 기습 공격을 받은 셈이다. 그녀는 변연계가 사회적 환경에 얼마나 밀접하게 적응하는지 전혀 모른다. 사람들은 사회적 실마리를 얼마나 오해하기 쉬운지 잘 알지 못한다. 긍정적인 사회적 정보가 없을 때 사람들이 흔히 맺기 쉬운 상호작용은 타인을 쉽사리 불신하는 것이다. 뇌가 이런 상태면, 즉 변연계가 과도하게 활성화돼 있으면 농담이 모욕으로 들리고, 그 모욕은 공격이 되고, 그 공격은 결국 충돌을 부른다. 앙심을 품고 있는 한 생산적이고 목표 지향적인 사고는 더이상 지속하기가 어렵다. 그리고 그 앙심은 한참을 간다.

에밀리는 회의를 성공적으로 진행하려면 무엇을 해야 하는지 잘 알고 있다. 예산과 협력 업체를 잘 관리하고 홍보에 만전을 기해야 하며 조직 구성원을 잘 다독여야 한다. 클래식 음악가가 재즈를 배울 때처럼 에밀리도 이제부터 남들과 협력해서 업무를 진행하는 규칙을 새로 배워야 한다. 이번 장에서 에밀리는 적을 친구로 바꾸는 방법을 배울 것이다.

뇌는 사회적 동물이다

만약 당신이 늑대라면 당신의 뇌는 대부분 야생에서 먹을 것을 구하는 일에 집중할 것이다. 아마도 물리적인 풍경과 상호작용을 하기 위한 복잡한 지도들을 가지고 있을 것이다. 멀리 있는 먹이의 냄새를 맡거나 어둠 속에서 보금자리를 찾아가는 지도 말이다. 사람의 경우 특히 어릴 때는 야생이 아니라 주위 사람들한테서 먹을 것을 구해야 한다. 그렇기 때문에 인간의 뇌 피질 안에서 터줏대감은 막대한 양을 사회적 세계에 할애한다. 당신이 사무실에서 일한다면 주변 동료 10명을 눈을 감고 떠올릴 수 있다. 그들과 당신 그리고 그들끼리의 관계가 얼마나 중요한지, 오늘 기분은 어떤지, 믿을 수 있는지, 그들에게 어느 정도 호의를 베풀수 있는지 등도 생각해볼 수 있다. 사회적 연결망에 관한 당신의 기억은 실로 방대하다.

사회신경과학자들은 인간의 뇌에는 사회적 네트워크가 있다고 생각한다. 이것은 당신이 뭔가를 보거나 움직이거나 들을 때 사용하는 네트워크와도 흡사한데, 이는 당신을 둘러싼 사회와 상호작용을 하기 위해 꼭 필요하다. 뇌에 이런 네트워크가 있기 때문에 당신은 타인을 이해하고 교류할 수 있다. 그리하여 자신을 이해하고 제어할 수도 있다. 사회적 네트워크에는 이미 언급했던 내측전전두피질, 좌우외배측전전두피질, 전대상피질, 뇌섬엽, 편도와 같은 부위들이 관련돼 있다. 이러한 사회적 네트워크는 우리가 가지고 태어나는 것이다. 태어난 지 겨우 몇 분밖에 되지 않은 신생아들에게 사람의 얼굴을 담은 여러 사진을 보여주면 반응을 보인다. 아직 말도 하지 못하는 생후 6개월짜리 영아도 질투처럼 고도의 사회적 감정을 경험한다.

이런 내용을 종합해보면 뇌에는 사회적 문제가 중요하다는 것을 알 수 있다. 그것도 아주 많이 말이다. 사회적 욕구가 1차적 위협과 보상의 카테고리에 들어 있다고 확신하는 과학자들도 있다. 음식과 물만큼 사람이 생존하는 데 꼭 필요한 욕구이기 때문이다. 1960년대에 에이브러햄 매슬로는 그 유명한 '욕구 단계 이론'을 개발했다. 그는 이 이론으로 인간의 욕구에도 충족 순서가 있는데, 신체적 생존에서 시작해 사다리를 계속 올라가면 자기실현 욕구에 도달한다고 주장했다. 사회적 욕구는 중앙에 위치해 있다. 그런데 매슬로가 틀렸을 수도 있다. 뇌가 기본적인 생존을 위해서 사용하는 네트워크를 활용해 사회적 욕구와 상호작용한다는 사실을 보여주는 연구가 많기 때문이다. 굶주릴 때나 따돌림을 당해도 동일한 네트워크가 활성화돼 위협과 고통 반응이 일어난다.

사회적 세계를 다루는 제3막의 시작점에서 에밀리는 타인과의 관계에서 안전함을 느끼고 싶어 했다. 그것은 주변 사람들과 연결되고 관계되고 싶은 기본 욕망이다. 관계돼 있다는 느낌은 뇌에 주어지는 중요한 보상이다. 이런 느낌이 사라지면 뇌는 위협을 느낀다. 관계감은 어떤 그룹에 소속돼 있다는 느낌이자 결속력이 단단한 팀의 일원이라는 느낌이다. 에밀리는 자신이 직접 회의를 진행했을 때는 이런 느낌을 경험했다. 하지만 이제 그녀의 팀에서는 이런 느낌을 맛볼 수 없다.

뇌 안의 거울들

뇌가 타인과의 관계에 감정을 불러일으키는 방법은 1995년에서야 밝혀진 놀라운 연구 결과로 설명할 수 있다. 에밀리의 전화회의는 엉망이 되었다. 왜냐하면 참가자들이 동료들과 전화로 대화하다 보니 서로의 마음을 오해했기 때문이다. 동료들은 농담처럼 말했던 콜린을 오해하고 말았고, 여기서부터 삐걱거리기 시작했다. 얼굴을 마주 보고 나누는 대화였다면 콜린의 농담에 모두 와자지껄 웃음을 터뜨렸을 것이다. 하지만 콜린의 표정이나 몸짓을 못 보는 상태에서 사람들은 그의 의도를 오해하고 말았다. 뇌는 전화로 연결되는 방식에 익숙하지 않다. 뇌는 타인의 감정 상태와 의도를 직접적으로 모방할 수 있을 때 다른 뇌와 가장 잘 연결된다. 바로 '거울신경mirror neuron'을 통해서 말이다.

이탈리아의 신경과학자로 파르마대학에 재직 중인 지아코모 리촐라티가 발견한 거울신경은 인간이 타인과 연결되는 방식에 대한 새로운 이해의 지평을 열었다고 해도 과언이 아니다. 리촐라티는 다른 사람들이 의도적 행동을 하는 모습을 볼 때 뇌의 전역에 퍼져 있는 거울신경에 불이 들어온다는 사실을 밝혀냈다. 당신이 누군가 과일을 먹으려고 집어드는 모습을 봤다고 하자. 그러면 당신의 거울신경에 불이 들어온다. 당신이 과일을 먹을 때 불이 켜지는 바로 그 신경이다.

이 신경의 특징은 특정한 의도를 감추고 있는 행동을 볼 때만 불이 들어온다는 점이다. 무작위적인 행동은 그렇지 않다. 이를 보면 거울신경은 타인의 의도, 즉 그들의 목표와 목적을 뇌가 이해해서 그들과 연결돼 있다는 감정을 느끼는 메커니즘인 것 같다. 네덜란드의 유명한 거울신경 연구자인 크리스티안 키저스는 이렇게 말했다.

"우리 뇌는 공유된 회로를 통해서 타인을 이해하는 것 같다. 다른 사람이 어떤 행위를 하는 장면을 목격하면 운동피질에서 그와 같은 행동을 담당하는 회로가 활성화된다. 누군가 유리잔을 든다. 그러면 당신의 뇌도 같은 행동을 한다. 타인의 목표를 직관적으로 이해할 수 있는 것은 바로 이런 능력 덕분이다."

UCLA의 미렐라 다프레토가 진행한 자폐증 연구는 거울신경의 중요성을 밝힐 수 있는 실마리를 더 많이 찾아냈다. 자폐증이 있는 사람은 마음의 장님으로 여겨진다. 그들은 타인의 생각이나 감정, 의도를 정확하게 해독할 수 없다. 그래서 사회적인 실수를 범하고 만다. 요즘은 거울신경이 자폐증과 관계 있다고 생각하는 과학자가 많다. 더불어 자폐증은 거울신경이 손상된 증상이라는 사실을 보여주는 연구도 속속 발표되고 있다.

키저스는 거울신경이 타인의 의도에 대한 직접경험을 제공하는 과정을 이렇게 설명한다.

"우리가 타인의 표정을 볼 때 어떤 일이 일어날까? 우리는 운동피질에서 같은 표정을 만드는 회로를 활성화한다. 그런데 이 정보를 감정 변화에 관여하는 뇌섬엽까지 전달한다. 내가 당신의 표정을 읽는다면 얼굴의 움직임을 읽을 것이다. 그러면 내 얼굴에서 같은 반응을 일으키는 운동 반응이 일어난다. 즉, 누군가 미소 짓는 모습을 보면 미소가 나오는 것이다. 이는 당신의 감정 중추들에도 영향을 미쳐서 당신 앞에서 어떤 표정을 지은 사람의 감정을 공유하게 되는 것이다."

바로 여기에서 에밀리가 겪은 문제의 원인이 등장한다. 전화회의에서는 상대방의 표정을 읽을 수 없기에 감정도 읽을 수 없다. 의사소통에서 사회적 실마리가 없으면 상대방의 의도를 오독할 가능성이 커진다. 우리는 이메일을 읽다가 오독을 하거나 맥락에 맞지 않는 단어로 골치를 썩인 경험이 있다. UCLA에서 거울신경을 연구하고 있는 마르코 이아코보니는 "상대를 많이 보면 볼수록 상대의 감정에 맞출 수 있다. 전화 통화보다는 비디오 영상이, 비디오 영상보다는 실제 상호 교류가 더 낫다. 우리는 몸짓이나 특히 표정과 같은 시각정보에 반응하기 때문이다."라고 설명한다.

만일 눈여겨볼 상황적 단서가 없으면 사람들은 타인의 감정 상태에 공감할 수 없다. 이와 반대되는 현상도 참이라는 사실을 보여주는 연구가 많다. 상황적 단서가 풍부하면 설령 위기 상황이라 해도 타인과 더 풍요로운 관계를 맺을 수 있다. 가령 상황적 단서가 풍부하면 감정 정보는 전염이라도 되는 듯 빠른 속도로 사람들 사이로 퍼져나간다. 한 팀 내에서 가장 강렬한 감정은 동심원처럼 퍼져나가서 인식하지도 못하는 사이에 모두 같은 감정에 휘말리게 된다는 연구 결과도 있다. 강렬한 감정은 사람들의 관심을 끈다. 사람들이 관심을 보낸 것은 거울신경을 활성화한다. 같은 방식으로 상사의 감정은 부하직원들에게 전염될 수 있다. 상사는 다른 직원들의 관심을 더 많이 받기 때문이다. 상사가 웃는 모습을 본다면 당신의 뇌도 그 웃음을 모방한다. 그러면 당신도 웃는다. 그 모습을 본 상사가 다시 웃음으로 답한다. 선순환이 되고 상향적 확산이 일어난다. 각자가 거울 기능을 통해 웃음을 불러일으킨 것이다. 거울신경은 지도자가 자신의 스트레스 수준을 좀 더 신경 써서 관리해야 하는 이유이기도 하다. 왜냐하면 그의 감정이 실제로 타인에게 영향을 미치기 때문이다.

전화회의에서 리사가 발끈하며 가장 강렬한 감정을 보였다. 다른 사람들도 비슷한 느낌을 받았다. 얼굴을 보면 뇌가 타인의 뇌 상태를 모방하는 데 도움이 된다. 하지만 얼굴을 보지 못해도 음성 실마리를 통해서 거울신경이 활성화된다. 그런데 음성 실마리는 더 강렬한 비호감 상태를 유발한다. 설상가상으로 비호감 상태가 호감 상태보다 더 쉽게 발생한다는 점을 잊어서는 안 된다. 크리스티안 키저스는 이렇게 말한다.

"타인과 잘 협력하고 싶다면 그 사람이 어떤 상태에 있는지부터 이해해야 한다."

거울신경은 뇌가 타인의 의도와 감정을 알아내는 방법이다. 이 신경을 통해 협력을 하든 문제를 일으키든 타인에 대해 어떤 반응을 보일지 결정하는 것이다.

친구 혹은 적

그 어느 때보다 상호간에 밀접하게 연결돼 있는 현대의 세계에서 협력의 중요성이 점점 커지는 반면, 이에 반한 움직임인 '굴뚝형 사고방식silo mentality(위에서 시킨 대로만 하는 타성적 사고방식)'도 증가하고 있다. 즉, 사람들은 거대한 조직 안에서 자신이 속한 부서나 팀원끼리만 협력할 뿐 정보를 더 넓게 공유하지 않는다. 원래 인간의 본성이 그렇기 때문이라고 치부할 수도 있다. 사람은 본래 가까운 동료들과 안전한 무리를 이루어 그 안에서만 교류함으로써 잘 모르는 사람을 피하려는 경향이 있다. 뇌는 잘 모르는 사람과 협력할 경우 위협을 느끼기 때문이다. 아마도 작은 그룹에서 몇백만 년을 살다 보면 타인에 대해 자동적으로 믿을 수 없는 사람이라고 반응하게 될 것이다. 자원이 희박해서 평균 수명이 고작 20세에 불과했던 시절이라면 이런 생존 전략이 통했을 것이다. 하지만 지금은 이런 반응이 필요 없을뿐더러 오히려 짐만 될 것이다. 특히 팀원들의 결속력을 다져야만 하는 조직 안에서는 더욱 그렇다.

사람들이 협력하기 어려운 중요한 이유가 있다. 뇌가 어떤 상황이든 자동적으로 잠재적인 보상이나 위협으로 분류하는 것처럼 사람도 누구를 만나든 친구나 적으로 판단해버리는 것이다. 무의식적으로 말이다. 저 남자와는 더 많은 시간을 보낼 것인가(길거리에서 본다면 남자를 '향해' 다가갈 것인가)? 아니면 피할 것인가(남자가 오는 것을 보면 아예 '건너편으로' 가버릴 것인가)? 그런데 여기에 바로 문제가 있다. 사람들은 모르는 사람에 대해서 적이 아니란 사실이 입증될 때까지 적으로 분류하는 경향이 있다. 바로 이것이 전화회의를 하면서 에밀리가 겪은 위기 상황의 핵심이다. 팀원들은 동료를 오해하는 것도 모자라 친구가 아닌 적으로, 즉 강렬하게 위협의 대상으로 느낀 것이다.

친밀감과 옥시토신

사람들은 자신이 생각하기에 자신을 좋아하는 사람, 즉 친구라고 여기는 사람에 대해서 생각할 때 사용하는 뇌의 회로와 자신과 다르다고 보는 사람, 즉 적이라고 여기는 사람에 대해서 사용하는 뇌의 회로가 다르다. 당신의 뇌가 누군가를 친구라고 여기면 당신이 자신의 경험에 관해 생각할 때 사용하는 뇌의 부위로 그 사람과의 상호작용을 처리한다. 누군가를 친구라고 여기기 시작하면 호감 반응이 나타난다. 그 결과 무대 위에는 새로운 아이디어가 올라올 공간이 더 넓어진다.

자신의 사고와 감정, 목표를 다른 사람과 함께하면 옥시토신이라는 유쾌한 화학물질이 분비된다. 이것은 아이가 태어난 순간부터 엄마와 신체 접촉을 할 때 경험하는 화학적 반응과 동일하다. 옥시토신은 두 사람이 함께 춤을 추거나 음악을 듣거나 화기애애하게 대화를 나눌 때 분비된다. 안전한 연결성과 연관된 신경전달물질이다.

2005년 6월 《네이처》에 옥시토신이 함유된 스프레이를 사람들에게 나눠주었더니 사람들의 신뢰도가 증가했다는 결과를 밝힌 논문이 실렸다. 이 논문에는 인간이 아닌 포유류의 경우 "옥시토신 수용기가 짝짓기와 모성애, 성행위를 비롯해 일반적인 사회적 애착을 포함하는 행동과 연관된 뇌의 여러 부위에 퍼져 있다."고 나와 있다. 그리고 보면 옥시토신이 분비되는 상황이 아니라면 자연히 타인을 배척하고 적으로 치부하는 경향은 인간의 동물적 본능에서 나온 것 같다. 그래서 워크숍을 시작할 때 사회자나 교관들이 분위기 메이커를 자청하고, 카운슬링이나 고객 서비스 혹은 세일즈 교육 매뉴얼에서도 '친밀감 형성하기'를 우선으로 삼는 것이다.

긍정심리학 연구를 보면 평생 행복을 증가시키는 경험은 단 하나뿐이다. 돈을 많이 버는 것? 건강? 결혼이나 자식을 갖는 것? 아니다. 유일하게 사람을 행복하게 하는 것은 사회적 관계의 질과 범위다. 프린스턴대학의 대니얼 카너먼은 자신의 연구에서 여성들에게 가장 하고 싶은 것이 무엇인지를 물었다. 그러자 놀랍게도 배우자나 아이에 관한 것이 아니라 친구를 사귀고 싶다는 대답이 가장 많았다. 뇌는 양질의 사회적 관계, 즉 안전한 관계성을 확보할 수 있는 환경에서 더 잘 작동한다. 행복은 단지 적절하게 분비된 도파민의 결과가 아니라 옥시토신에 적당히 취한 상태이기도 하다.

친구는 삶에 이득을 준다

긍정적인 사회적 관계를 많이 맺으면 행복지수만 올라가는 것이 아니다. 일도 잘할 수 있고 수명도 연장할 수 있다. 시카고대학의 존 T. 카치오포 교수는 인간이 사회적으로 활동하면서 사회가 뇌의 기능에 영향을 미치는 방식을 연구했다. 그는 50세에서 68세 사이의 229명을 대상으로 한 연구에서 외로운 사람과 건강한 사회적 관계를 맺고 있는 사람 사이에 혈압이 30만큼이나 차이가 난다는 사실을 발견했다. 또한 외로운 사람은 뇌졸중과 심장병으로 사망할 위험도 현저히 증가할 수 있다. 카치오포 교수는 이 연구 자료를 분석해 고독은 사회가 일반적으로 알고 있는 것보다 더 위험할지도 모른다는 결론을 내렸다. 그의 말을 들어보자.

"고독은 위협 반응을 유발한다. 고통이나 갈증, 배고픔, 두려움과 같은 반응이다."

타인과 긍정적인 방식으로 연결된다는 것, 즉 관계감을 느끼는 것은 먹고 마시는 것처럼 인간의 기본적인 욕구다. 혹시 당신은 지금 '타인은 지옥'이라고 생각하는가? 그렇다면 사회적 고립은 뇌가 선호하는 상태가 아니라는 점을 꼭 기억하라. 친구가 있으면 뇌에 각인된 생물학적 위협 반응을 줄일 수 있다. UCLA에서 사회신경과학을 연구하는 나오미 아이젠버거는 사회적 지지가 늘어나면 여러 위협 요소에 대해 무턱대고 반응하지 않기 때문에 잠재적인 스트레스에 대한 완충지대를 가진 것과 마찬가지라는 사실을 알아냈다.

"세상에 자기 편이 많은 것 같다고 대답한 사람일수록 거절이나 스트레스에 더 둔감했다."

자기 편이 많은 사람들, 즉 사회적 지지 네트워크가 탄탄한 사람들은 위협이 줄어들면 자연히 무대에 쓸 자원을 좀 더 확보할 수 있다. 즉 사고하고, 계획하고, 감정을 조절할 수 있는 자원이 늘어난다. 주변에 친구들이 있으면 생각을 더 잘할 수 있다. 그뿐 아니라 신선한 관점에서 상황을 새롭게 볼 수도 있다. 타인의 눈으로 상황을 볼 수 있기 때문이다.

또한 친구는 무엇보다 중요하지만 인지적으로 에너지를 가장 많이 소비하는 감정 조절 도구인 재해석을 대신해줄 수도 있다. 이와 같은 원리로 주변에 믿을 만한 사람이 있으면 통찰력을 더 잘 발휘할 수 있다. 그들 덕분에 사고의 폭이 넓어지고 자신의 사고를 찬찬히 돌아볼 수 있기 때문이다. 이런 일들은 타인을 적이 아닌 친구로 볼 때 훨씬 잘 이루어진다.

친구가 있으면 뇌가 변화한다. 소리 내어 말할 기회가 더 많아지기 때문이다. 배운 것을 큰 소리로 반복하면 학습 속도와 내용을 다른 상황에 적용하는 능력이 더 증가한다는 실험 결과도 있다. 생각을 소리 내서 말하면 머릿속에만 있을 때보다 기억과 언어 영역, 운동 중추를 비롯해 여러 부위가 더욱 활성화된다. 이것이 바로 '활성화 확산'이라고 부르는 과정이다. 활성화 확산이 일어나면 나중에 뭔가를 기억하기가 더 쉽다. 왜냐하면 더 광범위한 연결의 흔적을 남겨놓기 때문이다.

적대감은 고통이다

최근에 나는 뉴욕에 사는 친구의 초대로 파티에 참석했다. 그 친구 외에는 아는 사람이 아무도 없을 파티였다. 나는 늦게 도착했는데, 그때쯤이면 친구가 당연히 있을 것이라고 생각했다. 하지만 친구는 없었다. 그 파티는 이론적으로는 환상 그 자체였다. 참석자들은 내가 좋아하는 타입이었고 파티 장소도 아름다웠다. 음악도 좋고 음식도 맛있고 마실 것도 충분했다. 하지만 그곳에는 내가 아는 사람이 단 한 명도 없었다. 그 때문에 나의 위협 수치는 가파르게 상승했다. 내 뇌는 내가 적밖에 없는 곳으로 제 발로 걸어 들어갔다고 여겼다. 길고도 긴 5분이 흘렀다. 아무렇지도 않은 척하려고 고군분투하고 있는데 마침내 친구가 도착했다. 곧 나의 위협 수치는 급격하게 떨어졌다. 친구는 나를 몇몇 사람들에게 소개했다. 그러자 그 수치는 더욱 곤두박질치는 것이 아닌가. 1시간 후 나는 여섯 그룹의 사람들과 이야기를 나눌 수 있었다. 그날 밤은 정말 아름다운 밤이었다. 이 상황은 설령 적으로 오해한 사람들 사이에서도 호전적 반응이 얼마나 큰 영향을 미치는지 잘 보여준다.

누군가를 적으로 보면 뇌의 기능은 완전히 바뀐다. 적이라고 생각한 대상과 상호작용을 할 때는 경험을 처리할 때 사용하는 뇌의 부위들을 전혀 쓰지 않는다. 어떤 연구에 따르면 누군가를 경쟁자로 여기는 순간부터 당신은 그 사람에게 공감할 수 없다. 공감을 못하면 옥시토신도 분비되지 않는다. 즉, 협력으로 느낄 만한 유쾌한 감각도 느끼지 못한다.

누군가를 적으로 여기면 지능마저 떨어질 수 있다. 케빈 옥스너는 "과거에 충돌한 적이 있는 사람과 사업을 하려 한다고 생각해보라. 어쩌면 자꾸 그 사람이 당신의 여자 친구에게 매력을 느낄지도 모른다는 생각까지 할지도 모른다. 일단 적으로 생각하면 그를 대하는 태도도 바뀔 것이다. 그러면 당면한 사업이 아니라 그를 대하는 태도에 모든 관심이 집중된다."고 말한다.

이 경우에 당신의 뇌는 두 가지 문제를 풀려고 애쓰고 있다. 적에게도 대처해야 하고 사업도 해야 한다. 그런데 1막에서 알아보았듯이 멀티태스킹은 여간 어려운 일이 아니다. 이 두 가지 중 어디에도 자원을 충분히 배분하지 못해서 결국 실수를 범하게 된다. 실수를 하면 뇌에서 위협 반응이 더 커질 뿐이다.

적으로 간주한 사람의 감정을 읽지 못하는 것만이 문제가 아니다. 옳고 그르고를 떠나 그 사람의 아이디어라면 무조건 배제하게 된다. 누군가에게 화가 났다고 생각해보라. 과연 그 사람의 시각으로 상황을 바라볼 수 있을까? 누군가를 적으로 간주하면 그 사람의 아이디어를 거부하려는 경향이 있다. 때로는 그런 태도 때문에 손해를 보면서까지도 말이다.

누군가를 적으로 보면 우연한 연결이 형성되고, 의도를 오해하고, 쉽게 화를 내고, 그 사람의 좋은 아이디어마저 거부하게 된다. 에밀리가 리더가 된 새로운 팀에서 리사는 첫 번째 전화회의부터 콜린을 적으로 생각했다. 콜린도 리사를 적으로 보았다. 그리고 콜린과 리사는 조앤을 잠재적인 적으로 간주했다. 그 세 사람은 모두 에밀리를 적으로 보았다. 게다가 조앤은 아예 떠날 생각을 할지도 모른다. 상황이 이렇게 된 것은 새로운 직원이 들어왔다는 사실에 회의 참석자들의 감정이 지나치게 격앙되었기 때문이다. 에밀리의 가장 큰 실수는 상황적 단서가 얼마나 중요한지 몰랐다는 것이다. 그녀는 팀원들에게 까다로운 문제를 던져주기 전에 자연적으로 형성된 호전적인 상태부터 완화시켜야 한다는 것을 몰랐다.

적에서 친구로

호전적 반응은 어떻게든 피해야 할 무시무시한 괴물이지만, 정작 퇴치법은 그다지 어렵지 않다. 서로 악수하고 통성명을 한 뒤 날씨나 교통 상황 같은 평범한 대화를 나누는 정도면 옥시토신의 분비를 촉진해 친밀감을 높일 수 있다. 하지만 에밀리는 참석자들에게 인간적인 면에서 감정을 교류할 수 있는 기회도 주지 않은 채 바로 본론으로 들어갔다. 몇 분만이라도 그들에게 관계를 이룰 만한 여유를 주었다면 다른 결과를 거뒀을 텐데 말이다.

자동적으로 적으로 간주한 사람을 친구로 여기는 것은 어렵지 않다. 자신도 모르는 사이에 그런 경험을 일주일에도 몇 차례나 할 수도 있다. 그런데 안타깝게도 몇 년 동안 긍정적인 관계를 유지했던 친구가 적으로 변하는 것도 무척 쉽다. 이런 일이 에밀리와 오랜 동료들 사이에서 일어났다. 에밀리가 상사가 되면서 모두에게 적으로 간주되기 시작했기 때문이다. 에밀리도 회의가 끝나자 콜린을 더는 신뢰하지 않기로 결심했다. 몇 년이나 함께 일한 관계인데도 말이다. 누군가로 말미암아 화가 났을 때 느끼는 감정은 너무나 강렬하다. 그러므로 친구에서 적이 되는 일은 무척 강렬한 경험이 될 수 있다.

에밀리의 팀원들은 개인적으로 만날 일이 별로 없어서 상황이 더욱 복잡하다. 문화가 다르고 절대 만날 일이 없을 것 같은 사람들은 어떻게 협력할까? 이 경우에 상대방을 무조건 적으로 치부하는 태도는 사회적 시간을 함께 보냄으로써 완화시켜야 한다.

예를 들어 사진이나 비디오를 활용해 비공식적인 자리를 갖거나 사회적 네트워크를 맺을 만한 장소에서 이야기를 나누면서 팀원들끼리 개인적인 면을 공유할 기회를 가질 수 있다. 멘토링 혹은 코칭 프로그램을 활용하는 조직도 있는데, 이를 통해 관계감을 강화할 수 있다. 갤럽의 조사 결과를 보면 잡담을 장려하는 회사들의 생산성이 더 높다. 사회적 관계의 질과 범위를 높이면 어느 정도까지 생산성을 향상시킬 수도 있다. 주위에 적이 줄고 친구가 많아졌다고 느끼는 사람들이 늘어날 것이기 때문이다.

이 같은 내용을 염두에 두고 에밀리의 전화회의 장면을 다시 보자. 그녀가 사회의 중요성을 깨닫자 결과가 이렇게 달라졌다.

적을 내 편으로-장면 2

-               오후 2시

에밀리는 방금 점심 미팅에서 지속 가능성에 관한 회의를 승인받았다. 사무실로 돌아온 에밀리는 수화기를 들고 장기기억에 저장돼 있는 전화번호들을 떠올리며 전화를 건다. 때맞춰서 팀원들도 전화회의에 참석시킨다. 그리고 잠시 정신을 집중해 생각의 흐름을 읽고 연출자를 깨운다.

그녀는 아이디어를 무대 위로 불러올리기가 몇 시간 전보다 더 힘들다는 사실을 알아차린다. 그러자 자신의 마음 상태에 맞는 단어를 떠올리려고 애쓴다. 마침내 '기진맥진'이라는 단어가 떠오른다. 꼬리표 붙이기를 하자 마음이 다시 진정된다. 마음 깊은 곳에서 또다시 불편한 감정이 꼬리를 쳐들지만 그 감정을 정의할 적당한 단어가 떠오르지 않는다.

에밀리는 사회적 상황이 얼마나 민감해질 수 있는지 잘 안다. 특히 처음 만나는 자리라면 말이다. 자신을 괴롭히는 교착 상태에 대해 잠시 관심을 기울인다. 그러자 변연계에 깊이 묻혀 있는 패턴을 알 것 같다. 지금은 회로가 미약하지만 좀 더 집중하면 똑똑히 알 수 있을 것이다. 그녀는 전화기를 무음 모드로 바꿔서 잠시 생각할 시간을 번다. 순간적으로 통찰력이 떠오른다. 이번 회의가 얼마나 중요한지 깨달은 것이다. 조앤이 처음 참석하는 회의이자 에밀리가 승진한 후 처음 소집하는 회의가 아닌가. 아무래도 회의는 준비가 미흡해 제대로 진행될 것 같지 않다. 무엇보다 의제를 잘못 잡았다. 우선순위에 대해 생각해보니 팀원들이 호흡을 맞추기 전에 일체감을 느끼게 해야 할 것 같다. 자신이 기획한 회의에 대해서는 너무 밀어붙이지 말고 좀 더 편안한 분위기부터 만들기로 한다.

이 계획을 찬찬히 생각하는 동안 수십억 개의 회로가 활성화되었다. 전화가 무음으로 돌려진 몇 초 동안 모두 전화기 앞으로 모인다. 에밀리는 이제 자신감이 생겼다. 더불어 교착상태도 해결되었다. 그녀의 뇌는 지금 각성 상태면서 평온하다. 즉, 미약한 신호를 포착하기에 완벽한 상태다.

콜린과 리사는 이미 전화기를 켜두고 있다. 에밀리가 말을 시작하자 두 사람도 이야기를 끝낸다. 에밀리는 어색한 침묵을 느낀다. 만약 여기서 무작정 상황을 파악하려고 들면 좋지 않은 결과를 가져올 수도 있을 것이다.

"두 사람, 날 모함하려는 계획을 짜고 있는 거지?"

에밀리의 웃음기 가득한 말투에 모두 웃음을 터뜨렸다. 에밀리는 모두와 함께 일해왔기 때문에 그들 사이에 동료의식을 만드는 것이 얼마나 중요한지 잘 알고 있다.

잠시 후 조앤이 합류한다. 에밀리는 먼저 이번 회의에는 공식적인 의제가 없다고 밝혀둔다. 다만 완벽한 팀으로서 서로 더 잘 알고 최고의 성과를 올릴 수 있는 방법에 대해 편하게 이야기하자고 한다. 에밀리는 팀원들에게 동료를 더 잘 알 수 있는 방법에 대해 의견을 구한다. 그녀는 팀원들이 자신들의 사고에 대해 생각해보기를 원한다. 즉, 그들의 연출자를 깨웠으면 하는 것이다.

리사가 먼저 말문을 연다. 그녀는 각자 자기소개를 하고 이전에 성공적으로 진행했던 회의에 대해 이야기하면 어떻겠냐고 제의한다. 회의 처음에 콜린과 리사는 팀이 처한 낯설고 불확실한 상황에서 자신들이 얼마나 불안한지에 관해 이야기를 나누고 있었다. 새로운 팀원이 들어온 데다 동료였던 에밀리가 그들의 상사 역할을 하게 되었기 때문이다. 이런 상황에서 콜린과 리사는 위협감을 느낄 수밖에 없다. 하지만 리사는 아이디어를 제안할 기회를 얻고 그것이 선택되자 호감 상태로 바뀐다. 조앤도 각자 가족사진을 돌리면 좋겠다고 제안한다. 리사는 조앤에게도 자신의 아이들과 비슷한 나이의 아이들이 있음을 알게 된다. 게다가 대학교 동창이었다. 리사는 조앤을 자신과 비슷한 사람으로 재분류한다. 이제부터 조앤과 나누는 대화는 자신에게 하는 것과 비슷할 것이다.

마지막으로 에밀리가 자신은 사람들을 관리하는 일이 낯설다고 털어놓는다. 그러자 팀원들이 그녀에게 무엇을 원하는지 물어본다. 그리고 아이디어가 꼬리를 물고 나온다. 몇 가지 주제도 나온다. 팀원들은 개방적인 의사소통, 신뢰와 존중을 원한다고 한다. 게다가 재미도 느끼고 싶어 한다. 팀원들 사이에 공감대가 형성되자 옥시토신이 적절한 수치로 분비된다. 이번 회의는 유쾌한 회의로 기억될 것이다. 팀원들은 다음 회의도 이렇게 유쾌하리라 기대한다.

콜린이 에밀리에게 새로 기획한 회의가 승인을 받았는지 먼저 물어온다. 에밀리는 지속 가능성에 관한 회의를 이끌어 갈 적임자를 정하고 싶다고 말할 뻔한다. 하지만 지금은 마음이 더 차분한 상태이기 때문에 이 시점에서 그 이야기를 꺼내면 분위기를 망칠 수 있다는 것을 알아차린다. 그녀는 각자에게 개인적으로 생각을 물어보겠다고 말한다. 그런데 콜린이 대뜸 자신은 지난번 회의를 맡았으니 리사가 대형 회의를 진행하면 좋겠다고 제안한다. 그러자 리사는 조앤에게 업무에 더 빨리 적응할 수 있도록 함께 회의를 진행하자고 한다. 두 사람은 그러기로 의기투합한다. 팀으로 일하면 더 재미있고 좋은 아이디어도 많이 나올 것이기 때문이다. 즉석에서 적임자가 정해졌다. 팀원들은 다음 회의에서 구체적인 계획을 짜기로 하고 회의 날짜를 정한다.

첫 장면과 두 번째 장면은 순식간에 완전히 다른 이야기가 되었다. 에밀리가 자신의 사고를 포착하고 사회적 세계에 대한 명료한 언어를 사용하자 긍정적인 변화가 일어났다. 이 언어를 더욱 발전시키면 성취도를 극대화할 수 있는 더 큰 기회도 잡게 될 것이다.

• ─ 뇌의 비밀 ─ •

- 사회적 관계는 때로 음식이나 물만큼 중요한 욕구다.
- 우리는 타인의 상태를 직접 경험함으로써 상대방을 알게 된다.
- 타인과의 안전한 관계는 신체의 건강이나, 건강한 협력관계를 위해서도 매우 중요하다.
- 사람들은 타인을 적이나 친구로 분류하는데, 이때 긍정적인 실마리가 없으면 곧장 적으로 인식한다.
- 좋은 협력관계를 맺으려면 일단 친밀감부터 형성해야 한다.

• ─ 일 잘하는 뇌 만들기 ─ •

- 새로운 사람을 만날 때 위협 반응을 줄이려면 처음부터 인간적인 차원에서 관계를 맺도록 하라.
- 함께 일하는 사람들과는 개인적인 경험을 나누면서 친구가 되라.
- 주변 사람들과 협력하고 싶으면 인간적인 차원에서 관계를 맺도록 애쓰라.

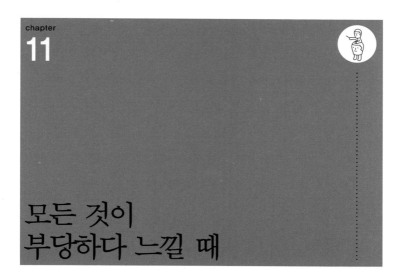

모든 것이
부당하다 느낄 때

불공평함은 불편하다

●

전화가 울린다. 폴이 평소보다 늦게 받는다. 오늘은 힘든 하루
를 보냈기 때문에 그의 변연계는 지금 잔뜩 자극을 받고 있
다. 잘못 걸려온 전화이기를 바라면서 수화기를 든다. 하지만
오늘은 끝까지 힘든 하루가 될 것 같다. 그것은 네드의 전화
였기 때문이다.

폴과 네드는 몇 년 동안 같은 컨설팅 회사에서 함께 일하다
가 독립했다. 처음에는 동업도 생각했지만 각자의 길을 가며

263

상부상조하기로 했다. 즉, 폴은 소프트웨어 전략을 수립하고 네드는 좀 더 상세한 코딩 작업을 맡기로 한 것이다. 아직까지는 이런 협력관계에 아무 문제도 없었다. 하지만 새 계약에서 네드를 빼겠다는 폴의 성급한 메일 때문에 두 사람 사이에 깊은 감정의 골이 생겨 두터운 유대관계가 깨질지도 모를 지경이다. 폴은 두 사람의 오랜 관계 때문에라도 네드와 친구관계를 회복하고 싶지만 어떻게 해야 할지 모르겠다.

"이야기 좀 해."

네드가 말한다.

"메일은 미안해. 우리 사이에 그러면 안 되는데."

폴이 사과를 하면 괜찮을까 싶어 재빨리 끼어든다.

"그건 내가 하고 싶은 말이야."

네드가 대답한다.

"그래. 그런데 문제는 말이지, 이번 계약을 아무리 검토해 봐도 규모에 비해서 마진이 너무 박해. 해외 발주보다 자네와 일하고 싶지만 어쩔 수가 없어. 나도 먹고 살아야지."

폴의 말에 네드가 흥분된 어조로 말한다.

"이봐, 우리 둘 다 바보 같은 이메일을 보냈어. 그런데 그것 때문에 전화한 게 아니야. 이번 자네의 행동은 공정하지 않은 것 같아. 나는 지금까지 자네가 곤란할 때마다 몇 번이나 도와줬어. 철야를 하면서까지 도와준 게 몇 번이야? 내가 도와주지 않았다면 자네는 지금까지 오지도 못했을 거야. 그러니 이번에 나도 끼워줘야 해. 큰 계약이잖아. 내가 합류하면 어떤 식으로든 도움이 될 거야."

폴은 네드의 말에 할 말을 잃는다. 최종 견적도 나오지 않은 상태에서 네드에게 아무런 약속도 해서는 안 된다는 걸 알고 있다. 네드가 무척 실망할 것이다. 그렇다고 네드를 끼워줄수는 없다. 손해가 날 것이 분명한데 그런 일은 생각하고 싶지도 않다.

문득 폴은 불공평하게 행동하는 사람은 오히려 네드라는 생각이 든다. 폴의 변연계가 자극을 받기 시작한다. 특히 혐오감과 같은 강렬한 감정에 활성화되는 뇌섬엽도 자극을 받는다. 이번 계약을 따내기가 얼마나 어려운지 네드는 모르는 것 같다. 시간이 갈수록 폴은 더 화가 치밀어오르고 통화를 할수록 네드도 저절로 폴의 감정을 따라간다. 폴은 감정을 억지로 숨기면서 이를 악물고 사과한다.

"미안해, 네드. 하지만 나도 어쩔 수가 없어. 혹시라도 자네가 할 일이 생기면 그때는 자네를 잊지 않겠네. 정말이야."

폴이 마침내 전화를 끊는다. 이제 네드와의 관계도 예전 같지 않을 것 같다. 뭐라 꼭 집어 말할 수는 없지만 네드의 요청에 마음이 너무나 불편하다. 그런 이야기를 꺼내다니 오히려 네드가 폴에게 불공평한 것 같다.

미셸이 거실에서 TV를 켜는 소리가 나자 폴은 깊이 생각하지도 않고 대뜸 의자에서 일어나 거실 쪽을 향해 소리 지른다.

"숙제는 다 하고서 TV를 보는 거니?"

평소의 폴이라면 이런 질문을 하지 않을 것이다. 적어도 이런 식으로는 말이다. 하지만 네드와의 통화 때문에 머릿속의 연출자가 모습을 감추었기에 나쁜 충동을 억제하기가 어렵다.

"아빠, 숙제는 하루에 1시간만 하기로 했잖아요. 8시 30분 전이면 아무 때고 내 마음대로 시간을 정해서 숙제를 하기로 했고요."

"늦게 시작하면 늦게 끝날 거야. 그러니 지금 당장 시작해."

"약속했잖아요, 아빠. 지금은 뭐라고 말씀하셔도 안 돼요. 게다가 조시도 지금 비디오게임을 하면서 빈둥거리고 있잖아요."

"그러는 너는 한심하게 있는 건 아니고?"

폴이 고개를 젓는다.

"뭐라고요? 아빠, 어떻게 그런 심한 말씀을 하세요?"

"심한 게 아니야. 나는 네 아빠야. 그러니까 숙제를 했는지 물어볼 권리가 있어."

"절 좀 그냥 내버려두세요, 제발요. 아빠 일이 안 풀리는 게 제 탓이에요? 왜 제게 화풀이를 하세요? 불공평해요."

폴의 변연계는 타인과 협력하려고 할 때 발생한 뭔가 큰일로 말미암아 자극을 받았다. 그런데 그 일은 사람들이 함께 일을 할 때 너무나 자주 겪는 것이다. 폴은 공정성도 뇌의 1차적 욕구라는 사실을 모른다. 공정성은 그 자체로도 강력한 보상 반응을 이끌어낼 수 있다. 그 반면 부당함은 강력한 위협 반응을 유발하는데, 그런 감정은 며칠 동안 사라지지 않는다. 에밀리가 적을 친구로 바꾸는 과정에서 뇌를 더욱 효과적으로 변화시켜야 했듯이 폴도 함께 일하는 사람들끼리 공정성을 유지해야 한다는 것을 잊지 않도록 뇌를 바꾸어야 한다. 공정성을 잘 다루면 폴도 더 많은 일을 더 쉽게 해낼 수 있다. 그 결과 목표에 더 쉽게 도달할 것이다.

공정성은 돈 이상의 보상

전전두피질은 어디에서든 공정성을 찾아낼 것이다. 우선 정치판을 들여다보자. 정치판에서는 공정성을 들먹이며 감정적이 되고 심지어 폭력적인 충돌도 자주 벌어진다. 이 책을 쓰다가 한번은 TV를 틀었더니 케냐의 한 여성이 소리를 치고 있었다. 그녀는 불공정하게 조작된 선거 결과를 바로잡기 위해서라면 기꺼이 죽을 수도 있다고 했다. 이렇게 극단적인 상황이 아니더라도 공정성에서 비롯된 감정은 큰 효과를 낼 수 있다. 먼 길로 돌아간 택시 기사에게 이용당했다는 생각 때문에 얼마 되지 않은 요금 차이에도 그날 기분을 망쳐버리는 것처럼 말이다. 이때 중요한 것은 원칙이다. 경제적으로 큰 이익을 챙기지 못하면서도 정의나 복수를 위해 법원에서 올바른 부정에 엄청난 돈을 쓰는 사람들을 생각해보라. 우리는 공정성을 갈망한다. 그래서 어떤 사람들은 이를 위해 평생 모은 돈과 목숨까지 내어놓기도 한다.

카네기멜런대학의 조교수인 골나즈 태비브니아는 사람들이 공정성에 대해 판단을 내리는 방식을 연구했다.

"형평성을 선호하고 부당한 결과에 저항하려는 경향은 인간의 본성에 깊이 뿌리내리고 있다."

태비브니아는 매슈 리버먼과 진행한 공동연구에서 최후통첩 게임을 이용했다. 최후통첩 게임에서는 두 사람이 함께 돈을 받아 서로 나눈다. 한 사람이 어떻게 돈을 나눌지 제안하면 나머지 사람은 그 제안을 받아들일지 말지 결정해야 한다. 만일 그 제안을 받아들이지 않으면 둘 중 아무도 돈을 받을 수 없다. 태비브니아는 "부당함에 대한 혐오감은 너무나 강렬해서 사람들은 남이 부당하게 어떤 결과를 챙기는 모습을 보느니 차라리 자신의 소득을 기꺼이 포기하려고 한다."고 말했다. 놀랍게도 20달러에서 5달러를 받는 것보다 10달러에서 5달러를 받을 때 뇌의 보상중추는 더 밝게 빛난다. 태비브니아는 이렇게 설명했다.

"다시 말해서 보상회로는 돈을 더 받지 못해도 제안이 공정하다고 여길 때 더 활성화된다."

공정성이 돈보다 더 중요할 때도 있는 것이다. 그는 이 과정이 뇌에서 어떻게 일어나는지 설명했다.

"뇌에는 1차적 보상이라고 부르는 것에 반응하는 '선조체^{striatum}'라는 부위가 있다. 선조체는 중뇌에서 다량의 도파민성 물질을 받아들이며 긍정적인 강화와 보상에 기초를 둔 학습에 관여한다. 공정한 대우를 경험하면 이 회로가 활성화된다. 이는 참으로 흥미로운 반응인데, 기존의 연구에서는 불쾌한 맛을 느낄 때 발생한 혐오감이 뇌섬엽을 자극한다고 했다. 불쾌한 맛과 혐오감에 대해서는 뇌에서 같은 부위가 처리한다. 사회적 보상과 미각적 보상을 선조체에서 모두 처리하는 것과 마찬가지다. 이런 사실로 보건대 이러한 사회적 강화물도 좀 더 1차적인 강화물과 비슷하게 뇌에 지도로 만들어져 있는 것 같다."

언뜻 생각하면 공정성은 음식이나 섹스만큼 중요한 것 같지 않다. 그렇기 때문에 사람들은 공정성을 충분히 높이 평가하지 않는 경향이 있다. 그 결과 앞에서 본 폴의 경우처럼 상대가 보이는 강렬한 공정성 반응에 대해 아예 눈을 닫아버리곤 한다. 이것도 매슬로의 욕구 단계가 틀렸다는 또 하나의 예다. 사회는 공정성과 같은 사회적 문제보다 음식 등의 생존 욕구를 더 중요시한다. 온종일 진행되는 팀 회의를 계획한 사람이 팀원들의 점심은 챙기면서도 정작 그날 일정에 대해 팀원들이 공평하게 느끼는지는 신경 쓰지 않는다. 하지만 텅 빈 위장보다 부당한 대우를 받고 있다는 느낌을 다루기가 더 어렵다는 연구 결과가 속속 밝혀지고 있다.

공정성의 기원

신경과학자 스티븐 핑커는 공정성에 대한 강렬한 보상 반응의 기원에 대한 이론을 세우고 자신의 저서 『마음은 어떻게 작동하는가』에서 소개했다. 핑커는 공정성 반응이란 원래 효율적으로 거래를 하려는 욕구의 부산물로 등장했다고 주장한다. 음식을 냉장고에 보관할 수 없었던 과거에는 음식을 저장하기에 가장 적당한 장소를 가진 사람이 다른 사람에게 공간을 질려주는 호의를 베푸는 것이었다. 이 음식물은 타인의 뇌에 앞으로 떼어줘야할 간식거리로 저장되었다. 이러한 정신적 교환은 특히 수렵·채집 시대에 중요했다. 왜냐하면 그때는 단백질원을 간간이 손에 넣을 수 있었기 때문이다. 이런 거래를 잘하려면 무엇보다 주겠다고 해놓고 주지 않는 사기꾼을 알아보는 능력이 있어야 한다. 이렇게 성능 좋은 공정성 탐지기를 가지고 태어난 사람들은 진화에서 유리했을 것이다.

요즘은 냉장고도 있고 은행도 있다. 그래서 그처럼 원시적인 방식으로 타인을 신뢰할 필요는 없다. 공정성 탐지 회로는 여전히 뇌에 존재하지만 지금은 여가 활동에서 더 자주 활성화되는 경향이 있다. 가령 아이들이 놀이를 할 때 속이는 것을 찾아내거나 어른들이 속임수 포커를 칠 때 말이다. 이런 게임을 해야 당신이 타고난 속이는 근육과 속임수 탐지 근육을 사용할 기회가 생긴다. 실생활에서 공정성은 위협이나 보상으로 인식될 수 있지만 불공정성을 찾는 일은 가족에겐 오락이 될 수도 있는 것이다.

공정의 보상과 위협

공정성과 관련해서 보상과 위협 반응을 좀 더 깊이 탐구해보자. 우선 좀 더 보편적이고 강렬한 부당함에 대한 느낌부터 살펴보자. 부당함을 인지하면 변연계가 강렬하게 자극받으면서 온갖 문제가 따라 발생한다. 한 가지 예를 들어보자. 일반화 효과는 우연한 회로가 더 쉽게 연결되는 경향이 있다. 만약 당신이 누군가를 공정하지 못하다고 생각하면 다른 사람들도 모두 부당하게 행동한다고 생각하기 쉽다. 앞에서 네드는 폴이 상부상조했던 과거를 못 본 척한다고 생각했기에 폴의 행동을 부당하게 여겼다. 한편 폴은 극도로 자극받은 상태에서 자신만 억울하다고 생각했다. 그래서 네드의 말을 오해해 적자가 나도 자신을 끼워달라고 말하는 네드가 오히려 불공평하다고 여긴 것이다.

사람들이 흔히 벌이는 다툼을 들여다보면 아무 근거도 없이 상대가 부당하게 행동한다고 여기는 경우가 많다. 그러다 보니 관련자들 사이에는 부당하다는 느낌만 강해질 뿐이다. 이 모든 문제는 상대방의 의도를 잘못 읽으면서 시작된다. 잠시 마음의 눈이 멀기라도 한 것처럼 말이다. 그 결과 우연한 회로가 연결되고 인식을 변화시키는 기대 수준의 등장으로 감정의 강렬한 하향식 확산이 일어난다.

꼬리표 붙이기는 공정성 반응을 통제할 만큼 강력하지 않다. 따라서 재해석과 같이 더 강력한 도구가 있어야 한다. 그중에서도 타인의 관점에서 상황을 볼 수 있는 능력을 키워야 한다. 하지만 재해석을 하려면 자원이 많이 필요한데, 특히 부당한 대우를 받고 있다는 생각에 사로잡혀 있을 때는 그럴 만한 여력이 없다. 게다가 적으로 간주한 사람의 관점에서 상황을 보는 것 또한 쉽지 않다. 불공정성 반응을 통제하려면 그런 반응이 일어나기 전에 재빨리 조치를 취하는 것밖에 도리가 없다.

부당함의 영향력은 대단해서 피곤하거나 변연계가 이미 과도한 자극을 받고 있을 때는 사소한 불의만 보아도 금세 발끈하기 쉽다. 따라서 이런 상황일수록 더욱 조심해야 한다. 아이 때문에 잠을 제대로 못 잔 상태에서 배우자가 집안일을 도와달라고 하면 신경질적으로 반응하기 쉽다. 일에서도 마찬가지다. 평소와 달리 일이 잘 안 풀려 힘든 상황에서 납품업자가 자신에게 바가지를 씌운다는 생각까지 들면 사소한 금액 초과에도 불필요하게 화를 낼지 모른다.

사실 공정성은 아이들을 다룰 때 자주 등장한다. 보모들은 "내 행동을 따라 하지 말고, 내가 하라고 하는 말을 따라 해!"라는 말을 입에 달고 살고 싶겠지만 아이들은 꽤 어린 나이부터 공정성에 대해 알아간다. 미셸은 불공평하게 취급받았다며 불쾌해했다. 아빠가 동생과 자신을 다르게 대한다고 생각한 것이다. 10대의 뇌는 조그만 감정적 흥분에도 강렬한 반응을 유발한다. 전전두피질 기능은 사춘기에 위축되는 경향이 있기 때문이다. 그래서 15세 아이가 10세 아이보다 감정 제어를 더 못하는 것이다. 전전두피질 기능은 10대 후반기에 접어들면서 회복되다가 20대 초반이 되면 성인의 상태에 도달한다. 이처럼 10대의 아이들은 감정 조절 능력이 부족하기 때문에 공정성에서 비롯된 보상과 협박을 더욱 강렬하게 느낀다. 10대 아이가 부모와 '문 쾅 닫고 들어가기' 실랑이를 벌이거나 10대가 유독 사회적 정의에 대해 관심을 많이 갖는 이유도 여기에 있다.

물론, 공정성에도 장점이 있다. 좋은 음식이나 생각지도 못한 보너스를 받았을 때처럼 뇌 깊숙이 자리 잡고 있는 도파민 세포를 활성화하는 쾌락적인 보상성이 그 장점이다. 공정한 반응을 경험하면 평온한 상태를 유발하는 신경전달물질인 세로토닌이 분비된다고 한다. 프로작이나 졸로프트와 같은 항우울 치료약은 뇌의 세로토닌 수치를 증가시켜주는 효과가 있다.

공정성을 경험했을 때 느끼는 감정은 타인과 안전하게 연결돼 있다는 느낌, 즉 연대감과 연관이 있다. 공정한 대우를 받았다고 느끼면 신뢰감도 생긴다. 공정한 제안을 받으면 신뢰와 협력에 대한 자기평가가 증가한다는 연구 결과도 있다. 공정한 교환에서는 옥시토닌 수치도 증가한다. 즉, 공정성을 느낄수록 도파민과 세로토닌, 옥시토신의 분비가 촉진된다. 이런 신경전달물질이 증가하면 호감 반응이 생겨서 새로운 사상에 더 관대해지거나 타인을 기꺼이 열린 마음으로 대하게 된다. 누군가와 협력하는 데 이보다 더 적절한 상태는 없다.

하지만 조직의 구조는 구성원들이 공정성보다는 불공정성을 더 느끼도록 돌아갈 때가 많다. 특히 대규모 조직일수록 더욱 그렇다. 누구나 봉급이나 업무, 투명성에 대해서 불평을 늘어놓는 것은 공정성과 관계가 있다. 대규모 감원 사태가 횡행했던 2009년,

어떤 기업에서 감원 규모를 줄이고자 임원들은 월급의 15퍼센트 삭감을, 나머지 직원들은 이보다 세 배 적은 5퍼센트 삭감을 제안했다. 그런데 임원들의 경우 월급의 15퍼센트 삭감이 연봉의 몇천 달러에 달하는 금액이기는 하지만 정작 수천만 달러에 달하는 보너스에는 해당되지 않았다. 이 사실을 알고 직원들은 어떤 느낌을 받았겠는가! 또한 회사가 엄청난 규모의 손실을 기록하고 정부에서 긴급구제기금을 받은 주제에 경영진에게는 막대한 보너스를 지급해 논란이 되었던 AIG의 사례를 기억해보라.

공정성 연구를 보면 한 가지 의미심장한 사실을 짐작할 수 있다. 즉, 직원들이 공정성을 더 많이 경험하는 환경을 조성한 작업장은 그 자체로 보상이 된다는 것이다. 그렇기 때문에 사람들이 일을 더 잘하는 직장 문화는 따로 있다. 나는 언젠가 우연히 차를 함께 타게 된 어느 경영자에게 왜 22년간 같은 직장에 근무했는지 물어본 적이 있다. 그는 "글쎄, 모두 옳은 일을 하려고 최선을 다하는 것 같았기 때문이 아닐까?"라고 대답했다.

부하들의 충성심을 높이고 싶은가? 그렇다면 평소에 늘 부당함을 느끼는 직원은 "오늘 하루 먹을 것이 없다."는 별 생각 없는 말에도 불같은 분노를 터뜨릴 수 있음을 늘 기억하라.

《하버드 비즈니스 리뷰》에 실린 기업 구조에 대한 조직 연구 결과를 보면 직원들은 결정이 공정하게 내려졌다고 생각할 때 감원에 따른 영향을 적게 받았다. 반대로, 조직이 자신들을 부당하게 대우한다고 여기면 직원들은 끝도 없이 불평을 토해낼 것이다. 부당하게만 보이는 세상에 살다 보니 사람들은 코르티솔 수치나 웰빙, 심지어는 수명에까지 영향을 받는다. 자신이 다니는 기업이 직원이나 고객 혹은 공동체 전반에 부당하지 않은 일을 하고 있다고 생각하면 더 이상은 회사에 머무르려 하지 않는 사람이 많은 것도 당연하다.

갈 때마다 공정성이 꾸준하게 늘어난다고 느낄 수 있는 곳이 있다. 바로 빈곤층에 음식을 나눠주거나 소외받은 사람들에게 봉사하는 공동체. 그런 곳에서 봉사를 해보면 어떨까? 한 곳에서는 음식이 남아돌아 버리는데 다른 한 곳에서는 누군가 굶주리는 것이 현실인 상황에서 이런 봉사를 하다 보면 당신이 느끼는 공정성은 커질 것이다. 공동체에서 봉사할 기회를 주는 조직의 직원들은 공정성이 증가한다는 인식을 보상으로 받는다. 그들은 대부분 이런 봉사활동이 업무의 일부라는 사실에 깊은 만족감을 느낀다.

게다가 이런 활동에는 생각지 못한 보너스도 있다. 연구 결과에 따르면 타인에게 뭔가를 주면 자신이 비슷한 가치의 선물을 받는 것보다 더 큰 보상을 얻는다. 그러므로 시간이나 자원을 나누거나 돈을 기부하면 더 큰 공정성을 느낄 뿐 아니라 자신에게 선물할 때보다 기분도 더 좋아질 것이다.

기대한 것보다 부당함을 느낄 때

나는 공정성과 기대 사이에 어떤 역학 관계가 있어 이를 이용해 인생에서 느끼는 더 강렬한 감정적 경험을 설명할 수 있다고 생각한다. 아마 이런 가설을 연구해보면 무척 흥미로울 것이다. 당신이 누군가에게 공정한 대우를 기대했는데 실제로 그랬다면 당신은 높은 수준의 긍정적 도파민 수준을 경험할 것이다. 그 이유는 두 가지다. 첫째는 기대가 충족되었기 때문이고, 둘째는 공정성 그 자체 때문이다. 생각지도 못한 상태에서 공정성을 마주치면 더욱 유쾌하다. 그래서 타인의 친절이 큰 의미를 지닐 수도 있는 것이다.

그러나 당신에게 공정하게 대해주리라 믿었던 사람이 그렇지 않다면 부정적인 효과는 배가된다. 기대가 충족되지 않은 데다 불공정하다는 느낌 때문에 도파민 수치가 급격하게 떨어진다. 옳은 일을 하리라 생각해서 믿었던 사람이 당신에게 공정하지 못한 일을 했을 때 받는 자극이 강렬한 것은 바로 앞에서 살펴본 이유 때문이다. 이제 자극이 엄청난 폭풍처럼 몰아치고 그 결과 불쾌감이 폭발한다. 이런 경험을 본능적 경험이라고 한다. 이번 장에서 네드가 겪은 본능적 경험은 배신감이다. 비록 경미한 수준의 배신감일지라도 매우 격렬할 수 있다.

공정성은 행동을 이끌어내는 큰 동인으로, 사람들이 생각하는 것보다 훨씬 더 중요한 가치다. 이것은 택시가 좀 더 매력적인 손님을 싣기 위해 그냥 지나쳐갈 때 선택받지 못한 사람들이 길거리에서 분통만 터뜨리는 것과는 다르다. 우리 뇌는 부당함을 처리하는 나름의 방식이 있다. 뇌가 어떤 과정으로 그 같은 감정을 처리하는지 살펴보면 무척 흥미로울 것이다.

사람들은 왜 부당한 상황을 받아들일까? 그것은 단지 긍정적인 보상을 받지 못하기 때문만은 아니다. 여기에는 좀 더 복잡한 사정이 있다. 타비브니아는 최후통첩 게임에서 사람들이 부당한 제안도 받아들일 수 있는 상황을 연구했다. 가령 가난한 대학원생이라면 50달러에서 20달러만 주겠다고 해도 받을 수 있다. 타비브니아는 이 게임에서 사람들이 두 부류로 나뉜다는 것을 알았다. 즉, 무례한 제안이라고 여겨 돈을 거부하는 부류와 기분은 나쁘지만 결코 돈을 포기하지 않는 부류다.

"부당한 제의라도 받아들이는 경우 직관적으로는 보상으로 여기지 않는다. 그런 사람들은 다만 자신의 감정적 반응을 하향 조정하는 것에 불과하다. 뇌섬엽은 활성화되지만 하향 조정된 감정이 뇌섬엽의 반응을 압도하는 것이다. 실험 결과 바로 이 부분에서 좌우외배측전전두피질의 활동성이 증가했으며, 반대로 뇌섬엽의 활동성은 줄어들었다. 부당한 제안이라도 받아들이고 싶은 마음이 클수록 외배측전전두피질은 활성화되고 뇌섬엽은 활동성이 줄었다. 다시 말해서 감정을 잘 조절할수록 부당한 제안도 더 잘 받아들인다는 것이다."

여기에서 오른쪽 관자놀이의 중요성이 다시 한 번 등장한다. 부당함을 받아들이려면 꼬리표 붙이기나 재해석 같은 도구가 필요하다. 그리고 이 두 가지를 무대에서 실행하려면 많은 양의 자원이 필요하다.

취리히대학의 신경과학자인 타니아 싱어는 공정성과 공감 사이의 관계를 알아보기 위해 공정성에 대해 더 심도 깊게 연구했다. 싱어는 피실험자들에게 플레이어 두 명과 게임을 하도록 했다. 플레이어들은 직업 배우였다. 싱어는 한 배우에게는 피실험자에게 부당한 짓을 하게 하고, 다른 한 배우에게는 협력하도록 했다. 게임을 한 후 이 두 배우는 전기충격을 받았다. 즉, 피실험자에게 협력했던 사람과 부당한 짓을 한 사람 모두 전기충격을 받은 것이다. 연구 결과를 보면 피실험자 가운데 여성은 두 배우의 고통에 다 공감했지만, 남성은 자신에게 호의적인 사람의 고통에만 반응을 나타냈다. 남성의 보상중추는 나쁜 사람이 고통을 받을 때 활성화되었다. 이것을 키저스는 이렇게 설명했다.

"부정을 저지른 사람에 대한 처벌은 압박이다. 이 압박 덕분에 공정한 거래가 유지되는 것이다."

부당한 느낌은 누군가 당연히 받아야 할 처벌을 받지 않았을 때도 생겨난다. 누구는 지갑을 훔쳤다고 감옥에 가는데 투자자들의 돈을 몇백만 달러나 날린 경영진은 벌금형만 받고 풀려나는 모습에 사람들이 격분하는 것을 생각해보라.

직장은 불공평 투성이다

세상은 공정하지 않다. 특히 비즈니스 업계는 이전투구가 높은 보상감을 주는 행위로 여겨진다. 그러므로 부당함에 대한 반응을 조절할 수 있어야 다른 사람보다 유리한 자리에 오를 수 있다. 그러려면 자극이 높아진다 싶을 때 재빨리 꼬리표 붙이기를 할 수 있어야 한다. 자극의 원인이 부당함이든, 불확실성이든, 자율권이나 관계감의 부족이든 현재의 감정에 적절한 단어를 붙임으로써 변연계의 자극을 줄여야 올바른 결정을 내릴 수 있다. 꼬리표 붙이기만으로 안 되면 재해석을 하라. 다른 관점에서 상황을 바라보는 것이다.

한편으로는 이렇게도 생각할 수 있다. 정당한 대우를 받아야 하는데 그렇지 못해 부당함을 느끼면 그런 감정을 느낄지 말지 스스로 결정할 수도 있다. 이런 감정에 휘둘리겠다고 선택하는 순간 잘못을 바로잡는 행위에 내재된 공포를 밀쳐낼 수 있다.

하지만 이것만은 기억하라. 변연계가 자극을 받으면 육체적 행동에는 도움이 될지 모르지만 창의적인 사고에는 도움이 되지 않는다. 축구를 하는데 상대팀 선수가 부당한 행위를 하고 있다는 생각만 하다 보면 달리기를 더 잘하게 될지도 모른다. 하지만 직장에서는 그런 감정에 사로잡힌다면 회의에서 실수만 하게 될 뿐이다.

뇌가 공정성을 얼마나 중요하게 여기는지 폴이 일찍 알았더라면 오늘 오후를 다르게 보냈을 것이다. 과연 어떤 하루를 보냈을지 살펴보자.

모든 것이 부당하다 느낄 때-장면 2

●

전화가 울린다.

"이야기 좀 해."

네드가 말한다.

"이메일은 미안해."

폴이 사과를 하면 괜찮을까 싶어 재빨리 끼어든다.

"우리 사이에 그러면 안 되는데. 자네는 이 상황을 부당하게 여길 거야. 자네 생각을 들어보고 싶어. 그리고 우리가 어떻게 해야 서로 도움이 될지 이야기해보자. 설령 이번 계약이 아니라 다른 계약에서라도."

폴은 네드가 이 상황을 부당하게 느낀다고 생각한 것이다.

"좋아…."

폴의 제안에 딱딱하던 네드의 목소리가 살짝 풀린다. 네드는 말다툼을 하게 될 거라고만 생각했던 것이다. 폴은 네드의 말에 귀를 기울인다. 네드는 자신이 얼마나 화가 났는지, 이 상황이 자신에게 얼마나 부당한지 말한다. 네드의 말을 가만히 듣고 있자니 폴도 슬그머니 부아가 치밀어오른다. 하지만 그런 자신을 몇 번이나 발견하고는 그때마다 끓어오르는 감정에 꼬리표를 붙여서 감정을 삭인다. 어떤 지적에는 하마터면 분통을 터뜨릴 뻔했다. 그래서 네드가 늘 그에게 힘이 돼주었던 것을 떠올리며 상황을 재해석해야 했다. 폴은 자신의 공정성 반응을 억누르기 위해 얼마 동안 안간힘을 썼다. 무척 힘이 들었지만 애쓴 보람이 있었다.

네드는 이제 훨씬 기분이 나아진 것처럼 보였다. 덕분에 폴도 똑같은 감정 반응에 사로잡히지 않아도 되었다. 전체적인 상황이 둘의 자극을 증가시키기는커녕 오히려 감소시켰다.

마음이 풀린 네드가 폴을 적으로 생각했을 때는 말해주고 싶지 않았던 사실을 털어놓는다.

"이봐, 폴. 자네는 이번 계약에서 하드 코딩 측면을 가볍게 여기는 것 같아. 그래서 자네가 의뢰인에게 그 부분을 싸게 제시했던 것 아닌가? 나는 이런 작업을 해본 경험이 있어. 내가 고문으로 약간의 컨설팅을 하면 안 될까? 직접 코딩을 하는 건 아니니까 비용을 많이 받지는 않겠네. 하지만 그것만으로도 자료를 더 정확하게 마무리 지으면서 큰돈을 절약할 수 있을 거야. 지금 자료만으로도 몇천 달러는 절감해줄 수 있을 것 같아."

그러자 폴이 흔쾌히 대답한다.

"그거 나쁘지 않은데. 게다가 자네와 함께 의뢰인을 만나면 작은 업체에 일을 맡긴다는 우려도 덜고 더 큰 신뢰감을 줄 수 있을 거야."

두 친구는 다음 미팅을 하기 전에 컨설팅에 대해 적절한 견적을 뽑아보기로 결정한다. 양쪽 모두 전화를 끊고 나서 훨씬 마음이 가벼워졌다. 폴은 네드와의 사이를 유지할 수 있었다. 게다가 앞으로도 네드와 계속 협력할 수 있다는 가능성에 기분이 좋았다. 신뢰할 만하고 열린 분위기에서 나눈 대화 덕분에 뇌의 옥시토신 수치가 올라갔다.

거실에서 미셸이 TV를 켜는 소리가 난다. 폴은 거실로 가서 미셸과 이야기를 해봐야겠다고 생각하다가 문득 숙제에 대해서 했던 약속이 떠오른다. 폴은 딸에게 가서 간식이 필요하지 않은지 물어본다. 그의 노력이 성과가 있었는지 미셸이 살짝 놀란 표정을 짓는다. 그는 딸에게 마실 것을 가져다주고 10분 정도 함께 TV를 본다. 청소년을 대상으로 한 시트콤인데, 딸과 함께 웃으며 마음껏 유대감을 즐긴다.

• ─ 뇌의 비밀 ─ •

- 공정한 느낌도, 부당한 느낌도 1차적 보상이 될 수 있다.
- 공정성과 기대를 연관 지으면 친한 사람의 배신 같은 강렬한 감정과 마찬가지로 타인의 친절이 기쁨을 준다는 것을 설명하는 데 도움이 된다.
- 부당한 상황을 받아들이려면 꼬리표 붙이기나 재해석을 해야 한다.
- 대개 남성은 부당한 짓을 저지른 사람의 고통에 동정심을 느끼지 않지만 여성은 동정심을 느낀다.
- 부당한 짓을 저지른 사람을 처벌하면 보상감을 줄 수 있다. 하지만 처벌하지 못하면 부당하다는 반응이 일어날 수 있다.

• ─ 일 잘하는 뇌 만들기 ─ •

- 사람들을 대할 때는 부당함이 더 큰 영향을 발휘한다는 점을 명심하고 열린 마음으로 투명하게 행동하라.
- 주변에서 공정성을 더 많이 느낄 수 있는 방법을 찾으라. 자원봉사를 하거나 돈이나 물품을 정기적으로 기부하는 것도 좋다.
- 부당한 행위는 반드시 처벌받도록 해야 한다.
- 강렬한 감정적 반응을 받을 수 있는 확실성, 자율권, 관계감과 같은 문제들과 연관된 공정성을 잘 살피라.

chapter

12

인정받지 못하는
위기감

지위감에 울리는 위협 신호

- **오후 4시**

1시간 전 전화회의가 끝났지만 팀원들은 모두 혼란에 빠져 있다. 에밀리는 다른 일을 하려고 하지만 미팅에서 아무런 대답도 얻지 못한 탓에 마음이 복잡하다. 모든 것이 제자리를 찾는 모습을 보고 싶지만 지금으로서는 교착상태에 다다랐을 뿐이다. 에밀리는 잠시 이메일을 삭제하고 정리한다. 그런데 당장 해야 할 통화를 스스로 피하고 있다는 사실을 깨닫자 연출자가 끼어든다.

에밀리는 콜린에게 전화를 건다. 고요한 내면의 목소리가 첫마디를 잘 준비하라고 충고하지만 화가 난 나머지 경고를 무시해버린다. 콜린이 리사를 자극한 일로 에밀리는 여전히 화가 나 있는 것이다.

"전화할 줄 알았어."

콜린이 말한다. 에밀리는 지금 이 상황을 어설프게 처리해서는 안 된다는 생각이 든다. 하지만 콜린이 부당한 짓을 했다는 강렬한 감정이 들면서 그런 생각은 어느새 자취를 감춘다. 그녀는 대뜸 소리를 지른다.

"왜 그랬어?"

"뭘? 나는 농담을 했을 뿐인데 리사가 말귀를 못 알아먹은 거지. 나보고 뭐라 하지 마. 리사도 그 정도는 이해할 센스는 있는 사람이니까. 전에는 더 심한 농담을 했는데도 다 알아들었다고."

콜린의 말에 에밀리가 반박한다.

"하지만 이번에는 상황이 달랐어. 그건 콜린도 알잖아."

콜린도 지지 않는다.

"내게 이러지 마. 내 잘못이 아니잖아. 감정적으로 나온 건 리사인데 왜 내게 이러는 거지? 내가 뭘 어쨌다고."

"콜린, 나는 당신이 항상 내 편이라고 생각했어. 당신이 대형 회의를 맡아줬으면 했다고. 하지만 팀원들 앞에서 아까처럼 행동하면 어떻게 일을 맡길 수 있겠어? 다른 사람들은 내가 당신을 편애한다고 생각할 거 아냐?"

"나는 늘 에밀리 편인데 무슨 말을 하는 거야?"

콜린의 목소리에도 점점 짜증이 난 기색이 역력하다. 두 사람은 상대방의 처지를 이해하기 어려운 상태다. 왜냐하면 전투적이 되고 있기 때문이다.

"그럼 왜 그렇게 바보 같은 행동을 했지?"

에밀리는 자신이 이 말을 내뱉는 순간 콜린의 기분이 상할 거란 것을 알았다. 그녀의 무의식이 결과를 경고했지만 되돌리기에는 늦었다.

"우리가 함께 일했다고 해서 당신이 나를 바보 취급할 권리는 없어. 당신도 그렇게 완벽하진 않잖아!"

콜린은 잔뜩 목소리를 낮춘 채 천천히 또박또박 말한다. 마치 개가 으르렁거리며 이를 가는 것 같다.

"미안해. 내가 사과할게. 오늘은 정말 힘들었어. 이해해줘. 승진한 후 첫 몇 주 동안은 나도 버벅거릴 거야."

콜린의 격한 반응에 당황한 에밀리는 사과하지만 사실 진심으로 미안해하지는 않는다. 이렇게 사과하면 콜린도 한 걸음 물러나리라 생각했는데 콜린은 오히려 그녀의 약점을 감지하고 그 부분을 공격하기 시작한다.

"이봐, 승진했다고 징징거리지 마. 승진을 원한 건 당신이잖아. 나도 이 팀에서 고생해서 오른 자리를 남에게 내주고 싶은 생각은 추호도 없어. 나는 여기서 최고참이고 그러니 큰 회의를 맡을 자격이 충분해. 큰 회의를 맡으면 성과급도 많이 나오니까 내가 이런다고 생각하겠지. 하지만 꼭 그런 이유로만 이러는 게 아니야. 내가 여기서 그동안 꾹 참고 견딘 보상을 이제 받는 거라고. 그리고…"

그때 에밀리가 참지 못하고 끼어든다.

"좋아. 당신이 열심히 일했다는 거 다 알아. 하지만 그렇다고 무조건 당신이…."

그러나 다시 콜린이 말허리를 자른다.

"내게 설교하듯 말하지 마. 근무 기간으로 보자면 내가 선배니까!"

에밀리는 과열된 분위기를 식혀보려고 한다. 하지만 상처가 너무 크다. 몇 년간 함께 일하면서 쌓아온 튼튼한 관계가 하루 만에 박살이 나고 말았다. 그녀는 사람을 다루는 일이 이렇게 어려운 줄 미처 몰랐다.

그 후로도 15분 동안 같은 이야기를 계속 반복한 끝에 에밀리와 콜린은 감정을 가라앉히고 며칠 뒤에 다시 이야기하기로 한다. 에밀리는 전화를 끊고 멍하니 컴퓨터 모니터를 바라본다. 전화를 걸기 전보다 더 혼란스럽다. 콜린의 문제를 명확하게 짚어줄 통찰력을 그냥 놓쳐버린 것 같다.

에밀리는 리사에게 전화를 한다. 이번에는 첫마디를 조심스럽게 고른다. 좀 더 전술적으로 나가야 한다는 생각이 들어서다.

"최선을 다하고 있다는 거 알아."

에밀리의 말에 리사는 한숨을 푹 쉬더니 이렇게 말한다.

"있잖아, 난 콜린을 공격하고 싶지 않았어. 하지만 신입사원이 있는 앞에서 먼저 나를 공격하니 나도 욱해서 그만."

에밀리는 콜린에게 전화해서 앙금을 없애라고 리사를 설득한다. 하지만 리사는 단호한 어조로 콜린이 자신에게 먼저 전화해야 한다고 말한다.

에밀리는 이제 어떻게 해야 할지 알 수가 없다. 지금까지 콜린의 농담에 모두 웃었던 것은 사실이다. 하지만 그렇다 해도 콜린은 너무 무신경하게 말하는 경향이 있다. 오늘은 모두 잘못했지만 아무도 다른 사람에게 모두의 잘못이라는 것을 알려주려고 하지 않는다.

"리사, 이 문제를 해결하려면 내가 어떻게 해야 할까?"

에밀리가 묻는다.

"걱정하지 마. 결국에는 다 해결될 거야. 어차피 일로 모인 사람들이잖아. 일을 같이 한다고 해서 단짝 친구까지 돼야 할 필요는 없어."

리사의 말은 옳기도 하고 그르기도 하다. 그녀의 말대로 동료들과 일을 잘해나가려고 단짝 친구까지 될 필요는 없다. 하지만 적으로 간주하는 사람과 함께 일하는 것은 매우 불편하다. 더욱이 정보가 제대로 공유되지 않고 위협적인 분위기만 팽배한 탓에 실수를 저지르기 쉬운 환경이 조성된다.

에밀리는 지금 큰 위기에 직면해 있다. 팀원들은 자신의 동료들을 적으로 여기고 있다. 이런 반응은 에밀리가 처음에 미팅을 잘못 시작해서 그런 것만은 아니다. 전화로 대화를 나누던 중에 강렬한 위협 반응을 유발하는 어떤 일이 일어났기 때문이다. 팀원들은 모두 자기가 가장 소중하게 여기는 가치, 즉 자신의 지위에 대해 심각한 위협을 느꼈다. 게다가 에밀리는 상황을 바로잡으려고 하다가 콜린의 지위감을 더욱 위협하는 실수를 저지르기까지 했다.

지위감은 관계성, 공정성과 더불어 사회적 행동의 중요한 동인이다. 사람들은 자신의 지위를 보호하거나 높이기 위해 노력을 마다하지 않는다. 지위가 높아진다는 느낌은 돈보다 더 큰 보상이며 그 반대는 인생이 위험에 빠졌다는 위기감을 고조시킨다. 지위도 1차적 보상이나 위협에 속한다. 따라서 인간의 뇌는 지위감 역시 기본적인 생존 욕구를 관리하는 데 사용하는 회로로 관리한다.

지위감 쟁탈의 역사

베니스의 도제 궁전은 세상에 있는 수많은 안식처들 중에서도 가장 화려하고 사치스러운 곳에 속한다. 이 궁전은 지금까지도 거의 원형을 보존하고 있다. 궁의 중심부에는 수천 건의 서류를 보관하는 서랍이 바닥에서 천장까지 설치된 독특한 방이 있다. 지난 몇백 년 동안 보관돼온 서류는 귀중하긴 하지만 금전적인 가치는 없다. 적어도 직접적으로는 그렇다. 그 서류에는 도시에 사는 모든 주민의 지위가 기록돼 있다. 당신이 몇백 년 전의 베니스 주민이었다면 당신의 부모와 자녀 관계, 왕족이나 상인 혹은 그 밖의 중요한 인물들과의 인맥 등이 그 서류들 어딘가에 기록돼 있었을 것이다. 그리고 그 서류를 보면 당신의 거주지와 주식, 교육수준은 물론 몇 세까지 살았는지, 사람들에게 얼마나 신뢰받고 주목을 받았는지도 짐작할 수 있다.

시간은 흘렀지만 변한 것은 없다. 당신이 팝스타든, 뛰어난 육상선수든, CEO든 오늘날에도 높은 지위는 삶의 질에 심대한 영향을 미치는 혜택을 보장한다. 단지 기록 방식만이 달라졌다. 요즘은 번화가에 본사를 둔 가십 잡지가 기록을 대신한다.

사람들이 유명인의 신간에 친필 서명을 받기 위해 찬바람 몰아치는 새벽부터 몇 시간씩 줄을 서는 것도 지위감 때문이다. 자신보다 못한 사람을 만났을 때 기분이 좋아지는 것도 지위감 때문이다. 실제로 어떤 뇌 연구 결과에 따르면 보상회로는 자신보다 못한 사람을 보았을 때 활성화된다. 또한 사람들이 설령 아무 짝에도 쓸모없는 논쟁이라도 무조건 이겨야 직성이 풀린다고 말하는 것도 지위감 때문이다. 저렴한 가격에 살 수 있는 속옷을 고가의 브랜드 상점에서 사는 것도 지위감 때문이다.

지위감은 오늘날 300만 명이나 되는 사람들이 포인트를 따서 다른 사람들보다 지위가 더 올라가는 것 이외에는 특별한 이득이 없는 온라인 게임에 열중하는 이유가 되기도 한다. 지위감은 세계에서 가장 부유한 기업에 속하는 구글이 컴퓨터로도 할 수 없는 작업을 수천 명의 사람들로부터 공짜로 받는 이유도 설명해준다. 구글은 사진에 이름을 붙이는 것 같은 작업에 사람들의 경쟁을 유발한다.

지위감은 상대적이다. 그래서 지위의 상승으로 얻을 수 있는 보상감은 언제라도 당신이 남보다 '더 낫다.'고 느낄 때 얻을 수 있다. 당신의 뇌는 주변 사람들의 서열을 매기는 복잡한 지도를 가지고 있다. 사람들은 타인과 소통할 때 자신과 남의 지위를 뇌에서 재현하는데, 그 결과가 타인과의 상호작용에 영향을 미친다는 연구 결과도 있다.

서열에 변화가 생기면 수백만 개에 달하는 뉴런의 연결 방식도 바뀌게 된다. 콜린은 에밀리와 관련된 엄청난 수의 회로를 바꿔야 한다. 이제부터 에밀리는 그의 상사이기 때문이다. 이 장에서는 이런 변화에 대해 일부 다룰 것이다. 당신과 알고 지내던 사람이 처음으로 남들보다 돈을 더 많이 벌게 되었다고 생각해보

자. 그러면 당신은 뇌에서 광범위한 회로가 변화하고 있다는 것을 감지할 것이다. 이 변화는 흥미로운 도전 과제가 되기도 한다.

조직에는 복잡하면서도 명확한 위계질서가 있다. 조직은 이 질서 안에서 더 높은 수준으로 올라갈 수 있다는 약속으로 사람들에게 동기를 부여한다. 내가 아는 어떤 회사는 특정 직급으로 올라간 직원에게만 창 쪽으로 책상을 돌릴 수 있도록 한다. 따라서 확 트인 전망을 바라보며 일하는 옆자리 동료가 아무리 부러워도 내가 그 직급에 올라가지 않으면 책상을 돌릴 수 없다. 마케팅 부서가 광고에서 인간의 감정을 움직이는 두 가지 수단이 있는데, 바로 공포심과 지위 상승의 약속이다.

광고 속에서는 자동차 크기나 시계의 가격으로 높은 지위감을 약속하지만 지위감을 측정하는 데 보편적인 수단은 따로 없다. 처음 만난 사람의 상대적인 중요성을 가늠할 때 그 기준은 연령이나 재산, 힘, 지능, 유머감각 등 뭐든 될 수 있다. 당신이 태평양 제도에 산다면 체중이 될 수도 있다.

지위가 높고 낮음을 판단할 때 어떤 기준을 가장 중시하든 여기엔 강렬한 감정적 반응이 수반된다. 사람들은 자신의 지위를 지키거나 높이기 위해 온갖 노력을 마다하지 않는다. 개인이나 단체나 마찬가지다. 심지어 국가도 그렇다. 지위를 높이려는 욕구 때문에 사람들은 인간의 한계를 뛰어넘는 성과를 올리려고 한다. 수많은 사회가 거둔 가장 위대한 성과든, 쓸모없는 파괴적 행위가 낳은 최악의 본보기든 그 뒤에는 지위감을 향한 욕망이 잠재돼 있다.

열등감은 아프다

모든 1차적 욕구 중에서도 위협 반응은 다른 반응보다 더 강렬하며 지위감과 비슷하다. 상사처럼 지위가 자신보다 높다고 인식하는 사람이 말을 거는 것만으로도 위협 반응이 활성화된다. 자신의 지위가 위협받고 있다는 인식은 끔찍한 결과를 가져온다. 그 반응은 본능적인데, 혈중 코르티솔 수치가 급증하고 변연계로 자원이 집중돼 명료한 사고가 어려워진다.

콜린도 전화회의 도중에 자신의 지위가 위협받고 있다고 여겼다. 팀원들이 그가 고참임을 인정해주지 않았기 때문이다. 여기에 "왜 그랬어?"라는 에밀리의 첫마디는 상황을 더욱 악화시켰다. 이 말은 상대가 잘못했다는 전제를 깔고 있기 때문이다. 콜린은 전화회의를 앞두고 이미 위기감을 느꼈을 것이다. 그래서 에밀리의 말이 우연하게도 상황을 더 험악하게 만들었다. 이런 콜린의 격렬한 반응에 에밀리는 깜짝 놀랐다. 콜린이 그 자리에서 지위감에 대한 위기감을 느낄 줄은 꿈에도 몰랐기 때문이다.

UCLA의 저명한 사회신경과학 연구자인 나오미 아이젠버거는 사람들이 타인에게 거부당했다고 생각할 때 뇌에서는 어떤 일이 일어나는지 궁금했다. 그래서 아이젠버거는 피실험자들이 사이버볼이라는 컴퓨터 게임을 하는 동안 기능적 자기공명영상으로 그들의 뇌를 촬영하는 실험을 했다. 이 게임은 학창 시절의 끔찍한 기억을 떠올리게 하는 구석이 있다. 아이젠버거는 인터뷰에서 이 실험에 대해 이렇게 설명했다.

"참가자들은 인터넷에서 다른 두 사람과 함께 공 던지기 게임을 한다고 생각했다. 온라인에서 아바타들이 그들을 대신했다.

먼저 세 명이서 공 던지기 게임을 어느 정도 진행한다. 그러다 어느 순간부터는 두 명이 다른 한 명의 공을 받아주지 않고 자기들끼리만 공을 던지게 된다."

내가 사람들에게 아이젠버거의 실험 이야기를 들려줄 때마다 누구를 막론하고 대개 "이런!"이라는 소리가 튀어나온다. 소외되는 것, 남보다 열등한 부류가 되는 것은 누구에게나 뼈아픈 경험이기 때문이다. 사람들은 대부분 이 실험에서 강렬한 감정을 발산한다. 아이젠버거는 "사람들은 소외되면 전측대상피질에서 등쪽이 활성화된다는 것을 알아냈다. 그런데 이 부위는 고통으로 괴로운 요소, 즉 일명 고통의 요소라고 부르는 것과 관련돼 있는 신경 부위다. 소외감을 가장 많이 느낀 사람은 이 부위가 가장 많이 활성화되었다."라고 덧붙인다.

배척과 거부는 심리적인 고통을 줄 뿐 아니라 남보다 열등하다는 감정은 육체적인 고통과 같은 부위를 활성화한다. 아이젠버거의 연구에 따르면 사회적 고통 실험에서 다섯 개의 육체적 고통과 관련된 뇌의 부위들이 활성화되었다. 즉, 사회적 고통은 육체적 고통과 같다. 뇌는 이 두 가지를 같은 것으로 여기는 것이다. 누구나 "내가 몇 가지 사항을 지적해도 될까?"와 같은 말을 들으면 간이 철렁한다. 그때 간이 철렁하는 느낌은 혼자 밤길을 걸을 때 누군가 쫓아와 뒤에서 당신을 공격하려 할 때의 느낌과 비슷하다. 물론 그만큼 강렬하지는 않지만 공포 반응이라는 점에서는 같다. 이런 사실로 미루어보면 콜린이 송곳니를 드러내며 으르렁거리는 개처럼 반응했던 이유를 짐작할 수 있다. 그의 뇌는 누군가가 자신을 당장이라도 공격하리라고 판단했던 것이다.

지위 하강 경험은 너무나 강렬해서 사람들은 자신의 지위가 위기에 처해지는 상황만은 피하기 위해 무슨 짓이든 한다. 이러한 혐오감 때문에 자신 없는 활동은 뭐든 피하려고 한다. 뇌와 신기한 것과의 관계 때문에 이런 상황에서는 새로운 것은 뭐든 피하려고 할지도 모른다. 그러면 삶의 질도 큰 영향을 받을 것이다. 이것이야말로 당신에게 부정적으로 작용하는 그로스의 '상황 선택'이다.

지위감과 관련한 위협 반응이 나타나면 상황을 재해석하기가 무척 어렵다. 그러므로 그런 감정이 시작되자마자 몇 초 만에 꼬리표 붙이기나 재해석을 통해 제압해야 한다.

이번 장에서 콜린은 지위 문제에 대해 에밀리에게 정면공격을 시도했다. 콜린은 에밀리에게 "당신도 그렇게 완벽하진 않다."고 쏘아붙이며 그녀의 지위를 공격했다. 에밀리가 자신보다 근무 기간이 더 짧다는 점을 들먹이며 신뢰도를 공격하기도 했다. 상사가 연하일 경우 젊은 세대의 생각에 관심을 기울이는 것처럼 상사의 관점을 적극적으로 지지하지 않는다면(즉, 재해석을 하지 않는다면) 상사는 당연히 위협감을 느끼게 마련이다.

콜린은 단지 선제공격으로 끝내지 않고 도주 반응까지 보였다. 정신적으로 말이다. 하지만 콜린이 조금만 마음을 가라앉히고 상황을 다시 생각했다면 직접 마주 보고 해야 할 말을 전화로 해서는 안 된다는 사실을 깨달았을 것이다.

지위가 낮아질지도 모른다는 느낌에서 발생한 위협 반응은 자체적인 생명력이 있어서 몇 년이나 지속되기도 한다. 사람들은 서류상의 조그마한 실수에서 주요 전략에 대한 판단 착오에 이르기까지 어떤 상황에서든 잘못되지 않으려고 온갖 노력을 다한다. 대기업에서 합병을 추진하고 있다고 생각해보자. 결국 합병은 실패로 돌아갔지만 그 결정을 내린 경영진은 아무런 책임도 지지 않으려고 한다. 사람들은 잘못되기를 바라지 않는다. 그랬다가는 지위가 떨어질 테고 그것은 위험하고 불안한 감정만을 주기 때문이다.

당신만 옳고 남은 틀렸다고 생각하면 당신은 남의 말을 듣지 않을 것이다. 그러면 상대방도 당신에게 위협을 느낄 것이다. 악순환이 시작되는 것이다. 콜린이 먼저 상황을 수습해야 한다고 고집을 부린 리사는 자신만 옳다고 생각한다. 콜린 역시 자신만 옳다고 생각한다. 사람들은 종종 옳은 입장이 되기 위해 돈뿐 아니라 인간관계나 건강, 심지어 목숨까지 희생할 각오를 한다.

지위감에 대한 위협 반응이 생명력을 지니는 것도 문제지만 또 다른 문제가 있다. 이런 반응은 지나치게 자주 일어날 뿐 아니라 별일 아닌 상황에서 강렬한 감정을 이끌어내기도 한다는 것이다. 동료와 미팅을 하고 있다고 상상해보라. 그 동료와 일하기 시작한 이래 처음으로 당신에게 당신이 진행한 프로젝트에 대한 후속 조치를 취하라고 요청했다. 그러면 당신은 이 요청을 자신의 지위에 대한 위협으로 간주할 가능성이 높다. '이 사람은 나를 믿지 못하나? 내 일처리를 계속 주시하고 있었던 걸까?'라면서 위협 반응을 느끼면 경력에 해가 될 만한 말도 서슴지 않고 내뱉게 된다.

기억하라! 변연계는 한번 자극을 받으면 우연한 회로들이 연결돼 상황을 비관적으로 보게 된다. 상사가 말을 거는 것만으로도 위협을 느낀다. 당신이 부하직원을 거느린 상사라고 치자. 부하직원을 보고 "오늘 하루를 잘 보냈나요?"라고 묻는 것만으로도 그에게 큰 감정적 부담을 줄 수 있다.

직장과 일상에서 경험하는 수많은 논쟁과 충돌의 핵심에는 바로 지위 문제가 도사리고 있다. 지위감에 대한 위협을 받을 때마다 꼬리표 붙이기를 하고 재해석을 실시해 좀 더 적절하게 반응해야 한다. 특히 지위감과 관련된 문제에서 연출자는 큰 역할을 한다. 하지만 다른 사람이 상황을 다르게 바라보도록 도울 때는 조심해야 한다. 회의에서 "그것은 당신의 지위가 위협받는다는 이야기야."라고 대놓고 지적하는 것은 결코 좋은 행동이 아니다.

지위감은 번영을 낳는다

　　나는 최근에 런던 로열 발레단의 단원이었던 국제적인 발레리나와 인터뷰를 했다. 그녀는 세계적인 수준의 발레단원이었지만 수많은 무용수 중 하나라는 사실에 회의감과 좌절을 느꼈다고 털어놓았다. 그런데 그 뒤 더 작고 덜 유명한 고향의 무용단으로 옮겨가자 모든 것이 변했다. 그녀는 지금 그곳에서 리딩 솔로이스트로 활동하고 있다.

　　"마침내 발레단에서 최고 연봉을 받는 무용수가 되었다. 무대의 맨 앞줄에 있는 사람이 된 것이다. 앞줄에 서는 순간 지겨움은 싹 날아가버렸다. 모든 사람들의 이목이 내게 쏠리고 무대는 나의 것이 되니까 비로소 정상에 선 기분이다."

　　영장류 무리에 대한 연구들을 보면 지위가 높은 원숭이일수록 매일 코르티솔 수치가 줄고, 더 건강하고, 더 오래 산다. 이것은 단지 원숭이에게만 해당하는 사실이 아니다. 마이클 마멋은 이 문제에 대해 『사회적 지위가 건강과 수명을 결정한다』라는 책을 썼다. 그는 이 책에서 교육과 소득수준도 중요하지만 지위감이 인간의 수명을 결정하는 중요한 요소라고 주장한다. 지위가 높으면 단지 기분만 좋아지는 것이 아니다. 낮은 지위보다 더 큰 보상감도 준다.

지위는 높이 올라갈 때만 보상감을 주는 것이 아니다. 설령 조금이라도 지위가 높아지기만 하면 기분이 좋아진다. 어떤 연구를 보면 아이들에게 단조롭게 녹음된 "참 잘했어요."라는 말만 들려주어도 큰 횡재를 했을 때만큼 보상회로가 활성화된다. 카드 게임을 이기는 것처럼 사소한 지위 상승도 큰 기쁨을 준다. 우리 뇌는 지위가 얼마나 상승하든 올라가기만 하면 보상을 느끼도록 만들어져 있다. 인류의 위대한 서사시들 중에는 반복해서 등장하는 주제가 있고 그 중심에는 지위감이 자리 잡고 있다. 이런 이야기들을 보면 평범한 사람이 비범한 일을 하거나, 비범한 사람들이 평범한 일을 한다. 이 글을 읽은 후 언젠가는 지위가 높아질지도 모른다는 희망만으로도 보상감을 느낄 수 있다.

지위가 높아지면 이 세상에서 최고의 기분을 느끼게 한다. 행복감과 관계있는 도파민과 세로토닌의 수치가 올라가고 스트레스 지표인 코르티솔 수치는 떨어진다. 집중력을 높여주는 테스토스테론의 수치도 올라간다. 또한 강하고 자신만만한 사람이 된 듯한 기분을 느끼게 하며 성적 충동까지 높이기도 한다.

그뿐 아니다. 지위가 높아지면 시간당 뇌에서 만들어지는 새로운 회로의 수도 늘어난다. 즉, 높은 지위에 도달한 기분이 되면 그렇지 않을 때보다 더 많은 정보를 처리할 수 있다. 특히 힘을 덜 들이고도 더 섬세한 아이디어를 포착해 처리할 수 있다. 긍정적인 감정 덕분에 위협 반응이 줄어들면 전전두피질이 다각적인 수준에서 생각할 수 있는 자원이 충분해진다. 다시 말해 지위가 높다고 인식하고 있으면 필요할 때 연출자를 깨우기가 더 쉽다.

지위감이 높은 사람은 자신의 의도를 더 잘 관철시킨다. 자제력을 잘 발휘할 뿐 아니라 다른 사람의 지지와 관심도 더 많이 받기 때문이다. 또한 지위감이 높으면 뇌가 회로를 더 능숙하게 연결할 수 있다. 연결이 잘 될수록 긍정적인 신경화학이 촉진되는 선순환이 일어난다. 이것이야말로 승승장구하는 신경화학반응일지도 모른다.

남이 아닌 자신과 싸우라

뇌는 높은 지위감을 유지하려고 항상 무의식적으로 뭔가를 하는 것 같다. 지위감을 올리려면 두 가지 방법이 있다. 더 영리하거나, 재미있거나, 건강하거나, 부유하거나, 공정하거나, 조직적이거나, 알맞거나, 강하게 느낄 수 있는 방법을 찾는 것이다. 아니면 무슨 수를 쓰든 남을 밟고 올라가면 된다. 중요한 것은 남들보다 우위에 있다고 느낄 수 있는 꼭 맞는 자리를 찾는 것이다.

조직의 대부분이 매주 여는 정기회의를 녹화해보면 회의에서 나오는 단어들이 대부분 개인의 지위감을 높이거나 낮추는 의도로 쓰인다는 사실에 깜짝 놀랄 것이다. 경쟁하는 형제 같은 회사에서 일반적으로 벌어지는 이런 다툼은 대개 무의식적인 수준에서 일어난다. 하지만 전 세계에서 수십억 명이 이런 다툼에 머릿속 에너지원을 허비하곤 한다.

지위를 차지하려고 늘 싸움을 벌이면 다른 문제점도 생긴다.

사람들은 경쟁할 때 집중을 한다. 하지만 지위 다툼에는 늘 패자가 나오게 마련이다. 결국 제로섬 게임인 것이다. 만일 모두가 높은 지위를 차지하기 위해 물고 뜯고 싸우면 상대에게 경쟁심을 느끼고 적으로 보게 된다. 이 싸움은 관계에 영향을 미치고 결국 사람들은 협력할 수 없게 된다. 확실히 직장에서 지위 위협을 감소시키는 데는 도움이 될 것이다.

에밀리는 콜린과의 통화에서 이 위협을 감소시킬 수 있는 한 가지 전략을 사용했다. 즉, 콜린이 위협감을 느낀다고 생각해 자신의 지위를 낮춰 보이려고 한 것이다. 그리고 이렇게 말한다.

"오늘은 정말 힘들었어. 이해해줘. 승진한 후 첫 몇 주 동안은 나도 버벅거릴 거야."

이유도 모른 채 직관에 따라 이런 식으로 평준화를 하는 사람이 많다. 누군가와 잠재적으로 위협적인 대화를 멈추고 싶다면 의도적으로 자신의 성과를 낮춰서 상대방을 편안하게 해주면 된다. 콜린에게는 이런 전략이 먹혀들지 않았지만 가끔 덕을 볼 때도 있다. 상대방의 마음속에서 깎아내려지면 그 사람이 느끼는 위협감이 줄어들 수 있다.

지위감을 다룰 때 취할 수 있는 전략으로 상대에게 그 사람의 지위가 올라갔다는 느낌을 불어넣는 방법도 있다. 상대방에게 그가 잘한 일을 꼭 집어서 긍정적인 피드백을 해주면 지위가 올라갔다는 느낌을 줄 수 있다. 특히 공개적으로 한 일이라면 더욱 그렇다.

그런데 한 가지 문제가 있다. 당신에게 강력한 연출자가 없다면 남한테 긍정적인 피드백을 주는 행위가 당신 자신에게는 위협으로 느껴질 수도 있다. 지위에 상대적인 변화가 일어난다는 기분이 들기 때문이다. 그렇기 때문에 직원들은 더 많은 긍정적인 피드백을 원하는데도 고용주들은 강점을 바탕으로 한 접근법보다 더 안전한 '적자 모델'을 선호한다. 즉, 직원들의 단점이나 문제점, 업무 성취도의 차이를 꼬집으며 피드백을 주는 것이다.

앞에서 설명한 두 가지 전략, 즉 나를 낮추거나 남을 올리는 것은 나름대로 지위감을 갖춘 사람을 다룰 때 도움이 된다. 그래서 실제로는 당신을 위협할 수도 있다. 그렇다면 직장 동료는 물론 아이나 동물 혹은 자신에게도 상처를 주지 않고 자신감을 불러일으키며, 지능을 높이고, 업무 성취도를 끌어올리는 지위감은 어디서 찾을 수 있을까?

지금까지 내가 고민한 바로는 답은 한 가지뿐이다. 여기에는 '자신과의 싸움'이라는 개념이 관련돼 있다. 골프를 칠 때 핸디캡을 받으면 왜 기분이 좋아질까? 그것은 다른 사람, 그것도 당신이 잘 아는 사람에 비해 지위가 높아졌기 때문이다. 그 사람이 누구일까? 바로 이전의 자신이다. 마르코 이아코비니는 이렇게 말한다.

"당신은 타인을 의식할 때 자아의식도 함께 느낀다. 이 두 가지는 동전의 양면이라 할 수 있다."

자신과 타인에 대해서 생각할 때는 같은 회로가 활성화된다. 자신을 타인이라고 생각하면 실제로 누군가에게 상처를 주지 않고도 남을 때려눕히는 통쾌함을 더욱 생생하게 느낄 수 있다.

에밀리와 에밀리에 대해 불편해하는 그녀의 팀원들을 생각해보라. 얼마 전까지만 해도 지위가 같았던 동료가 이제 상사가 되었다. 에밀리가 '지위'라는 카드놀이에서 남들보다 무조건 더 잘하려고 했다면 결과는 나빠졌을지도 모른다. 하지만 동료들을 제치려 하기보다는 자신의 실력을 쌓고자 노력했다면 남들에게 위협감을 덜 주는 존재가 되었을 것이다. 자신과 싸움을 하면 남을 위협하지 않으면서 지위감이 올라가는 기분을 느낄 수 있다. 게다가 남과 당신의 발전이나 위기를 공유하면 관계감도 높아질 것이다. 이렇게 자신과의 싸움으로 성공에 다다를 수 있었던 사람이 분명히 많을 것이다.

자신과 싸우려면 자신을 잘 알아야 한다. 그러려면 유능한 연출자가 필요하다. 반대로 당신이 성장하는 과정에 집중할수록 연출자도 유능해진다. 바로 여기에서 정말 중요한 내용이 나온다. 활동 중에 있는 뇌를 포착할 수 있는 능력을 키우는 것도 자신과 싸우는 방법이 될 수 있다. 꼬리표 붙이기와 재해석, 타인의 상태를 읽는 것 혹은 언제든지 마음을 가라앉힐 수 있는 능력 등을 더 빨리 익히도록 노력해도 된다. 이런 기술을 발전시키면 타인의 지위감을 위태롭게 하지 않고도 자신의 지위감을 끌어올릴 수 있다. 당신이 타인과 아는 것을 공유할 때는 덩달아 관계감도 높아진다. 연출자도 강하게 만들 수 있다. 물론 더 나은 결정을 내릴 것이며 압박감도 잘 견디고 타인과 협력도 더 잘하게 될 것이다.

스카프(SCARF)를 두르라

이제는 앞에서 살펴본 1차적 보상과 위협이 공통적인 특성을 지니고 있으며 다양한 방식으로 연결돼 있다는 사실을 이해했을 것이다. 가령 콜린은 재앙이나 다름없었던 전화회의에서 지위감에 대한 위협 그 이상을 느꼈다. 불확실성, 자율권의 감소와 부당하다는 느낌마저 경험했다.

　나는 이 책을 작업하던 중 놀라운 패턴을 발견했다. 인간의 뇌가 생존 문제와 동일하게 취급하는 사회적 경험은 크게 다섯 가지 영역으로 나눌 수 있었다. 이 영역으로 특정한 모델을 만들 수 있는데, 나는 각 영역의 첫 글자를 따서 '스카프 SCARF 모델'이라고 부른다. 이 다섯 영역은 '지위 Status, 확실성 Certainty, 자율권 Autonomy, 관계감 Relatedness, 공정성 Fairness'이다. 이 모델은 대인관계에서 뇌가 중시하는 1차적 보상 혹은 위협으로 구성돼 있다. 이 모델의 다섯 요소를 알면 연출자를 강하게 만들 수 있다. 그러면 무의식의 수준에서 끝났을 수도 있는 경험 언어를 발전시킬 수 있고 결국 실제 상황에서도 이런 경험을 잘 포착할 수 있다.

　콜린의 전화 통화에서 보았듯이 사람이 살면서 겪는 가장 격렬한 감정 반응에는 SCARF의 요소들이 복합적으로 개입돼 있다. 당신의 지위감이 공개적으로, 부당하게, 도무지 이해할 수 없는 방식으로, 게다가 어떻게 손써볼 수 없도록 공격받았다고 생각해보라. 이런 상황을 겪은 사람들은 이때 받은 고통에서 회복되기까지 몇 년씩 걸리기도 한다. 2008년에 사회적 고통에 대해 진행한 어떤 연구를 보면 육체적 고통은 상처가 치유되면 사라지지만 사회적 고통은 그 상황을 떠올릴 때마다 다시 시작된다. 그렇기 때문에 누군가 실수했을 때 차라리 팔을 한 대 때리는 편이 공개적으로 말로 공격하는 것보다 더 친절한 벌이다. 적어도 이론적으로는 말이다.

　SCARF에는 이런 장점이 있다. 자신에게서든 남에게서든 이 요소들을 높이는 방법을 알면 기분만 좋아지는 것이 아니라 업무 성취도 높일 수 있으니 강력한 도구를 손에 넣은 셈이다. 당신을 호의적으로 보는 사람(당신의 지위감이 올라간다), 당신에 대한 기대를 명확히 밝히는 사람(확실성이 올라간다), 당신에게 결정권을 주는 사람(자율권이 올라간다), 당신과 인간적으로 관계를 맺으려는 사람(관계감이 올라간다), 당신을 공정하게 대하는 사람(공정성이 올라간다)과 함께 일하고 사귀면 얼마나 흐뭇하겠는가! 그러면 좀 더 차분하고, 행복하고, 자신만만하고, 사교적이고, 영리해진 기분이 들 것이다. 이 세상에 대한 정보를 더 많이 처리할 수도 있다. 그러면 이 세상이 더 커졌다는 느낌이 들 것이다. 그것은 정말 기분 좋은 경험이어서 당신은 그렇게 당신을 대해주는 사람과 더 많은 시간을 보내고 도움을 주고 싶어질 것이다.

SCARF에서 어느 하나 중요하지 않은 것은 없다. 하지만 이번에 에밀리의 계획을 엉망으로 만든 것은 지위감이었다. 만약 그녀가 지위감을 지키려는 인간의 원초적인 본능을 알았더라면 상황은 어떻게 달라졌을지 살펴보자.

인정받지 못하는 위기감-장면 2

- 　　　　　　오후 4시

1시간 전 전화회의가 끝났지만 팀원들은 모두 혼란에 빠져 있다. 에밀리는 다른 일을 하려고 하지만 미팅에서 아무런 대답도 얻지 못한 탓에 마음이 복잡하다. 모든 것이 제자리를 찾는 모습을 보고 싶지만 지금으로서는 교착상태에 다다랐을 뿐이다. 에밀리는 잠시 이메일을 삭제하고 정리한다. 그런데 당장 해야 할 통화를 피하고 있다는 사실을 깨닫자 연출자가 끼어든다.

콜린에게 전화를 건다. 고요한 내면의 목소리가 첫마디를 차분하게 잘 준비하라고 충고하지만 그 신호는 주목받지 못하고 주변을 떠돌 뿐이다. 콜린이 리사를 자극한 일에 에밀리는 여전히 화가 난다. 바로 그때 연출자가 끼어들어 잠시 진정하고 상황을 다시 생각해보라고 충고한다. 적어도 날선 목소리로 무작정 상황에 뛰어들지는 말라고 말이다.

좀처럼 짜증을 가라앉힐 수 없다. 꼬리표 붙이기는 전혀 도움이 되지 않는다. 하지만 마음의 평정을 되찾지 않으면 분명히 실수하게 될 것을 안다. 일단 콜린에게는 나중에 전화하기로 하고 폴의 사무실로 전화해 충고를 구한다. 그녀는 오늘 오후가 유난히 힘들다고 털어놓는다. 에밀리는 주의를 돌리기 위해 아이들은 어떻게 지내고 있는지 폴에게 물어본다. 그러면 긍정적인 기분이 될 수 있기 때문이다.

폴이 미셸과 부녀의 정을 느낄 수 있는 시간을 보낸 이야기를 들려준다. 그러자 에밀리는 옥시토신이 샘솟고 코르티솔 수치는 내려가는 것 같다. 물론 신경전달물질의 수치가 변하는 것을 알아차릴 수 있는 기술은 아직 연구되지 않았다. 하지만 그것이 중요한 것은 아니다. 마음이 편안해질 것이라는 기대에 집중하다 보면 정말로 그렇게 된다는 것이 중요하다. 그것이 바로 기대의 힘이다. 아이들에 대해 이야기하면서 마음이 편안하고 행복해지자 통찰력이 불쑥 튀어나온다. 콜린이 자신의 지위에 위기감을 느끼고 있음을 깨달은 것이다. 게다가 콜린도 리사도 자신만 옳다는 전투에 매여 있다는 사실도 알았다. 에밀리는 다시 계획을 짜고 나서 폴에게 고맙다고 하고 콜린에게 전화를 건다.

"전화할 줄 알았어."

콜린이 말한다.

"콜린, 내가 엄청난 실수를 했어. 전화회의를 제대로 진행하지 못했어. 그래서 콜린이 동료들 앞에서 무시당한다는 느낌을 들게 했어. 너무 끔찍해. 정말 미안해. 새 업무를 맡아서 아직도 헤매는 중이야."

콜린은 잠시 할 말을 잊었다. 그는 말 그대로 전투를 준비 중이었기 때문이다. 그는 에밀리가 이런 말을 할 줄은 꿈에도 생각하지 못했다. 그는 심호흡을 몇 번이나 하면서 마음의 상태를 바꾸려고 한다. 자신의 감정을 표현할 말을 찾을 수 없다. 그런데 에밀리의 말을 듣자 분노가 가라앉는다. 이제야 콜린도 자신이 왜 전화회의를 하면서 그렇게 분노했는지 이유를 알 것 같다. 에밀리는 콜린이 극단적으로 나가지 않게 하려면 좀 더 설득해야 한다는 생각에 다시 말을 잇는다.

"콜린, 전화회의를 제대로 이끌지 못한 것은 내 잘못이야. 콜린에게 불쑥 전화기를 들이댈 것이 아니라 모두가 의견을 교환할 수 있는 자리를 만들어야 했어."

이렇게까지 하는 에밀리에게 심한 말을 하면 그건 콜린이 너무나 부당한 짓을 하는 셈이다. 에밀리는 자신의 잘못을 인정했다. 즉, 자신을 낮춰서 콜린의 지위감을 높여주었다. 에밀리에게는 부당한 것처럼 보일 수도 있지만 그녀의 지위감에는 아무 문제가 없다. 이것은 그녀 스스로 선택한 방법이기 때문이다. 그녀는 모든 것을 통제하고 있다. 게다가 그녀의 업무는 팀에서 최고의 능력을 이끌어내는 것이지 자신의 감정에 신경 쓰는 것이 아니다.

"좋아, 너의 죄를 용서해줄게."

콜린이 농담조로 대답한다. 마침내 긴장이 풀리자 두 사람 모두 자그맣게 한숨을 토하며 가슴을 쓸어내린다.

콜린은 전화회의에서 있었던 일 때문에 불이익을 당할 것이라며 마음을 졸이고 있었다. 이런 부정적인 기대에서 비롯된 비호감 상태는 그의 지위감을 지지받았다는 예상하지 못한 보상으로 자취를 감췄다. 이러한 상호관계가 긍정적 도파민과 옥시토신, 세로토닌의 분비를 촉진한다. 두 사람은 이제 잘 연결돼 있다는 느낌을 갖는다. 그리고 계속해서 팀과 앞으로 진행할 여러 회의에 대해서 논의한다.

다른 회의에 대해 이야기하던 중 콜린이 리사에게 전화해서 사과하기로 약속한다. 그는 자신의 농담이 직접 얼굴을 보는 상황에서는 상관없지만 전화상으로는 부적절했다는 것을 깨닫는다. 더는 자신의 지위에 위협을 느끼지 않게 되자 이런 사실을 직시하는 게 고통스럽지 않다.

30분 후 에밀리는 리사의 전화를 받는다. 리사와 콜린은 관계를 회복했으며 다른 업무를 함께 진행할 계획이라고 알린다. 에밀리는 이처럼 복잡 미묘한 사회적 상황에서 지위감을 지키려는 뇌의 원초적인 본능을 이해해서 다행이라고 생각한다. 그렇지 않았다면 상황은 180도 달라졌을지도 모른다. 하지만 이제 집으로 가서 가족과 함께 시간을 보낼 때다.

• — 뇌의 비밀 — •

- 지위감은 직장과 일상생활 전반에서 중요한 동인이다.
- 지위감이 조금이라도 증가하면 보상회로가 활성화되고, 지위감이 내려가면 위협회로가 활성화된다.
- 지위가 자신보다 높은 사람에게 말을 거는 것만으로도 위협 상태가 활성화된다.
- 사람들은 자신의 지위를 쌓고 보호하기 위해 많은 관심을 기울인다.
- 지위가 높고 낮음을 절대적으로 측정하는 척도는 없다. 남보다 더 낫다고 느끼는 방법은 무한하다. 어떻게든 남보다 올라가려고 들면 유대감만 훼손된다.
- 타인을 인식할 때 사용하는 것과 동일한 회로로 자신을 인식하기 때문에 자신과 싸워서 이기면 뇌가 보상 반응을 일으키도록 유도할 수 있다.
- 지위감은 1차적 보상이나 위협에 속하는 다섯 가지 중요한 사회적 영역의 하나로 확실성, 자율권, 관계감, 공정성과 함께 스카프(SCARF) 모델을 구성한다.

• — 일 잘하는 뇌 만들기 — •

- 다른 사람의 지위감이 위협받지 않는지 주의하라.
- 인간적인 면모나 실수를 공유함으로써 자신의 지위감을 낮춰 상대가 느낄 위협을 줄이라.
- 상대에게 긍정적인 피드백을 주어서 상대가 느낄 위협을 줄이라.
- 자신과 싸울 수 있는 방법을 찾으라. 무엇이든 성과를 거둘 때마다 거기에 관심을 집중하라. 그 성과가 아무리 사소한 것이라도 유쾌하고 유익한 보상을 준다.
- 자신의 뇌를 잘 이해하기 위해서 자신과 싸우다 보면 업무의 성취도도 확실히 높일 수 있다.

제4막

FACILITATE CHANGE
변화 촉진 뇌

[뇌에 대한 궁금증]

- 사회적 관계가 뇌에도 영향을 미칠까?
- 동료들 사이에 느끼는 친밀감이 조직의 성과를 올리는 데 얼마나 중요하게 작용
  할까?
- 공정하다는 느낌이 주는 업무적인 효과는?
- 자존감이나 지위감이 주는 업무적인 효과는?

변화는 어렵다. 타인의 변화를 촉진하는 것은 훨씬 더 어렵다.
우리가 생각보다 타인에게 영향력은 더 많이 미치지만 타인을 통제하는 것은 잘 못한다는
연구 결과도 있다. 마지막 4막에서는 이야기의 흐름이 약간 바뀐다.
즉, 뇌에 대한 지식보다는 타인을 변화시키기 위해 지금까지 배운 지식을
실제로 어떻게 적용할지 살펴본다. 처음에는 타인을 변화시키는 것을,
나중에는 그룹을 변화시키는 것을 알아볼 것이다. 뇌는 외부 요소에 따라 계속 변화한다.
하지만 사람들의 관심이 바뀌면 따라서 바뀌기도 한다.
다른 사람의 관심을 위협 상태로부터 끌어내 당신이 원하는 대상으로
향하게 만드는 일이야말로 진정한 변화를 촉진하는 가장 어려운 도전이다.

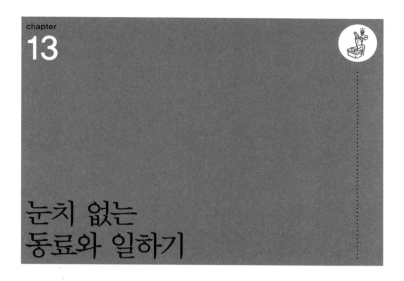

chapter

13

눈치 없는
동료와 일하기

상대방이 상황 파악을 못하면

●   오후 4시 반

폴은 초등학교 프로젝트에서 함께 일하는 아웃소싱 업체의 에릭에게 메일을 받는다. 에릭은 초등학교 프로젝트의 일정이 자꾸 늘어지는 바람에 교장선생님이 화가 많이 났다고 알려왔다. 폴은 답장을 쓰려다가 잠시 전 네드와의 통화에서 배운 교훈을 기억하고는 전화를 걸어 직접 이야기하기로 한다.

전화를 받는 에릭의 목소리가 왠지 방어적이다. 에릭은 이번이 폴과의 두 번째 동업이다. 그는 어떻게든 폴에게 좋은

13장 눈치 없는 동료와 일하기

309

인상을 주고 싶다. 에릭은 예산이 초과되었고, 마감이 4주나 지났는데 아직도 작업을 끝내지 못했다고 말하면서 일이 이렇게 된 것은 의뢰인이 짜증나게 자꾸 계약 내용을 변경하기 때문이라고 변명한다. 자신의 지위감이 위협받고 있다는 생각과 폴이 어떤 말을 할지 불확실하다는 생각 사이에서 에릭의 변연계는 잔뜩 긴장한 상태다.

그러나 폴도 최고의 상태는 아니다. 수백 명의 학부모로 구성된 공동체에서 그의 명성은 위기에 처해 있으며 이는 심각한 위협 반응을 초래한다. 폴이 교장선생님과 어떻게 대화를 풀어야 할지 고민하는 동안 변연계는 말썽을 일으켜 교장선생님에게 불려갔던 몇십 년 전 기억을 또다시 불러낸다. 에릭에게 당장 소리라도 지르고 싶지만 그럼 상황만 더 악화시킬 것이다.

"그런데 왜 이 지경까지 온 겁니까? 문제가 뭐죠?"

폴은 감정을 억제하려고 애쓴다.

"보세요, 제 잘못이 아니라니까요. 학교 측에서 자꾸 계획을 바꾸잖아요. 그럴 때마다 우리 일거리는 더 많아져요. 그 사람들도 자신이 뭘 원하는지 모르니 저도 어떻게 할 수가 없어요."

"그럼 이렇게 해요, 에릭…."

폴은 잠시 말을 멈추고 어떻게 하면 에릭에게 제대로 된 피드백을 줄 수 있을지 고민한다. 전에 읽었던 피드백에 관한 책에서 본 내용을 떠올린다. 책에서 배운 대로 처음에는 긍정적인 피드백을 주어서 지적하는 듯한 분위기를 누그러뜨리기로 한다.

"에릭, 우리가 처음 함께했던 프로젝트를 정말 잘해줬어요. 하지만 이번 건은 조금 문제가 있네요. 물론 이번에도 잘해내리라고 생각해요. 하지만 문제는…."

갑자기 에릭이 끼어든다.

"그럼 내가 잘못했다는 겁니까? 교장선생님이 자꾸 계획을 바꾸는 걸 알잖아요. 지난번엔 당신도 함께 있었으니까."

그의 목소리에 잔뜩 날이 서 있다. 폴이 긍정적인 피드백을 먼저 했지만 에릭의 변연계는 싸울 태세를 거두지 않는다. 자신의 지위감에 위협을 느낀 데다 폴의 말이 부당하다고 생각하기 때문이다.

폴도 점점 화가 치밀어오른다. 생각을 제대로 했더라면 에릭에게 그런 피드백을 하지 않았을 것이다. 하지만 이제 상황은 더 나빠졌다. 이 대화에서는 지금이 전환점이다. 폴이 지금 감정적으로 나가면 지리멸렬한 논쟁이 곧 폭발해버릴 것이 분명하다. 게다가 지난 몇 달 사이에 동업자와 벌인 세 번째 말다툼으로도 기록될 것이다. 그는 잠시 말문을 닫고 연출자가 이 상황을 모면할 다른 길을 찾도록 기다린다. 무진 애를 쓴 끝에 폴은 에릭이 아직은 컨설팅에 관한 경험이 별로 없어 실수가 잦다며 상황을 가까스로 재해석한다. 그와 좋은 동업관계를 유지할 기회는 여전히 남아 있다. 이렇게 재해석하고 나자 분노가 가라앉는다. 에릭의 거울신경도 폴의 반응을 감지하고 감정을 누그러뜨린다. 두 사람은 냉정을 되찾아간다.

폴은 이 문제를 해결할 다른 접근법이 없는지 잠시 고민한다. 직접적인 피드백은 별로 효과가 없는 것 같다. 그는 당면한 문제의 원인에 대해 에릭과 좀 더 상의하고, 가능하면 도움을 주고 싶다.

"에릭."

폴은 느릿한 어조로 에릭이 마음을 가라앉히도록 돕는다.

"당신을 질책하거나 따지려는 게 아닙니다. 당신이 최선을
다했다는 건 나도 잘 알아요."

"고마워요. 이건 진심이에요."

에릭의 목소리가 조금은 풀린 것 같다.

"그럼, 우리 이 문제를 논리적으로 얘기해보고 돌파구를 찾
도록 합시다. 차근차근 말이죠. 당신은 왜 상황이 악화되고 있
다고 걱정하는 거죠?"

그러자 에릭은 지난 몇 주 동안 있었던 일들을 상세히 들려
주기 시작한다. 에릭이 이렇게 폭발하게 된 계기는 오늘 걸려
온 교장선생님의 성난 전화였다. 1시간이 다 돼가도록 폴과
에릭은 모든 각도에서 프로젝트를 상의한다. 폴은 진흙탕을
헤치고 나가는 기분이지만 문제의 핵심에 닿기 위해서는 이
방법밖에 떠오르지 않는다. 마침내 같은 문제를 네 차례나 되
풀이해서 얘기한 끝에 이것은 새 의뢰인과 일할 때 마주치는
일반적인 상황이라는 결론에 도달한다. 재해석의 한 종류인
이 해결책이 급한 불은 꺼주겠지만 앞으로 교장과 어떻게 문
제를 풀어나가야 하는지에 대해서는 가르쳐주지 않는다.

폴은 더 이상 참지 못하고 직접 해결책을 제시하기로 한다.
그는 에릭한테 교장선생님에게 전화해서 원래 계획안을 밀어
붙이라고 한다. 하지만 에릭은 그 해결책을 반대한다. 또다시
지루한 토론이 20분간 이어진다. 마침내 에릭은 문제를 다시
한 번 생각해보겠다고 말한다.

폴은 문제의 해결책을 알 것 같다. 의뢰인과 계약서를 새로 쓰는 것이다. 에릭이 이 생각을 받아들이도록 설득할 수 있다면 좋을 텐데, 10분이면 끝날 통화가 1시간이나 길어졌다. 폴은 이런 고충과 노력을 감내하고도 다른 사람과 함께 일할 필요가 있는지 의문이 든다.

복잡한 상황처럼 보이지만 의외로 핵심은 간단하다. 폴과 에릭이 동업해서 초등학교에 컴퓨터 프로그램을 새로 깔기로 한 계약이 궤도를 이탈한 것이다. 폴은 에릭이 문제를 해결하도록 도우려 한다. 에릭은 교착상태에 빠져 있고 폴은 위협이 느껴져 화가 난다. 폴은 일단 책에서 본 피드백 기법을 정석대로 적용해본다. 그런데 이것은 잘못된 선택이었다. 특히 위협을 느끼는 사람에게는 이런 해결책이 통하지 않는다. 그러자 폴은 좀 더 논리적으로 접근해서 문제의 본질을 파헤쳐보려고 한다. 두 사람은 돌파구를 못 찾고 같은 곳을 빙빙 돌다가 세부적인 내용에 발목이 잡힌다. 마침내 폴이 해결책을 제시하지만 에릭은 단박에 거절한다.

피드백이 실패하자 폴은 논리적으로 접근해서 상대가 문제를 해결할 수 있도록 도우려 한다. 폴은 에릭의 문제가 무엇인지 이해해보려고 한 뒤에 여러 가지 제안을 한다. 나는 이런 접근법을 '디폴트 도움법'이라고 부른다. 폴은 이런 접근법이 문제를 해결하는 데 전혀 효과가 없다는 것을 모른다. 심지어 바람직하지 않은 부작용까지 불러오는 것도 알지 못한다. 폴은 소프트웨어에 발생한 문제는 잘 찾아내지만 다른 사람의 업무 능력을 향상시키는 데는 서툴다. 그러므로 앞으로 이런 일에 더 능숙해지도록 뇌를 바꾸어야 한다.

효과적인 피드백은 어렵다

다른 사람의 변화를 유도하기 위해 종종 가장 먼저 택하는 전략이 피드백이다. 하지만 이 전략이 성공하는 경우는 극히 드물다. 피드백의 성과를 높이는 기법들은 다양하다. 그런데 사람들은 피드백의 기본적인 현실을 그냥 보아 넘기는 경향이 있다. 즉, 피드백을 받은 사람은 강렬한 위협감을 느낀다는 사실 말이다. 만약 누군가에게 "남들이 너에 대해서 뭐라고 하는지 말해줄까?"라고 말해보라. 상대는 분명히 그 어느 때보다 빨리, 쉽게 그리고 가장 일관된 방식으로 불같이 화를 낼 것이다.

폴은 에릭을 도우려는 마음에 정중하게 피드백을 해보았다. 처음에는 좋은 말을 해주는 듯하더니 에릭의 지위감을 공격하고는 다시 좋은 말로 끝을 맺었다. 내가 보기에 이런 방식은 독약이 든 샌드위치다. 빵 때문에 독약이 안 보일지도 모르지만 결국에는 치명적인 독약이다.

피드백은 전 세계의 조직들에서 10년이 넘도록 연간 업무평가서라는 형태로 시행하고 있다. 도요타대학 학장인 마이크 모리슨은 연간 업무평가서에 대해 이렇게 평가했다.

"매년 엿새 동안 업무를 할 수 없게 만들 뿐이다. 사흘 동안은 업무평가를 대비해야 하고 나머지 사흘은 평가로 받은 충격에서 벗어나야 한다."

업무평가 교육 매뉴얼에는 관리직이 건설적으로 업무평가를 해야 한다고 나와 있다. 그런데 건설적인 업무평가의 문제점은 아무리 훈련을 잘 받고 내린 평가라 하더라도, 뼛속까지 사회적인 인간의 뇌는 지위감에 대한 아주 미미한 위협도 무의식적으로 포착해낸다는 것이다. 마치 들판 저 건너편에 있는 먹이에도 코를 킁킁거리는 늑대처럼 말이다. 당신의 피드백이 아무리 건설적이어도 듣는 사람에게 타격을 줄 수밖에 없다. 그 결과 피드백을 받는 사람은 방어적인 태도를 보인다. 다른 사람이 자발적으로 변화하도록 하는 방법이 분명히 있을 것이다.

조직의 문제는 단순하지 않다

피드백이 통하지 않자 폴이 다음으로 생각해낸 묘안은 문제의 원인을 찾아내는 것이었다. 그는 논리적으로 행동하고 싶었다. 문제를 풀기 위해 쓰는 연역적인 방법은 실생활 전반에서 볼 수 있다. 차가 과열된 원인이나 프로그램에 에러가 발생하는 이유를 찾을 때처럼 말이다. 자동차나 컴퓨터 프로그램은 비교적 단순하다. 그 반면 조직이나 사람들 사이에서 일어나는 문제는 복합적이고 가변적인 경우가 많다.

당신이 지금 낯선 도시에 있다고 생각해보라. 그런데 다른 도시에서 고객과 미팅을 하기 위해 2시까지 공항에 가야 한다. 일단 택시를 타려고 하는데 정확히 언제쯤 호텔에서 출발해야 할지 잘 모른다. 이 경우 당신의 무대 위에는 '2시에 도착하기', '이 도시를 떠나기', '택시 타기'라는 세 가지 아이디어가 올라온다. 당신은 이 세 가지 아이디어 사이에 틈을 만들고 어떤 정보가 그 틈을 메우는지 살펴본다. 만약 '1시에 출발한다.'는 답이 떠올랐다고 치자. 당신은 연역적 추론으로 외부적인 문제를 풀었다. 지금까지는 아무 문제가 없다.

이제 1시다. 막 택시를 잡으려는데 갑자기 빗방울이 떨어진다. 10분 후 도로에는 여전히 택시가 없다. 비행기를 놓칠지도 모른다는 공포가 스멀스멀 피어오른다. 이제 와서 버스나 급행열차를 타려니 너무 늦었다. 짜증이 나기 시작한다. 다시 당신의 무대 위에 '왜 일기예보를 확인하지 않았지?', '공항에 가는 법을 미리 물어보지 그랬어?', '왜 이렇게 일처리에 두서가 없어?'라는 새로운 질문 세 가지가 올라온다. 당신은 다시 한 번 질문들 사이의 틈을 메우려고 고민한다. 즉, 이 회로를 완성하기 위해 필요한 정보를 모으는 것이다. 이제 해마에 저장된 기억들을 훑으면 내측전전두피질이 활성화된다. 이렇게 주의력을 내면으로 돌리면 최근에 몹시 스트레스를 받았던 상황들이 차례로 떠오르면서 그때 느꼈던 감정을 다시 느끼게 된다. 자신에게 던졌던 질문들 때문에 뇌의 상태가 바뀌는 것이다. 결국 당신은 최근에 유난히 스트레스를 많이 받은 것이 문제라는 결론을 내린다. 남들이 보기에 당신은 딴곳에 정신이 팔려 있는 것 같다. 몇 걸음 떨어진 곳에 택시가 섰지만 가게에서 막 나온 사람이 냉큼 잡아탄다. 게다가 그 사람은 비 한 방울 맞지 않았다. 그제야 당신은 택시를 발견하고 소리를 지른다. 뒤이어 오던 택시는 길거리에서 소리를 지르고 있는 정신 나간 손님을 태우지 않으려고 방향을 바꾼다. 당신은 잔뜩 흥분한 상태로 고객에게 전화를 걸어 미팅을 취소한다. 그러고는 차가 밀려서 비행기를 놓쳤노라고 변명을 덧붙인다. 고객은 전혀 공감해주지 않는다.

이 이야기에서 연역적인 문제 해결 방법은 의도하지 않았던 결과를 낳았다. 문제를 머릿속에 떠올리면 꼬리에 꼬리를 물고 문제들이 떠오른다. 감정이 최고조에 달했을 때 꼬리표 붙이기를 하지 않고 어떤 감정인지도 살피지 않으면 문제를 떠올릴 때마다 변연계가 흥분해서 문제를 해결하기가 어렵다. 결국 어려운 문제를 풀려다가 더 어려운 교착상태에 빠지고 마는 것이다. 이런 상황을 헤쳐나가려면 평온하고 긍정적이고 열린 마음자세를 가져야 한다. 그 내용은 이미 6장에서 살펴봤다. 장황한 스토리와 세부 사항에 빠지면 뇌는 결코 안정을 찾을 수 없다.

택시 이야기로 돌아가보자. 뇌에서는 회로가 연결되었지만 공항에 가는 과제를 수행하는 데 아무런 도움도 되지 않았다. 에릭과 폴이 프로젝트의 세부 사항을 파고들 때도 이런 상황이 발생했다. 문제를 풀기는 했지만 진짜 목표에는 도움이 되지 않았다. 이것이 바로 문제 해결의 덫이다. 한 가지 문제를 풀면 도파민이 샘솟아서 당신은 본질이 아닌 스토리에 빠져들게 된다. 이런 덫에 빠지지 않으려면 꼭 풀어야 할 문제를 집중해서 해결해야 한다. 당신이 보기에 흥미로운 문제가 아니라 가장 '유익한' 문제를 해결해야 하는 것이다.

문제의 근원으로 이어진 실타래를 따라가는 일은 얼핏 흥미진진해 보이지만 결국에는 '일이 너무 많다.', '돈이 없다.' 혹은 '시간이 없다.'는 결론에 다다르게 된다. 폴과 에릭도 이런 식으로 막다른 골목에 부딪히자 새 의뢰인이어서 빚어진 문제라고 생각해버린다. 새 의뢰인과 일하면 종종 이런 일이 발생한다는 논리를 펴면서 말이다. 이런 식의 결론은 좀처럼 도움이 되지 않을뿐더러 오히려 상황만 더 악화시킨다. 하향식 확산이 만들어져서 정신적으로 더 지치게 되기 때문이다. 부정적인 회로가 형성될수록 도파민 수치는 떨어지고 그러면 다음 문제를 풀 자원이 부족해져서 결국 더 부정적인 회로가 연결된다. 이런 악순환이 계속

된다. 이렇게 에너지가 떨어진 상황에서는 모든 것이 어렵게만 보인다. 위험을 피하려고 할수록 행동을 시작할 동기가 사라진다. 결국 낮잠이나 자면 좋겠다는 생각밖에 나지 않을 것이다. 바로 이럴 때 유능한 연출자가 나타나 악순환이 더 심해지기 전에 잘못된 생각의 방향을 바로잡아줘야 한다.

문제에 집중하는 태도가 이렇게 비생산적인데 왜 사람들은 늘 문제에 집중할까? 그 편이 안전해 보이기 때문일 것이다. 뇌는 불확실성을 싫어한다는 사실을 떠올려보라. 과거는 확실한 것으로 가득하지만 미래는 그렇지 않다. 자꾸 과거를 바라보면 낮잠에 스르르 빠질 정도로 마음이 편해진다. 하지만 불확실성 속에서 해답을 구하다 보면 깊은 미지의 심연 속으로 다이빙을 하는 듯한 기분이 든다.

문제에 집착하는 또 다른 이유는 너무나 뻔하다. 자신에게 혹은 다른 이에게 질문할 때 질문이 만드는 틈을 메우기 위해 어디에서 정보를 구해오는가? 바로 과거의 기억을 재현하는 뇌 속의 수십억 개에 달하는 회로다. 뇌가 미래에 할당한 회로는 얼마 되지 않는다. 전기적 신호는 이미 있는 길로 다니는 편을 더 좋아한다. 그래야 존재하지도 않는 길을 찾아다니는 것보다 에너지가 적게 들기 때문이다.

문제보다 목표에 집중하라

공항에 가야 하는 가상의 목표로 다시 돌아가자. 비가 오기 시작하면 새로운 문제를 풀기 위해 다른 길로 가야 한다.

"비가 오잖아. 택시도 없는데, 어디 가서 택시를 잡지?"

이 질문은 당신의 내면이 아니라 외부를 향해 있다. 외부에 집중하면 손님이 이미 타고 있는 택시도 많이 보이지만 택시에서 사람들이 많이 내리는 근처 지하철역도 보이게 된다. 그것은 '지하철역으로 가는 택시'와 관련된 회로들이 이런 장면을 보리라 기대하는 마음에서 아무리 미세한 신호라도 포착해 반짝하고 연결되기 때문이다. 그런 상태라면 빗속 저 멀리서 차선을 바꾸는 택시가 보이는 순간 회로의 불빛 패턴이 잠깐 바뀌어도 알아차릴 수 있다.

두 가지 시나리오의 차이점은 중요한 결정에서 비롯된다. 즉, 과거보다 원하는 결과(택시 잡기)에 더 집중하겠다는 결정이다. 일단 그렇게 결정을 내리면 당신의 주의력은 문제가 아니라 목표를 향해 달려간다.

문제 대신 목표에 집중하겠다는 결정은 여러 방식으로 뇌의 기능에 영향을 미친다. 첫째, 결과에 집중하면 뇌가 문제에 관한 정보(공항에 도착하지 못한다)보다 결과(택시 잡기)에 관한 정보를 더 잘 포착하게 된다. 문제와 해결책을 동시에 고민할 수는 없다. 이는 자릿수가 큰 숫자 두 개를 동시에 기억하고 그 둘을 더하면서 곱하기까지 하려는 것처럼 어려운 일이다. 당신의 배우들은 한 번에 한 장면밖에 공연할 수 없다. 해결책이 필요하면 그 해결책에만 관련된 정보를 찾도록 뇌를 준비시키는 편이 더 도움이 된다.

해결책을 구하려면 실마리를 찾아 주변을 광범위하게 살펴야 한다. 그러면 뇌의 우반구가 더 활성화된다. 사소한 정보에 얽매이면 좌반구를 활성화할 뿐이다. 우반구가 활성화돼야 통찰력을 발휘할 수 있어서 복잡한 문제를 더 잘 풀 수 있다.

문제에 집착하면 그 문제와 관련된 감정만 불러일으킬 수 있다. 그러면 뇌에선 잡음이 더 심해져 통찰력을 방해할 뿐이다. 그 반면 해결책에 집중하면 뭔가를 강하게 원하는 상태가 되기에 호감 상태가 된다. 피하려는 것이 아니라 구하려고 하기 때문이다. 그러면 도파민 수치가 상승해 통찰력을 발휘하기 좋은 환경이 된다. 해결책을 구하고 싶은가? 그렇다면 긍정적인 기대감이 도파민의 분비를 촉진한다는 사실을 명심하라.

모든 면에서 해결책에 집중하는 편이 통찰력을 발휘할 가능성을 높이고 결국은 더 행복해질 수 있다. 하지만 이런 태도가 뇌 본연의 모습은 아니다. 해결책은 대개 검증되지 않은 것이라 불확실하다. 불확실성에서 비롯된 위협을 누그러뜨리려는 노력을 기울여야 한다. 해결책에 집중하다 보면 연출자를 깨워야 할 때도 있고, 주의력이 자꾸 문제로 향하는 상황도 억제해야 하며, 뇌가 가지 않으려고 하는 방향으로 가도록 슬쩍 옆구리를 찔러야 할 때도 있다. 그렇기 때문에 유능한 연출자가 없으면(또는 위협 반응이 연출자를 압도해버리면) 저절로 해결책보다 문제에 더 집중하는 모습을 보이게 된다.

이 접근법에는 미묘한 문제가 한 가지 더 있다. 문제 해결에는 에너지가 많이 든다. 그런데 에너지를 절약하고 해결책으로 곧장 나아가고 싶은 것이 인지상정이다. 그렇다 보니 다른 사람이 문제를 해결하도록 돕는답시고 아예 그 해결책을 알려주기도 한다.

폴의 경우를 생각해보자. 그는 너무 앞서나간 나머지 교장선생님과의 문제를 풀 수 있는 해결책을 에릭에게 알려주었다. 하지만 에릭은 그것을 일언지하에 거절했다. 문제는 해결책을 먼저 생각한 사람이 누구냐 하는 것이다. 폴의 제안으로 폴은 더 잘나보이고 반대로 에릭은 더 무기력해 보인다. 이런 상황이 두 사람의 상대적인 지위감에 영향을 미치고 이는 다시 에릭의 반감으로 이어졌다. 폴의 아이디어가 그럴싸할수록 에릭의 저항은 더 커질 것이다. 생각해보면 참 이상한 일이다. 폴이 이런저런 제안을 하자 에릭은 자율권에 위협을 느낀다. 즉, 이제 자신이 갈 길을 스스로 선택할 수 없다는 느낌을 받은 것이다.

만약 에릭이 스스로 해결책을 찾았다면 그의 지위감은 향상되었을 것이며 더불어 자율권과 어느 정도의 확실성도 확보할 수 있었을 것이다. 머릿속에서 튀어나온 신선한 통찰력이 주는 에너지로 기분마저 좋아졌을 것이다. 또한 통찰력으로 생긴 긍정적인 기분 덕분에 뭔가 다른 일을 해야 할 때의 불확실한 느낌을 한 방에 날려버릴 수도 있었을 것이다.

누군가에게 조언해봤자 별 효과가 없다. 그런데도 사람들은 상대에게 해결책을 가르쳐주려고 한다. 상대가 해결책을 떠올릴 때까지 기다리는 것이 어렵기 때문이다. 먼저 직접 문제를 해결하려는 욕구를 억눌러야 한다. 그러려면 에너지를 많이 소비하는 억제 과정을 실행해야 한다. 마치 답이 뻔히 보이는 십자낱말풀이를 누군가 땀을 뻘뻘 흘리며 푸는 모습을 잠자코 지켜보는 것과 같다. 입이 근질거려 어떻게 참겠는가! 게다가 상대가 어떤 해결책을 제시할지 불확실하므로 끓어오르는 자극도 누그러뜨려야 한다. 그러면 당신은 자율권이 없다는 기분에 빠져들기 시작한다. 그도 그럴 것이 선택하는 쪽은 상대방이기 때문이다. 그래서 당신이 생각하지도 못한 근사한 아이디어를 그 사람이 내놓아 당신의 지위감이 위협받는 상황이 발생할 수도 있다.

여기에서 어처구니없게도 역설적인 상황이 발생한다. 다른 사람이 문제를 해결하도록 돕는 일은 너무나 어려워 보인다. 전 세계의 영리한 비즈니스 리더들은 엄청난 시간을 투자해서 다른 사람의 문제를 열심히 고민한다. 하지만 열심히 생각하면 할수록 상대방은 위협감을 느끼고 결국 해결책을 거부해버린다. 굳이 이런 역설에 빠져들지 않아도 되는 방법이 분명히 있다.

조언은 효과가 없다

그 방법에 대한 실마리는 앞에서 살펴본 장면의 마지막 부분에 나온 에릭의 반응에서 찾을 수 있다. 에릭은 전화를 끊고 혼자서 생각해보겠다고 했다. 그는 자신이 수긍할 만한 해결책을 찾을 때까지는 어떤 행동도 취하지 않을 생각이다. 현재로서는 과도한 자극을 받고 있기에 외부의 아이디어는 일언지하에 거절해버린다. 에릭이 교착상태에 빠진 것을 고려해볼 때 폴은 그가 통찰력을 발휘해 문제를 풀 수 있도록 도와야 한다. 이런 상태에서 직접적인 제안이 효과가 없다면 에릭이 스스로 생각할 수 있는 실마리를 제공하는 편이 더 낫다. 가령 정곡을 찌르는 질문을 해보면 어떨까?

6장에 나왔던 올슨 박사를 기억할 것이다. 올슨 박사는 시카고에서 교착상태에 관해서 연구한다. 그는 한 연구에서 사람들을 교착상태에 빠뜨리는 실험을 했다. 그는 피실험자들에게 두 가지 기법을 적용해보았다. 한 그룹에는 생각하면 안 되는 것에 대한 힌트를, 다른 그룹에는 해야 하는 것에 대한 힌트를 주었다. 연구 결과에 대해 올슨 박사는 이렇게 말했다.

"두 가지 방법이 해결책을 제시하는 데 미친 효과는 모두 미미합니다."

힌트를 얻고 나서 첫 번째 그룹이 문제를 해결하는 시간은 겨우 5퍼센트, 두 번째 그룹은 8퍼센트가량 빨라졌을 뿐이다. 대개 누군가에게 문제를 해결할 수 있는 도움을 줄 때는 이 두 가지 전략을 활용하게 마련이다. 즉, 무엇을 해보라거나 하지 말라고 조언한다. 올슨 박사는 그래봤자 조언의 효과가 그리 크지 않다는 사실을 알아냈다. 이 두 가지 접근법은 교착상태에 빠진 사람들을 도울 때 사용하는 디폴트 도움법의 대다수를 차지한다. 누군가를 도우려고 할 때 직관적으로 떠오른 방법은 절대 효과적이지 않다. 그러니 다시 생각해보라.

그렇다면 폴은 어떻게 해야 했을까? 6장에서 배웠다시피 뇌에는 통찰력이 반짝 떠오르는 특정한 상태가 있다. 통찰력은 세부 사항에 집착하지 말고 더 포괄적이고 폭넓게 생각할 때 튀어나온다. 뇌가 통찰력을 발휘하려면 고요한 상태여야 한다. 즉, 전기적 활동성이 전반적으로 낮은 수준이어야 한다는 말이다. 그래야 미세한 내부 신호를 잘 포착할 수 있기 때문이다. 교착상태에 빠진 사람들은 이미 불안한 상태에 빠져 있다. 불안하면 사람들의 시야는 좁아지고 뇌의 잡음이 더 심해진다. 그러므로 불안을 줄이고 긍정적인 감정을 늘리는 것이 무척 중요하다. 다시 말해 비호감에서 호감 상태로 전환해야 한다. 이때 SCARF 모델의 중요성이 부각된다.

상대가 이러한 상태라면 가령 격려를 아끼지 않는 방식으로 지위감을 높여줄 수 있다. 목표를 명확하게 말하는 것처럼 모호한 문제를 좀 더 명확하게 밝혀줌으로써 확실성을 강화해줄 수도 있다. 상대에게 당신의 제안을 그냥 따르지 말고 직접 아이디어를 생각하고 결정하라고 함으로써 자율권을 높여주는 것도 좋다.

문제를 몇 가지 단어로 단순화하는 것도 좋은 방법이다. 그러면 전전두피질에 주는 부담을 줄여서 뇌의 전반적인 활성화 수준을 낮출 수 있다. 몇 단어나 한 문장으로 정리만 해도 통찰력에 큰 도움이 된다.

상대방이 해결책을 찾기에 적절한 상태가 되었다. 문제도 단순화해서 정리해두었다. 그렇다면 이제 당신은 무엇을 해야 할까? 상대가 조용한 방식으로 심사숙고하게 해야 한다. 당신은 상대가 세부 사항을 파고들지 말고 내면을 들여다보기를 원한다. 물론 결코 쉽지 않은 일이다. 하지만 내면을 자꾸 들여다보면 어느새 해답이 명확하게 보일 것이다. 당신의 목표는 아침에 처음 눈을 떴을 때처럼 뇌의 깊은 곳에 감춰진 아이디어를 쉽게 연결할 수 있고, 미세한 사고들이 수면으로 떠오르는 마음 상태를 이끌어내는 것이다.

바로 이 시점에서 상대방에게 질문을 던지면 그 사람의 주의력은 자신의 사고 과정으로 향한다. 그것도 매우 높은 수준으로 말이다. 마크 비먼은 《신경리더십 저널》에서 다음과 같이 주장했다.

"미세한 회로에 더 많은 주의력을 쏟게 하는 변수들을 통해 통찰력을 발휘할 수 있다. 상대방이 자신의 미세한 회로에 집중하도록 만들고 싶으면 이렇게 하면 된다. 바로 미세한 회로에 관한 질문을 던지는 것이다."

폴은 에릭에게 이런 질문을 할 수도 있었다.

"좀 더 깊이 생각하면 이 문제를 해결하기 위해 무엇을 해야 할지 떠오를까?", "해결책을 제시하기 위해 마음 깊은 곳에 잠복하고 있는 직감은 어떤 것들이 있을까?", "해결책은 얼마나 가까이에 있을까?", "해결책에 닿으려면 어느 길로 가는 것이 당신에게 최선일까?"

나는 전작 『고요한 리더십』에서 이런 접근법을 설명하고자 다양한 상황과 배경지식에 대해 설명했다. 기본 원칙은 간단하다. 상대방이 미세한 고차원적인 회로를 스스로 포착할 수 있도록 돕는 것이다. 그러면 통찰력을 발휘할 가능성도 높아진다. 통찰력은 통제할 수 없는 반면, 타인이 자각하는 것보다 더 많이 영향을 미칠 수는 있다. 당신은 6장에서 교착상태를 빠져나가는 지름길로 소개했던 아리아 모델을 상대가 잘 실천하도록 돕기만 하면 된다. 이 기법의 장점은 은연중에 다음과 같은 뉘앙스를 풍겨서 상대의 지위감을 높이는 것이다.

"당신의 생각이 훌륭하다. 그러니 내 것보다 당신의 생각을 더 자세히 살펴보도록 하자."

상대방에게 내면에서 나타날 듯 말듯 하는 아이디어에 관심을 기울여보라고 하면 더불어 그 사람의 연출자를 깨우는 셈이다. 그럼 전반적으로 자극을 받는 상황도 누그러뜨릴 수 있다.

이런 질문들을 던지면 새로운 생각의 실타래가 풀리기 시작한다. 왜냐하면 상대방이 자신의 사고 과정에 나타난 틈을 찾기 시작하기 때문이다. 당신이 문제를 찾는 것이 아니라 그 상대방이 자신의 사고 과정에서 틈을 수색하는 것이다. 당신은 상대방이 더는 골머리를 썩일 필요가 없는 해결책이나 결정을 찾기를 바란다.

이러한 접근법은 직장 내에서 흔히 볼 수 있는 풍경과는 사뭇 다르다. 피드백의 질이 형편없다는 직원들의 불평은 어디서나 들을 수 있다. 새로 관리자가 된 사람들이 통과의례처럼 거쳐야 하는 불행한 과정이기도 하다. 왜 그럴까? 갓 승진한 관리자는 부하직원들에게 피드백을 잔뜩 하곤 한다. 그러다가 사람들이 피드백으로 얼마나 쉽게 위협을 받는지 깨닫는 순간이 온다. 어느덧 지리멸렬한 토론과 시간 낭비만 벌어지고 있음을 깨닫고는 피드백을 아예 피하게 된다. 그런데 어쩔 수 없이 피드백을 해야 하는 시점이 있다. 상사의 지시가 있거나 정기 업무평가서를 작성해야 하기 때문이다. 그러면 직원들에게 위협감을 주지 않으려고 알맹이는 없이 장황한 말로 은근슬쩍 넘어가려 한다. 뇌과학 덕분에 이런 사이클이 일어나는 이유는 물론이며 훨씬 더 효과적인 새로운 접근법도 밝혀졌다.

폴이 새로운 접근법을 적용하려면 일단 자신의 연출자부터 깨워서 관심이 문제의 근원이나 대뜸 해결책을 제시하고 싶은 욕구로 쏠리지 않도록 해야 한다. 이런 욕구를 억누르지 못하면 자신의 지위감을 보호하려는 본능에 충실한 사람들과 벌이는 불필요한 논쟁으로 시간만 허비하게 된다. 상대방이 더 효과적으로 일하는 모습을 보고 싶은가? 그렇다면 가끔은 당신의 머릿속 브레이크부터 꾹 밟아라.

상대에게 문제 해결의 기회를 넘기라

상대방이 스스로 해결책을 찾도록 격려하는 것은 단지 프로젝트를 관리하는 차원에서만 중요한 문제가 아니다. 사람들은 온갖 상황에서 자신의 지위감을 지키기 위해 엄청난 자원을 허비하곤 한다. 리버먼은 이렇게 말한다.

"경험에 비춰보자면 대학생 50명 중 1명은 뛰어난 글솜씨를 지니고 있다. 나는 학생들에게 제출한 과제물로 점수를 주지 않는다고 확실히 밝혀둔다. 그 대신 학생들이 자신의 과제물을 얼마나 잘 비판하는지 보고 점수를 준다. 자신의 과제물을 제대로 공격하도록 인센티브 제도도 만들어놓았다. 학생들은 비판을 제대로 할수록 더 나은 점수를 받는 것이다."

사람들은 자신이 한 일을 검토할 때 일을 잘해냈다고 확신한다. 남에게 잘못 보이고 싶은 사람이 어디에 있겠는가. 에릭도 교장선생님과 아무런 문제도 없다는 확신을 받고 싶어 했다. 특히 폴이 그렇게 생각해주기를 바랐다. 에릭이 설령 자신의 생각을 잘 들여다본다고 해도 지위감을 보호하려는 마음에 사로잡힌 상태라면 온통 자신이 잘한 일만 보일 것이다. 그의 뇌는 잘한 일만 찾아내는 데 혈안이 돼 있기 때문이다.

리버먼은 이처럼 전통적인 인센티브 구조로 실험을 해보았다. 이전 과제물에 대한 자아비판이 이번 과제물에 얼마나 제대로 반영되었는지, 얼마나 발전했는지를 기준으로 점수를 매겼다. 사람들의 지위감을 그들이 변화한 정도에 결부시킨 것이다. 그들의 지위감은 비판을 받는 쪽이 아니라 비판하는 쪽과 연결돼 있다. 왠지 가학심리를 보는 듯한 기분이 드는 것도 사실이다. 리버먼은 이런 평가 방식이 얼마나 흥미진진한 영향력을 보여주는지 설명해주었다.

"학생들은 '내 과제물을 완전히 다른 관점에서 읽었다. 마치 나 자신이 다른 사람이 된 듯 읽게 되었다. 그러면 과제물에서 내가 범한 온갖 실수들이 눈을 부릅뜨고 나를 노려보는 것 같았다.'라고 말했다."

다른 사람의 글을 읽으면 실수가 눈에 쏙쏙 들어온다. 하지만 자신의 글을 읽을 때는 그렇게 되기가 쉽지 않다. 그래서 글쓰기와 퇴고하기 중에서 글쓰기 쪽이 더 쉬운 것이다. 그 글을 쓴 사람이 자신이라는 것을 망각하기 때문이다.

리버먼의 실험에서는 이론상으로 사람들은 설령 자신의 지위감이 위태로워진다고 해도 자신을 비판할 수 있다는 것을 알 수 있다. 자신의 지위가 고정돼 있다면 자신에 대해 비판을 더 잘할 수도 있다. 하지만 지위가 변화 과정에서 능동적인 측면을 의미하지는 않는다. 리버먼은 사람들의 연출자를 깨웠는데, 지위감은 그 과정에서 보상 수단으로 이용되었을 뿐이다.

상대방이 스스로 통찰력을 발휘하게 도울수록 그 사람의 업무 효율은 올라갈 것이다. 설령 중요한 프로젝트를 전체적으로 보는 시야를 잃었다고 해도 말이다.

상대방의 통찰력을 자극한다는 것은 건설적인 업무성과평가 전략을 잊고 긍정적인 변화 이끌어내기 전략을 적용한다는 말이다. 상대방의 문제에 골몰해서 이런저런 평가나 조언을 하는 대신 그 사람의 사고 과정에 대해 생각해보고 그가 사고를 더 잘할 수 있도록 돕는다면 훨씬 더 빨리 변화를 이끌어낼 수 있는 경우가 많다.

하지만 문제 해결 방식을 머릿속에서 몰아낸다는 것 자체가 뇌의 욕구에 반하는 일이다. 그러므로 유능한 연출자가 필요하다. 상대방의 통찰력을 자극하려면 우선 그 사람의 연출자부터 깨워야 한다.

이번 장에서 배운 내용을 바탕으로 폴이 상황을 어떻게 변화시켰는지 다시 살펴보자.

눈치 없는 동료와 일하기-장면 2

●　　　　　　　　오후 4시 반

폴은 에릭의 메일을 받는다. 학교 프로젝트가 지연되고 있다는 내용이다. 폴은 답장을 쓰려다가 직접 통화하기로 한다. 전화를 받는 에릭의 목소리가 왠지 방어적이다. 지위감이 위협받고 있기 때문이다. 이 통화가 무척 중요한 것은 알지만 폴은 일단 화부터 치밀어오른다. 하지만 이런 반응을 가까스로 억제한다.

"그런데 왜 이 지경까지 온 겁니까? 문제가 뭐죠?"

폴이 묻는다. 그런데 질문을 던지자마자 폴은 갑자기 비슷한 상황에서 볼 수 있는 패턴을 알아차린다. 문제보다 해결책에 집중하는 편이 더 나은 결과를 가져온다는 것 말이다. 그래서 질문을 바꾼다.

"에릭, 아니에요. 뭐가 문제인지는 신경 쓰지 말아요. 당신은 분명 최선을 다했을 거예요. 이 상황을 어떻게 해결할지 생각해봅시다. 괴롭히려는 게 아니에요. 지혜를 짜내보자고요. 알겠죠?"

에릭이 한숨을 푹 쉰다. 폴의 비난에 대비해 자신을 지켜야 한다는 생각밖에 들지 않았는데 정작 폴이 긍정적인 접근법을 제시하자 마음의 문이 열린 느낌이다. 하지만 여전히 자극이 과도한 상태라 명료하게 생각하기가 쉽지 않다.

"도대체 뭘 어떻게 해야 할지 모르겠어요. 그저 우리의 고객이 몽땅 다 바꾸려 한다는 생각밖에 들지 않네요."

에릭은 이렇게 대답한다. 에릭이 문제의 핵심을 이런 식으로만 파악하려 든다면 다른 관점의 사고방식은 도저히 떠오르지 않을 것이다.

폴은 전에도 이런 상황에 처한 적이 있다. 그래서 곧장 해결책으로 뛰어든다.

"고객에게 가서 계약서를 다시 쓰자고 하면 어떨까요? 나라면 그렇게 할 것 같은데."

"그렇게는 못해요."

에릭이 대뜸 대답한다.

"왜요?"

"당신은 몰라요. 이건 대형 프로젝트라고요. 게다가 내가 상대해야 하는 그 교장선생님은 정말 사람을 열받게 해요."

에릭은 또다시 자신을 방어하려고만 든다. 폴은 잠시 말을 멈추고 생각에 잠긴 결과 에릭이 아니라 자신이 우연히 사고의 회로를 연결해버렸다는 것을 깨닫는다. 한발 뒤로 물러나서 에릭이 스스로 생각할 수 있도록 도와야 한다.

"당신이 이 문제를 해결하도록 돕고 싶은데, 내가 몇 가지 질문을 해도 될까요?"

"물론이죠."

에릭이 순순히 대답한다. 상대방이 생각의 날개를 펼칠 수 있도록 허락을 구하면 그 사람에게 지위감과 자율권이 향상되었다는 느낌을 주므로 긍정적인 분위기를 만들 수 있다.

폴은 다시 잠깐 말문을 닫은 채 이길 저길 기웃거리는 주의력을 엄하게 다잡는다. 잘못했다간 섣불리 해결책을 제시하거나 문제에 집착할 수 있기 때문이다. 마침내 질문의 가닥을 잡고는 말문을 연다.

"이번 프로젝트에서 당신의 목표는 뭔가요? 한 문장으로 말해볼 수 있어요?"

에릭은 잠시 생각에 잠긴다. 통찰력을 발휘하기 위해 우반구만 활성화된다. 바로 그때 뭔가가 번쩍 하고 떠오른다. 새로운 회로가 찰칵 연결되는 순간 에릭의 눈이 빛난다.

"이번 프로젝트에서 가장 큰 도전 과제는 교장선생님이 제 작업을 다시 마음에 들어 할 방도를 찾는 것이지요."

"그 문제를 해결하려고 지금까지 몇 가지 전략이나 시도해 봤죠?"

에릭은 폴의 질문에 약간 당황하며 잠시 고민에 빠진다. 그러고는 이렇게 대답한다.

"글쎄요. 아직 지쳐 나자빠질 정도는 아니에요. 몇 가지 아이디어는 내봤죠. 그런데 다 비슷비슷한 내용이었던 것 같아요."

에릭은 자신의 사고 과정을 찬찬히 살피기 시작한다. 이제 자신의 생각을 들여다보기 시작한 것이다. 프로젝트의 세부 사항이 아니라 교착상태를 붙잡고 있는 회로들을 말이다. 우반구가 다시 활기를 얻는다.

"또 어떤 조치를 취해볼 수 있을까요?"

폴이 다시 묻는다.

"모르겠어요. 교장선생님은 내 작업이 기대에 못 미쳐서 화가 많이 난 것 같아요. 지금은 할 수 있는 일이 없어요. 다만…."

그 순간 에릭의 통찰력이 번쩍 빛을 발한다. 상황을 완전히 다른 방식으로 보기 시작한 것이다. 이 통찰력으로 방출된 에너지가 긍정적인 정신 상태를 만들었다. 마치 마음속에 휘몰아치던 폭풍우가 말끔히 갠 것처럼 말이다.

"업무 내용을 다시 검토해보고 새로운 기대를 만들어봐야겠어요. 해답은 이미 나온 것 같네요. 우리가 계약서를 제대로 살펴보지 않았어요."

에릭이 다시 한숨을 푹 쉰다. 결국 자신이 틀렸다는 결론에 도달했기 때문이다. 사실 에릭처럼 위협을 강하게 느끼는 상태에서 잘못을 시인하기란 결코 쉽지 않은 일이다. 이렇게 생각의 틀을 바꾸자 에릭은 무엇을 해야 할지 확실히 알게 되었다. 마침내 폴은 마음을 놓을 수 있었다. 힘은 들었지만 채 10분도 되지 않아 끝났다. 에릭은 이제 무엇이 필요한지 확실히 깨달았고 프로젝트는 본궤도를 찾아 나아갈 것이다. 폴은 이제 고민할 필요가 없어졌다. 생각보다 통화도 일찍 끝났고 에릭의 긍정적인 마음가짐에 전염돼 덩달아 기분 좋아진 폴은 내일 일정을 생각하며 최고의 하루를 보낼 계획을 짜기 시작한다. 잠시 후 차고 문이 열리는 소리가 들린다. 마침내 가족이 모두 모이는 시간이다.

지금까지의 내용을 정리해보자. 누군가의 생각을 바꾸는 것은 이 세상에서 가장 어려운 일 중 하나다. 언뜻 보기에 상대방에게 지적이나 조언을 해주면 간단할 것 같지만 진정한 변화는 그런 식으로 일어나지 않는다. 진정한 변화는 지금껏 못 보던 것을 새로 발견하는 순간 이뤄진다. 상대방이 뭔가를 새로운 시각으로 보도록 도우려면 어떻게 하면 될까? 상대방이 마음을 가라앉히도록 도우면 된다. 그러면 어느 순간 통찰력이 일어날 테니 말이다. 당신에게는 통찰력이 있으므로 자신의 뇌를 바꿀 수 있다. 그리고 뇌가 바뀌면 온 세상을 바꿀 수 있다.

• ─ 뇌의 비밀 ─ •

- 피드백은 종종 강렬한 위협 반응을 만들곤 한다. 그런 상황은 업무 성과 향상에
  도움이 되지 않는다.
- 문제 자체에 초점을 두는 방법이 해결책을 찾는 데 효과적인 길이 아닐 때도 있다.
- 상대에게 여러 대안을 제시해봤자 시간 낭비에 그치기 십상이다.
- 상대방이 제 능력을 발휘하도록 도우려면 그 사람이 통찰력을 발휘할 수 있도록
  도우라.

• ─ 일 잘하는 뇌 만들기 ─ •

- 다른 사람에게 피드백을 주거나, 해결책을 제시하고 싶은 순간을 잘 살피라.
- 세부 사항에 너무 얽매이지 말고 내면에서 이뤄지는 미세한 사고 과정에 집중해
  상대방이 자신의 사고 과정을 다시 되짚어보도록 도우라.
- 사람들이 자기가 자신에게 하는 비판이 얼마나 중요한지 깨닫게 할 방법을 찾으
  라. 그래서 그들이 연출자를 깨우면 그에 대해 보상하라.

변화가
절실한 문화

극도로 예민한 퇴근시간

• 오후 6시

회사 정문으로 향하는 에밀리의 가방은 집에서 처리할 서류
들로 불룩하다. 문득 몇 년 전 이 문으로 회사에 들어오던 날
이 떠오른다. 문을 나서는 순간 그때와 같은 긍정적인 신경화
학반응이 그녀의 뇌를 휘감는다.

에밀리가 집으로 들어가니 미셸이 헤드폰을 끼고 눈을 감
은 채 헤드뱅잉을 하며 소파에 앉아 있다. 약간의 변주가 가
미된 반복적인 시끄러운 음악은 어른의 뇌에도 어느 정도 유

쾌하게 여겨진다. 10대의 뇌는 신경전달물질이 약간만 변해도 쉽사리 달아오른다. 그러니 같은 음악을 들어도 쉽게 빠져든다.

"엄마, 다녀오셨어요!"

조시가 TV에서 눈도 떼지 않은 채 인사를 한다. 현실을 마주한 순간 에밀리의 도파민 수치가 곤두박질친다. 무의식중에 품었던 기대가 와르르 무너진 것이다.

"얘들아, 제발 유익한 일 좀 할 수 없니?"

에밀리는 신경질적으로 TV를 끄면서 버럭 소리를 지른다. 공복 상태에서 더욱 예민하게 느껴지는 자극을 도저히 견딜수가 없다. 조시도 큰소리로 맞받아치려다가 엄마의 표정을 보고는 가만히 있기로 한다. 미셸은 엄마가 온 줄도 모르다가 에밀리가 헤드폰을 벗고 성난 얼굴을 들이대자 그제야 알아차린다. 생각지도 못한 변화의 충격이 대단하다. 순간적으로 미셸의 뇌가 성대에 명령을 내려서 나오는 소음은 이 급작스러운 자극에 가장 적절한 소리를 만들어낸다. 그리고 미셸 자신도 알아차리기 전에 이 집에서 한 번도 들리지 않았던 거친 말을 내뱉는다.

에밀리는 가족끼리 이야기하는 방식이 무척 마음에 들지 않았다. 하지만 이 일이 있기 전까지는 마음속에만 담아두고 있었다. 그런데 미셸의 입에서 나온 욕설이 최후의 결정타가 되었다. 오늘 밤 에밀리는 이 상황을 문제 삼아 가족의 의사소통 방식을 바꿔보기로 단단히 마음먹는다.

1시간 후 감정을 가라앉힌 가족이 저녁을 먹으러 식탁에 모였다. 저녁으론 중국 요리를 배달시켰다.

"오늘 가족회의를 열었으면 해."

에밀리가 말한다. 1시간이나 꾹꾹 억누른 감정은 사그라지기는커녕 더 커지기만 했다. 아이들도 사태의 심각성을 알아차린다.

"안 돼요, 엄마. 작년에 벌써 했잖아요."

조시가 농담으로 슬쩍 넘어가려고 한다. 조시는 감정을 털어놓을 때 강렬한 위협 반응을 느낀다. 최근에 친구들과 공포 영화를 몇 편 봤는데, 그중에는 청년이 사냥을 준비하면서 감정을 조절하는 고대의 공동의식을 현대적으로 재해석한 것도 있었다. 1년 전이라면 도저히 볼 수 없었던 장면들도 이제는 잘 본다. 하지만 아직도 감정에 관한 대화는 꺼리게 된다. 조시는 마음을 차분히 하면서 감정을 참으려고 애쓴다. 감정을 표현하는 것은 남자답지 못하다고 여기기 때문이다. 게다가 조시는 재해석이 서툴다. 조시는 아빠를 따라 하고 싶다. 아빠는 감정을 잘 참기 때문이다.

에밀리는 자신의 계획이 쉽사리 진행되지 않을 것임을 알고 있다. 그래서 회의를 해야만 하는 확실한 근거를 제시해보려고 한다.

"아빠와 나는 많은 이야기를 나눈 끝에 이제 달라져야 한다는 결론을 내렸어. 가족끼리 잘 지낼 방법에 대해서 진지하게 고민할 때가 됐어. 우리 집에는 진정한 의미의 의사소통이라는 게 없는 것 같아. 그래서 우리가 함께 고민할 수 있는 목표를 세웠으면 해."

그러자 두 아이가 약속이라도 한 듯 입을 모아 말한다.

"엄마!"

에밀리가 말을 이었다.

"나는 우리 가족 사이가 더 끈끈해지면 좋겠어. 싸움은 덜 하고 대화는 더 많이 나누고 말이야. 너희도 내 목표에 동참할 수 있겠니? 우리가 화목한 가족이 되면 올해는 끝내주는 휴가를 가겠다고 약속할게."

조시가 먼저 대답한다.

"좋아요, 엄마. 그럴게요."

미셸도 대답한다.

"뭐, 그러시든지요."

이야기를 하고 나니 에밀리는 기분이 좋아진다. 지난 몇 달간 계속 이런 이야기를 나누고 싶었기 때문이다. 하지만 그동안 이 주제는 무대에 공간이 나기를 기다리는 줄에 서서 다른 생각들을 방해하기만 했다.

10분 후 엄마가 이야기를 하고 나서 거의 한 마디도 하지 않았던 미셸과 조시가 식사를 끝낸다. 둘은 곧장 식탁에서 일어나 친구들과 메신저를 하러 각자의 방으로 향한다. 저녁 잘 먹었다는 말도 없이 계단을 다 올라가서 "저 들어가요."라고 할 뿐이다.

에밀리는 방금의 대화로는 아이들을 변하게 할 수 없을 것임을 직감한다. 아이들이 자신의 이야기를 귓등으로도 듣지 않았다는 사실에 어안이 벙벙할 뿐이다. 그녀가 가족의 분위기를 바꿔보려고 한 것은 이번이 벌써 세 번째다. 하지만 아직까지 아무런 변화도 일어나지 않은 것 같다. 아이들이 과연 변하기는 할지 의문이다. 아이들에게 어떤 당근을 주면 효과가 있을까? 아이들이 달라지지 않으면 혹시 채찍을 사용해야 하는 건 아닐까?

폴과 에밀리는 집 안을 정리하면서 1시간 반 동안 지루한 토론을 한다. 결국 피곤하기만 할 뿐 아무런 소득도 없다. 그래도 약간의 보상이라면 집안이 모처럼 정리된 느낌이 드는 것이다. 미미하지만 도파민이 분비된 것이다. 에밀리는 부엌 불을 끄고는 아이들에게 잘 자라고 소리친 후 사무실에서 가져온 일을 하러 서재로 들어간다. 그동안 폴은 TV 프로그램을 본다.

이제 자정이 되었다. 에밀리는 아이들이 잘 자는지 살펴본 다음, 씻고 침대에 쓰러지듯 눕는다. 물론 남편을 깨우지 않도록 조심하면서. 마침내 이 가족의 힘든 하루가 끝이 난다.

13장에서 배웠다시피 다른 사람의 변화를 이끌어내기는 쉽지 않다. 그런데 한 번에 여러 명 혹은 그보다 더 많은 사람의 변화를 이끌어내는 것은 어떨까? 누군가를 바꾸고 싶은 마음이 아무리 절실하다고 해도 거의 불가능한 경우가 많다.

에밀리와 폴은 자신들의 변화 창조 모델을 최신 버전으로 바꿔야 한다는 사실을 놓치고 있다. 미셸과 조시가 아장아장 걷는 유아라면 뭔가로 꼬드기는 시도가 먹힐 것이다. 하지만 이제는 좀 더 정교한 기법을 적용해야 한다. 에밀리와 폴은 가족끼리 소통하는 방식을 더 좋게 바꾸고 싶다. 그러려면 자신의 뇌부터 바꿔야 한다. 그래야 한 사람만이 아니라 각양각색의 개성을 갖춘 개인으로 이뤄진 그룹도 효과적으로 변화시킬 수 있다. 두 사람은 문화를 바꾸는 법을 배워야 한다.

변화는 어렵다

자신의 행동을 바꾸기란 어려운 일이다. 심장 수술을 받은 환자 아홉 명 중 단 한 명만이 기존의 잘못된 생활습관을 고쳤다는 연구 결과도 있다. 이들은 모두 이를 바꾸지 않으면 죽을 수 있다는 최후 선고를 받았는데도 말이다. 그러니 타인의 행동을 바꾸기는 얼마나 어렵겠는가. 하물며 단체의 행동을 바꾸기란 어쩌면 절대 이룰 수 없는 꿈처럼 보인다. 이번 장은 가정에서 일어날 법한 상황에 초점을 맞추고 있지만 핵심 사상은 직장에서 경험하는 온갖 상황에 다 적용할 수 있다.

에밀리와 폴의 문제는 흔히 당근과 채찍으로 알려진 다소 불분명한 행동 변화의 도구를 활용한 것에서도 찾을 수 있다. 이런 태도는 마치 망치로 시계를 고치려는 것과 같다. 에밀리는 의사소통을 잘하게 되면 아이들한테 근사한 휴가를 가겠다고 제안한다. 그 같은 수법으로는 아무것도 얻지 못한다. 변하는 것도 없다.

당근과 채찍 개념은 1930년대에 출현한 행동주의라는 분야에서 나왔다. 이 분야는 유명한 파블로프의 조건반사 개념을 기반으로 만들어졌다. 일단 종소리와 먹이를 연관 짓기 시작하면 개는 종소리만 들어도 침을 흘린다. 행동주의 기법은 대부분 동물에 잘 적용된다. 그래서 지금도 경찰견을 훈련하는 것과 같은 경우에 활용되고 있다.

어린아이에게 잘 통한다. 물론 다양한 종류의 보상과 처벌을 병행해야 하지만 말이다. 아이들에게 놀랄 만큼 잘 듣는 처벌은 방구석에 세워놓는 벌이다. 이 책에서 배운 여러 가지 통찰력을 잘 이해했다면 이 벌이 잘 듣는 이유를 알 수 있을 것이다. 아이들도

벌을 받으면서 지위감과 관계감의 하락을 경험하지 않겠는가.

행동주의자들은 자신들의 관찰을 모두에게 일반화한다. 그래서 이런 접근법은 사회 전반에 불어넣을 수 있는 동기부여의 압도적인 방식이 되었다. 문제는 당근과 채찍 방식이 성인에게는 그 효과가 별로라는 것이다. 성인은 자신들을 바꾸려고 사탕발림한다는 것을 간파할 수 있기 때문이다. 그래서 자신에게 사탕발림하는 사람을 위협적인 존재로 간주한다. 아니면 누군가 자신에게 채찍을 내릴 거라고 직감하면 선수를 치기도 한다. 그래서 상대방의 지위감을 공격하는 것이다.

그런데 행동주의가 효과가 없다면 왜 지금도 이 모델이 사용되는 걸까? 한 가지 이유는 단순함의 매력을 거부할 수 없기 때문이다. 딱 두 가지 개념만 기억하면 되는 행동주의는 너무나 확실해 보인다.

주의력을 집중시키라

우리는 뇌과학에 기반을 둔, 이론적으로 새로운 변화의 틀이 태동하는 모습을 보고 있다. 이 틀의 중심에는 주의력이 뇌를 바꾼다는 개념이 자리 잡고 있다. 변화를 일궈내는 것은 당근과 채찍이 아니다. 바로 사람들의 주의력을 올바른 방향으로 집중시키는 것이다. 그렇다면 어떻게 주의력이 뇌를 바꿀 수 있을까? 그 과정에 대해서는 광범위하게 논의가 이뤄지고 있다. 그중에는 과학자들이 이견 없이 받아들이는 측면도 있다. 나는 이 책에서 그런 측면에 집중하겠다.

평소에 뇌는 시끄럽고 혼란스럽다. 마치 한창 악기를 조율 중인 오케스트라처럼 불협화음이 폭포처럼 쏟아진다. 그러다가 뭔가에 집중하기 시작하면 그제야 오케스트라가 음악을 제대로 연주하기 시작한다. 신경과학자들은 주의력을 일종의 동조synchrony로 생각한다. 뇌를 조율해서 하나의 단위처럼 작동하게 한다는 것이다. 동조는 전문용어로 다양한 뉴런들이 동시에 비슷한 방식으로 점화되는 현상을 의미한다.

합주를 하는 오케스트라는 주의력에 대한 훌륭한 비유가 된다. 개별적인 단위들이 각자의 일을 하면서 다른 단위와 동조해 전체적인 일을 수행한다는 점에서 그렇다. 뭔가에 집중하면 뇌 전역의 여러 지도들이 함께 작동하기 시작하는데, 이때 서로 모방하면서 하나의 단위처럼 패턴을 형성한다. MIT의 로버트 데시몬 교수는 뉴런 동조를 연구하고 있다. 그는 자극을 처리하려면 뇌의 거의 모든 부분을 이용해야 한다고 확신한다. 2006년에 브리티시컬럼비아대학의 로런스 워드가 네 명의 동료 과학자와 함께 진행한 연구에서 뉴런 동조는 뇌에 있는 기능적 모듈의 통합에 중요한 역할을 한다는 사실이 밝혀졌다. 그들은 뉴런 동조 현상이 뇌의 소음 정도에 영향을 받는다는 사실도 알아냈다. 이 사실은 제2막의 내용과도 이어진다. 위협을 감지하고 과도한 자극을 받은 것처럼 뉴런이 극심한 활동성을 보일 경우 집중할 수 없다는 내용 말이다.

어쨌든 집중하면 뇌의 여러 영역이 더 큰 회로를 구성하면서 특정한 임무를 수행하려고 한다. 이 거대한 회로가 만들어지면 뇌에는 종종 감마대가 발생하는데, 감마파는 뇌 전역에서 발생하는 전자 활동 주파수 중 가장 빠르다. 일부에서는 이 주파수를 연결 주파수라고 생각하기도 한다. 왜냐하면 개별적인 영역들을 연결하는 데 관여하기 때문이다.

여러 회로들이 동시에 점화되면 '함께 점화하고 함께 연결하는 세포들'이라는 헵의 법칙이 실현된다. 이 내용을 종합해보면 어떻게 개념이나 활동 혹은 경험에 주의를 집중하면 당신의 뇌속에 머무르고 함께 연결되며 가끔은 영원히 뇌에 각인되는 네트워크를 형성할 수 있는지에 대한 설명을 얻을 수 있다.

주의력이 뇌를 변화시키는 능동적인 요소라는 개념은 뇌가 변화하는 과정을 연구하는 신경가소성이라는 거대한 연구 분야의 지지를 받고 있다. 1970년대 후반에 연구자들은 사고나 병을 겪고 나서 뇌가 변한 것처럼 보이는 원인을 규명하고자 했다. 연구를 계속하다 보니 기존의 뇌에 관한 학설에 반하는 결과들이 속속 나왔다. 당시에는 이 결과들이 큰 논란을 불러일으켰다. 하지만 수십 년이 지난 지금은 이러한 생각을 받아들이는 과학자들이 늘어나고 있다. 덕분에 더 심층적인 연구도 수행된다. 뇌졸중 환자들을 연구한 결과 팔을 다시 사용하기 위해서는 단순히 팔을 움직이는 동작만이 아니라 재활 활동에 집중해야 한다는 사실도 밝혀졌다. 원숭이를 이용한 여러 연구 결과도 비슷한 이야기를 하고 있다.

제프리 슈워츠 박사는 집중법을 바꾸면 몇 달이 아니라 단지 몇 주 만이라도 뇌 스캔 영상에 나타날 만큼 뇌의 회로를 변화시킬 수 있다는 사실을 입증해냈다. 그는 내게 몇 번이나 이렇게 말했다.

"문제는 집중이다."

슈워츠 박사는 유명한 양자물리학자인 헨리 P. 스타프, 신경과학자인 마리오 뷰리가드와 함께 「신경과학과 심리학에서의 양자물리학」이라는 논문을 발표했는데, 여기에 세포들이 함께 점화돼 연결되는 방식을 설명하는 물리학이 나온다. 그는 이렇게 설파한다.

"물질적인 세계에서 관찰을 하는 행위는 본래 그 자체로 차이를 만든다."

베스트셀러를 기록한 『기적을 부르는 뇌』를 쓴 노먼 도이지는 신경가소성이 훨씬 더 짧은 기간에도 발생할 수 있다고 믿는다. 2008년 호주 시드니에서 개최된 뉴로리더십 서밋에서 도이지는 피실험자들에게 눈가리개를 씌우고 몇 분 만에 청각피질에 변화를 유발시키는 과정을 설명했다. 주의력이 청각피질에 집중되자 변화가 일어난 것이다. 이러한 사실로 미뤄보아 자극에 충분한 주의력을 기울이면 뇌를 순식간에 바꿀 수 있다는 결론이 나온다. 그것은 주의력이 쉽사리 특정한 곳에만 머무르려고 하지 않기 때문이다. 가령 외국어를 배운다고 하자. 그 일은 비교적 쉽다. 현재 사용하는 언어에 관심을 끊고 새로운 회로를 만드는 데만 집중하면 된다. 그래서 프랑스어를 배우는 가장 빠른 방법은 프랑스에 가는 것이다. 그렇게 하면 주의력이 온종일 프랑스어에 집중될 테니 말이다.

뇌는 잘 변하며 실제로 당황스러운 규모로 항상 변화하고 있다. 뇌는 당신 주변의 불빛, 날씨, 당신이 먹는 음식, 말하는 대상, 앉은 자세, 심지어 입은 옷 등을 바탕으로 바뀐다. 뇌의 항상성은 마치 커스터드 과자와 같다. 그래서 그 구조는 컴퓨터가 아니라 숲에 가깝다. 항상 생동감 넘치고 부산스러우며 변화한다는 점에서 말이다. 2주 전에 손가락을 들어 올렸던 신경회로와 지금 같은 동작을 하는 신경회로가 다를지 모른다는 연구 결과도 있다. 뇌는 무사태평하고 자유로우므로 자꾸 변해야 행복하다. 불평을 터뜨리며 괴팍하게 구는 쪽은 뇌가 아니라 주의력이다.

뇌를 바꾸는 일은 별로 어렵지 않다. 새로운 방식으로 집중하는 노력만 기울이면 된다. 당신의 뇌는 어릴 때 배우고 싶은 악기로 피아노를 선택하는 것처럼 인생에서 어떤 선택을 할 때 광범위하게 변화한다. 그리고 여기에는 당신의 주의력을 집중시키는 시스템이 있다. 도이지를 비롯한 여러 과학자들은 매 순간처럼 극히 짧은 시간에 훨씬 더 섬세한 방식으로도 변화할 수 있다고 주장한다.

슈워츠 박사의 말에 따르면 주의력을 다른 곳으로 돌리면 '자기주도 신경가소성self-directed neuroplasticity'을 촉진하는 셈이다. 다시 말해 자신의 뇌에 깔린 배선을 새로 배치하는 것이다. 연출자는 단지 건강이나 업무의 효율을 높이는 데만 중요한 존재가 아니다. 장기적으로 당신이 뇌를 조각하는 과정에서 핵심 역할을 담당하기도 한다.

이러한 내용을 종합해보면, 가정이든 일터든 문화를 바꾸려면 오랜 시간을 두고 다른 사람들이 새로운 방식으로 관심을 집중하도록 해야 한다. 물론 이 세상에서 이것만큼 어려운 일도 없다. 에밀리가 아이들에게 행동을 바꾸라고 하자 아이들은 관심을 보인다. 하지만 가족끼리 의사소통을 잘해보자는 목표에 관심을 보인 것이 아니다. 아이들은 머릿속에서 울린 경계 신호에 관심을 보인 것이다. 누군가 자신을 바꾸려 한다는 것을 직감하는 순간 불확실성과 지위감, 자율권과 연관된 위협 반응이 저절로 일어난다. 윈스턴 처칠은 이렇게 말했다.

"나는 배우는 것을 좋아한다. 하지만 가르침을 받는 것은 질색이다."

타인에 의해 변하는 게 위협이나 다름없다면 이렇게도 생각해볼 수 있다. 누군가 진실로 변했다면 그것은 그 사람이 뇌를 바꾸기로 선택했기 때문이다. 모든 쇼를 감독하고 바꾸는 연출자인 자기주도 신경가소성이야말로 변화의 진정한 핵심일지도 모른다.

그렇다면 어떻게 대규모로 자기주도 신경가소성을 촉진할 수 있을까? 이러한 변화에는 세 가지 핵심 요소가 있다. 첫째, 어떤 종류의 위협 반응도 최소화할 수 있는 안전한 환경을 보장해야 한다. 둘째, 다른 사람이 올바른 방식으로 주의력을 집중해서 올바른 회로를 만들어내도록 도와야 한다. 마지막으로, 새로 형성된 회로가 계속 살아 있게 하려면 이 회로에 계속해서 관심을 기울이도록 격려해야 한다.

타인을 안심시키기

마음이 평온을 되찾을 때까지 관심을 목적에 집중하는 일은 힘겨운 전투다. 뇌가 안전하다고 느끼게 하려면 위협을 상쇄할 보상을 해주는 것이 효과적이다. 뇌가 원하는 것을 찾아주어야 하는 것이다.

에밀리의 접근법은 휴가 약속이었다. 그녀는 아이들이 그 약속에 흥미를 보이고 가족의 의사소통을 향상시키고자 하는 진짜 목적에 관심을 기울여주기를 바랐다. 외부적인 보상은 종종 사람들이 가장 먼저 의지하는 해결책이다. 미묘한 아이디어보다는 구체적인 개념을 무대에 붙잡아두기가 더 쉽기 때문이다. 하지만 사람들에게 동기를 부여하기 위해 마냥 뭔가를 제시할 수는 없다. 사람들이 보상을 기대할수록 보상의 가치는 떨어지고 매번 더 좋은 것을 기대하게 되기 때문이다. 이래서야 감당이 안 된다.

뇌 자체는 감정이 없다고 해도 목표는 있다. 2막과 3막에서 살펴봤듯이 뇌는 지위감과 확실성, 자율권, 관계성, 공정성이 늘어날수록 더 행복해한다. 앞에서도 언급했던 「목표 추구의 신경과학」이라는 논문에서 매슈 리버먼과 엘리엇 버크먼은 어떻게 승진 같은 외부적인 목표가 확실성에 대한 필요성이나 자율권 같은 뇌 본연의 목적과 얼마나 조화를 잘 이루느냐에 따라 평가를 받는지에 대해 설명했다. 그들은 이 과정을 '동화assimilation'라고 부른다. 그런데 왜 이 과정에 여분의 단계가 들어가 있을까? 왜 시간과 돈을 절약해서 뇌에 원하는 것을 정확하게 전해주지 않는 것일까?

에밀리는 아이들이 자신의 목표에 관심을 보이기를 원한다. 그래서 보상을 제시해 이런 변화가 유발하는 위협을 줄여보고자 한다. 그렇다면 휴가를 당근으로 던져줄 것이 아니라 지위감을 높여주는 보상을 제시할 수도 있었다. 차라리 취침 시간을 늦추거나 보고 싶은 TV 프로그램을 보게 해주는 것처럼 좀 더 어른스러운 대접을 하거나 더 믿을 수 있다는 느낌을 주는 보상을 취하는 편이 나았을 것이다. 직장에서는 공개적으로 인정해줌으로써 지위감을 높여줄 수 있다. 대중에게 받은 긍정적인 인정에서 비롯된 보상을 받은 사람은 몇 년 동안 그 느낌을 간직하기도 한다.

확실성을 높이기 위해 에밀리는 자신이 제안한 가족회의를 어떻게 진행할 것인지 미리 말해서 미지의 것에 대한 두려움을 줄여줄 수도 있었다. 직장에서는 전체적인 그림을 더 잘 이해하도록 해서 확실성을 높일 수 있다. 상대가 더 많은 정보를 얻도록 배려하는 것으로 보상을 해줄 수 있다. 일부 혁신적인 기업은 전 직원에게 매주 자사의 재무 자료를 열람하도록 허용하기도 한다. 사람들은 정보를 얻는 순간, 자신이 살고 있는 세상에 대해 더 확신하게 된다. 그러면 마음이 좀 더 편해지고 결과적으로 어려운 과제도 더 잘 푼다.

자율권을 높이기 위해서 에밀리는 아이들에게 스스로 결정을 내릴 기회를 줄 수도 있었다. 아무리 사소한 것이라도 상관없다. 가령 저녁으로 무엇을 먹을지 혹은 숙제를 언제 어디서 할지 정하게 한다. 직장에서는 더 탄력적으로 업무를 조직하도록 하면 된다. 재택근무를 허용한다든지, 필수적인 보고서의 양을 줄인다든지 말이다.

관계감을 높이기 위해 에밀리는 아이들이 친구들과 교류하는 시간을 더 늘려주겠다고 할 수도 있다. 파티를 열게 하거나 친구와 전화하는 시간을 더 늘려주는 것이 좋은 예다. 직장에서는 동료 직원들과 더 많은 네트워크를 만들 기회를 주는 것도 좋다. 그들끼리 회의나 네트워크 그룹을 더 많이 결성하도록 허용하면 된다.

공정성을 높이려면 에밀리는 아이들과 공정한 거래를 했어야 한다. 가족과 함께 지내는 시간을 늘리는 대신 방청소를 너무 강요하지 않는 것처럼 말이다. 어떤 조직은 직원들에게 '공동체의 날' 행사를 열도록 한다. 직원들은 이날 원하는 자선행사에 참여할 수 있다. 도움이 필요한 사람들을 돕는 일은 분명히 행복을 줄 것이다. 왜냐하면 11장에서 살펴보았듯이 공정성을 높이기 때문이다.

　SCARF 모델에 있는 어떤 항목을 이용하더라도 에밀리는 두 아이가 느끼는 위협을 줄이고 보상을 높일 수 있었다. 그랬더라면 아이들의 주의력을 더 쉽고 새롭게 집중시킬 수 있었을 것이다. 이 모델을 활용하는 과정이 단지 구체적인 보상을 제시하는 것만은 아니다. 오히려 어떤 아이디어를 제안하는 방식에 주의를 돌리도록 해서 대화할 때마다 이 모델이 지닌 힘을 활용해야 한다. 만약 누군가에게 꼭 시켜야 할 과제가 있다고 하자. 그러면 "당신이 이 일을 해줘야 되겠어."라고 하기보다는 "이 일을 해볼 의향이 없어?"라고 해야 한다. 이런 간단한 변화만으로도 자율권을 높일 수 있기 때문이다.

　가끔은 이 모델의 다섯 가지 항목을 모두 활용해야 할 때가 있다. 위협 반응의 정도가 지나치게 높을 경우다. 당신이 관리직이라고 생각해보라. 팀원들이 까다로운 과제에 관심을 기울이도록 하고 싶다고 하자.

　당신은 일단 그들의 지위감에 신경을 써서 이렇게 말할 수 있다.

　"자네들 모두 잘해주고 있네. 이렇게 모인 건 자네들을 곤란하게 하려는 것이 아니야. 지금보다 더 나아질 수 있는 방도를 찾아보고 싶어서라네."

　확실성에 신경을 써서 이렇게 말할 수도 있다.

　"지금부터 딱 15분만 이야기하겠네. 이 자리에서 당장 구체적인 결과를 내야 할 필요는 없어."

　자율권을 존중한다면 이렇게 말할 수 있다.

　"지금 이 문제를 다뤄도 괜찮겠나?"

　관계감을 중시한다면 인간적인 차원에서 당신의 경험을 들려줄 수도 있다. 공정성을 고려한다면 팀원들 모두와 같은 대화를 나눴다는 이야기를 조심스럽게 해주어야 한다. 이런 전략을 모두 구사했을 때 상대방의 머릿속에서 요란하게 울리던 경고의 종소리가 잠잠해진다. 그러면 당신이 원하는 방향으로 상대의 관심을 돌릴 수 있는 기회가 생긴다.

사업이나 조직을 이끄는 사람들은 SCARF 모델을 이용해 사람들과 의사소통하는 시간을 많이 줄일 수 있다. 위대한 지도자들 중에는 타인과 대화할 때 안전함을 느낄 수 있도록 노력해야 한다는 사실을 직관적으로 아는 사람이 많다. 그래서 위대한 지도자들이 겸손하며 지위로 말미암은 위협감을 덜 주는 것이다. 이들은 기대 수준을 명확하게 제시하면서 미래에 대해 많은 말을 하므로 듣는 이에게 확실성을 준다. 위대한 지도자들은 타인에게 결정권과 책임을 넘기면서 자율권을 높여준다. 게다가 워낙 존재감이 뚜렷하다. 이는 타인과 진정으로 교류하기 위해 무던히 노력하는 자세에서 비롯된 것이다. 그러므로 타인과의 관계감도 좋아진다. 마지막으로 위대한 지도자들은 상대방이 공정성을 느낄 수 있도록 항상 약속을 지킨다.

이와 반대로 형편없는 지도자는 상대방을 불안하게 하는 재주가 있다. 매사에 지시를 내리는 듯한 태도를 취하는데, 이런 태도는 상대방의 지위감을 대놓고 공격하는 것이나 다름없다. 이들은 목표와 기대 수준이 명확하지 않아서 불확실성을 키운다. 게다가 사사건건 간섭하기 때문에 상대방의 자율권을 해친다. 인간적인 차원에서 소통하지 못해 관계감도 좋지 못하다. 마지막으로 공정성이 얼마나 중요한지 모르는 경우가 많다.

안정감을 주려면 무엇보다 문화를 바꿔야 한다. 그 문화를 만든 사람이 식구 두 명이든 회사 직원 2,000명이든 상관없다. 아무리 사소한 변화라도 위협감을 줄 수 있다는 사실을 고려한다면 어떤 문화를 바꾸더라도 호감 상태를 조성하는 것이 급선무다. 사람들은 당신 혹은 자신의 두려움에 관심을 기울일 것이다. 뇌의 무대는 그 두 가지가 동시에 올라갈 수 있을 만큼 넓지 않다.

제대로 회로 연결하기

상대방의 관심을 얻었다면 이제부터 올바른 방향으로 그 관심을 집중하도록 도와야 한다. 주의력은 쉽게 흐트러질 수 있다는 사실이 여기서는 도움이 된다. 왜냐하면 다른 생각에 빠져 있는 사람의 관심을 새로운 대상으로 돌리는 일은 그리 어렵지 않기 때문이다.

이때 가장 많이 쓰는 전략 중 하나가 바로 이야기를 들려주는 것이다. 재미있는 이야기를 듣고 있으면 다양한 캐릭터와 사건이 무대 위에서 난무하는 복잡한 지도가 만들어진다. 이야기는 구체적인 핵심, 즉 구체적인 아이디어를 가지고 있다. 화자는 그 핵심을 청자가 이해해주기를 바라고 이야기를 들려주는 것이다. 그 핵심은 등장인물이 예상하지 못한 교훈을 얻는 이야기 내에서 놀라운 회로를 연결한다. 그러므로 이야기는 듣는 이의 머릿속 지도에서 변화를 이끌어내는 메커니즘인 통찰력 전달 도구로도 생각할 수 있다.

유용한 이야기도 있는 반면, 잘못된 이야기도 있다. 혹은 이야기를 잘못된 방식으로 들려줄 수도 있고, 너무 자주 말하면 진실성이 떨어져 보일 수도 있다. 게다가 사람들은 누군가 자신을 바꾸려 할 때는 귀신처럼 알아차린다. 이야기를 들으면서 상대방이 불안감을 느끼면 그들의 관심을 얻기 위해 노력한 보람이 없어진다. 나만 해도 그렇다. 누군가 내게 주절주절 이야기를 시작하면 이렇게 말하는 내면의 목소리가 들린다. "그래서 하고 싶은 말이 뭐야?", "그런 이야기로 날 설득할 생각 마."라는 목소리 말이다.

더 효과적이고 직접적으로 관심을 모으려면 정확한 질문을 던지면 된다. 질문은 그들이 알고 있는 정보 사이의 뻥 뚫린 구멍을 메울 수 있는 것이어야 한다. 뇌는 쉽게 할 수만 있다면 어떤 구멍이든 메워지는 것을 좋아한다.

당신이 가게의 점장이라고 생각해보라. 당신은 지금 팀원들의 문화를 바꿔서 고객의 요구에 더 민감하게 반응하도록 만들고 싶다. 당신의 목표는 팀원들에게 다양한 질문을 던져 그들이 이 상황에서 꼭 필요한 새로운 회로를 만들게 하는 것이다. 13장에서 나온 개인의 변화를 촉진하는 통찰력 기법을 적용하면 된다. 즉, 문제가 아니라 해결책에 관한 질문을 하라. 그룹을 상대할 때는 사공이 많은 배가 산으로 가듯이 해결책보다 오히려 질문에 더 많은 관심이 쏠릴 확률이 높다.

다시 당신의 가게로 돌아가보자. 유능한 점장이라면 팀원들에게 이렇게 질문할 것이다.

"과거에 고객을 기쁘게 한 당신의 행동에는 어떤 것이 있습니까?", "행동이 어떻게 달라지니 고객이 기뻐하던가요?", "달라진 행동을 더 자주 하려면 당신은 어떻게 하면 될까요?"

고객 서비스에 대해서 장황하게 일장 연설을 늘어놓는 것보다는 이런 간단한 질문 세 가지로 직원들의 태도를 바꿀 수 있다.

이 질문들은 특정한 답을 요구하지 않는다. 단지 통찰력을 발휘해서 나름의 해답에 도달하도록 도울 뿐이다. 사람들이 소그룹에서 질문에 대해 토론할 수 있다면 더 많은 통찰력을 발휘할 수 있을 것이다. 지위에 대한 위협감이 줄어들고 관계감은 더 좋아지기 때문이다. 사람들에게 이 같은 질문을 할 때는 질문에 은연중에 내재돼 있는 특성을 고려해야 한다. 이런 질문은 으레 사람들이 좋은 대답을 할 것임을 안다는 전제를 깔고 있다. 이것이 바로 지위에 대한 보상이다. "당신들 도대체 왜 그래?"라는 질문은 오히려 지위를 위협할 뿐이다. 무엇보다 당신이 원하는 변화에 주의를 집중시키기 위해서 해결책에 집중하는 식의 질문은 직원들이 그 해결책에 대한 새로운 회로를 더 많이 연결하도록 돕는 역할을 한다. 덕분에 하마터면 소소하기 짝이 없는 수많은 세부 사항에 집중해 발목을 잡히는 상황을 피할 수 있다. 이와 비슷한 아이디어는 해결 중심 치료법이나 긍정 혁명과 같은 분야에서 더 연구되었다. 이 분야들이 최신 사상이라는 말은 아니다. 다만 우리가 왜 주의력에 집중해야 하는지에 대한 이론적 설명을 제시해주는 것은 분명하다.

정리하자면, 그룹 내에 팽배해 있던 위협 수준이 내려가면 사람들의 관심은 정확하게 당신이 원하는 방향으로 쏠리게 된다. 뇌는 언제나 혼돈에 휩싸여 있고 쉽게 산만해진다는 사실을 명심하라. 따라서 가능한 한 명료하고 구체적인 방식으로 접근하라.

광범위하게 상대의 관심을 촉진할 수 있는 세 번째 방법은 목표를 설정하는 것이다. 목표를 세우면 긍정적인(혹은 부정적인) 작용을 이끌어낼 수 있다. 목표를 추구하다 보면 관련 정보가 나타날 때마다 눈과 귀가 번쩍 하게 된다. 이런 과정이 반복되면 점점 긍정적인 기분에 빠진다. 목표가 언젠가는 이뤄질 것이라고 생각하기 때문이다. 결국 당신은 더 필요한 정보를 수집하는 데 열을 올리는 등의 노력을 아끼지 않는다. 자신이 수립한 목표에 긍정적인 보상이 들어가 있다면 그 보상에 대한 기대감이 신경 화학반응에 강한 영향을 줄 수도 있다. 이와 마찬가지로 다른 사람의 관심을 변화로 돌리고 싶으면 1차적 보상에 대한 기대감이 최대한 오랫동안 지속될 방법을 찾아야 한다. 그래야만 그들의 기분을 고조시키고 사고 과정을 향상시킬 수 있기 때문이다.

적절한 목표를 세우면 지위감도 상승시킬 수 있다. 목표를 달성하려고 마음먹으면 사소한 성과도 놓치지 않기 때문이다. 적절한 목표는 목표를 더 명확하게 파악할 수 있으므로 확실성을 높여주기도 한다. 게다가 목표를 어떻게 성취할 것인지에 대한 발언권을 주면 자율권까지 높아지기도 한다. 정확한 목표를 세우는 일은 늘 받기만 하는 선물이나 다름없다. 목표에 매진하는 동안 늘 긍정적인 소득만을 올릴 테니 말이다.

앞의 이야기는 이론적으로는 나무랄 데가 없다. 그런데 안타깝게도 사람들이 평소에 세우는 목표는 이처럼 긍정적인 힘의 파동을 전혀 만들어내지 못한다. 미식축구팀인 샌프란시스코 포티나이너스와 메이저리그의 애틀랜타 브레이브스 선수들을 담당한 성과 향상 전문가 짐 배럴은 최고 기량을 자랑하는 선수들이 목표를 설정하는 방식을 연구하고 있다.

"지향적인 목표와 회피적인 목표가 있다. 당신이 둘 중 무엇을 선택하느냐에 따라 성과는 크게 달라진다. 지향적인 목표를 세우면 이제부터 추구하는 목표를 시각화하고 필요한 관계를 만들기 위해 노력한다. 새로운 연결회로를 만들어내는 것이다. 흥미로운 사실은 지향적인 목표를 세우면 달성한 수준이 낮아도 기분이 좋아진다는 것이다. 처음부터 이득을 안고 시작하는 것이다. 그 반면 회피적인 목표를 세우면 잘못될 수도 있는 경우를 시각화하게 된다. 그러면 감정이 개입되기 쉽다."

문제는, 해결책보다 당면한 문제에 더 신경이 쏠리기 쉬운 탓에 사람들은 대개 지향적인 목표가 아니라 회피적인 목표를 세우려 든다는 것이다. 게다가 문제는 미지의 해결책보다 더 확실하다. 뇌는 확실성을 향해 촉수를 곤두세우지 않는가? 이런 이유들 때문에 지향적인 목표는 보기 드물다. 바로 여기에서 지향적인 목표를 세우기 위해 멘토나 라이프 코치와 같은 전문가의 도움이 필요한 것이다. 에밀리가 가족과 함께 세우려는 목표는 회피적인 목표였다. "싸우지 않는다."였으니 말이다. 이렇게 목표를 세우면 부정적인 감정에 더 신경이 쏠려서 결국에는 새로운 연결회로를 만들 수 없다. '살 빼기'나 '담배 끊기', '술 끊기'처럼 새해만 되면 등장하는 작심삼일 목표는 전 세계 어딜 가든 흔히 볼 수 있는 회피적인 목표다.

목표를 세울 때 신경 써야 할 일이 또 있다. 사람이란 믿을 수 없을 만큼 수많은 변수의 덩어리라는 점이다. 사람이라면 뇌의 작용은 다 비슷하지만 무엇을 위협으로 받아들이느냐와 같은 사고의 내용은 사람마다 제각각이다. 그러므로 다른 사람들을 위해 목표를 세울 때는 자율권이 줄어들지 않도록 배려해야 하며 더불어 남들도 당신처럼 생각할 것이라는 점을 잊어서는 안 된다. 이러한 내용을 종합해보면 다음과 같다.

"다른 사람들에게 목표를 설정하려면 그들이 스스로 목표를 세울 수 있는 전체적인 틀을 제시하라."

새로운 회로 지속시키기

위협을 줄인 후 필요한 새 회로가 연결되도록 했다. 이제 무엇을 해야 할까? 문화를 바꾸는 세 번째 과정은 새로 생긴 회로를 잊지 않고 지속적으로 관심을 쏟도록 하는 것이다. 특정한 곳에 구체적인 새 지도가 계속 있게 하고 싶다면 정기적으로 이 지도를 활성화해야 한다. 주의력은 뇌를 바꾼다. 그것은 사실이다. 하지만 뇌는 신경 쓸 일이 너무나 많다. 확실히 변화하려면 반복이 필요하다.

제프리 슈워츠가 만든 '주의력 밀도'는 반복된 주의력에 대한 과학적 틀을 제공한다. 주의력 밀도는 횟수, 기간, 강도 혹은 변동폭과 같은 변수로 측정할 수 있다. 누군가에게 어떤 일을 하겠다고 약속했다 하자. 그 약속이 틈만 나면 머리에 떠오를 것이다. 약속을 어겼다가는 당신의 지위가 위험에 처할 수 있기 때문이다. 그 결과 약속과 관련된 회로들이 받는 주의력 밀도가 높아진다. 그러면 그 약속을 깜박하는 불상사를 막는 일이 더 쉽다. 과제를 글로 써보면 그냥 말로 하는 것보다 더 많은 주의를 기울일수 있다. 그러면 또 주의력 밀도가 높아진다.

이 내용은 연구실에서 연구하기에는 아직은 까다로운 구석이 많다. 주의력은 측정하기가 쉽지 않기 때문이다. 하지만 반복의 중요성이 집중 조명을 받고 있는 학습 음악 분야에서 주목할 만한 연구가 이뤄지고 있다. 기억 주입에 관한 연구에서도 반복의 중요성에 주목한다.

그렇다면 당신이 중요하다고 여기는 일에 남들도 지속적으로 관심을 기울이게 하려면 어떻게 해야 할까? 그 사람들이 협력하게 만들면 된다. 뇌가 사회적이라는 점을 기억하라. 그러므로 당신이 바람직하게 여기는 변화가 사회와 연결돼 있다면 변화에는 청신호가 켜진 셈이다. 사람들이 아이디어를 떠올리고 생각을 공유하게 하는 간단한 방법으로 정기적으로 프로젝트에 대해 이야기할 수 있는 시스템과 과정만 한 것이 없다. 아이디어 그리고 뇌의 회로는 대화를 하면서 생기와 생명력을 얻는다.

이 모든 내용을 종합해보면 유능한 연출자와 더불어 타인의 주의력이 어디로 쏠려 있는지 아는 능력도 필요하다. 문화를 바꾸려면 모든 사람의 관심에 관심을 기울이라. 그리고 그들의 관심을 새로운 방식으로 집중시키는 방법을 찾으라. 다른 사람이 스스로 연출자를 깨워서 새로운 방식으로 관심을 집중해 뇌의 신경배선을 새로 깔 방법을 찾을 수 있으면 더 좋다. 문화를 바꾸는 법을 배우면 자기주도 신경가소성을 촉진하는 법을 배우는 것과 마찬가지다. 사람들이 관심을 새롭게 집중할수록 더 많이 동조하며 일할 수 있다. 다시 말해, 동시에 같은 아이디어가 사람들의 머릿속에서 공존한다는 것이다. 마치 하나의 음악을 조화롭게 연주하는 오케스트라처럼 하나의 뇌가 된 듯 말이다. 아마도 우리가 이 세상에서 변화를 창조해낸다면 바로 이런 일이 우리 머릿속에서 일어날 것이다.

변화 선도의 기술

변화는 힘들다. 그러므로 이 세상에서 긍정적인 변화를 이끌어낼 기술을 더 연마할 필요가 있다. 불행히도 이 세상의 리더들 중에는 지능은 남보다 높지만 사회적인 면에서 문제가 많은 사람이 적지 않다. 신경과학은 이 문제에 대해서도 연구를 시작했다. 리버먼은 그의 연구실에서 진행된 인터뷰에서 이렇게 말했다.

"정보, 계획, 작동기억과 인지적 문제 해결에 관여하는 뇌의 네트워크는 뇌의 측면 혹은 바깥쪽에 있는 경향이 있다. 한편 자기인식이나 사회적 인지, 공감과 관련된 부위는 주로 정중앙 혹은 중앙 부위에 있다. 이 두 네트워크는 반비례 관계다. 즉, 한쪽이 활성화되면 다른 쪽은 비활성화되는 것이다. 이런 점으로 미루어보아 사회적 능력과 비사회적 능력 사이에는 반비례 관계에 있는 뭔가가 있다."

당신이 관심을 기울이는 네트워크가 더 성장한다는 것을 생각하면 리버먼의 말이 일리가 있다. 인지적인 업무에 많은 시간을 들이고 있다면 다른 사람과 공감하는 능력은 줄어들 것이다. 왜냐하면 공감 회로를 쓸 일이 별로 없기 때문이다.

자아지식self-knowledge이 부족하면 그만큼 대가를 치러야 한다. 리버먼의 이야기를 다시 들어보자.

"이런 연구 결과가 있다. 피실험자들에게 문장을 보여준 후, 이렇게 말하는 것이다. '30분 후에 이 문장에서 마지막 단어를 뺀 뒤에 다시 보여드리면 그 단어를 기억할 수 있을까요?' 내측전전두피질의 활성화 정도에 따라 피실험자의 대답이 30분 후의 결과와 일치하는지 예측할 수 있다."

지능이 매우 높은 리더들은 종종 자신의 능력에 대해 오판하곤 한다. 자신을 아는 회로는 남을 아는 회로와 비슷하다. 그러니 나에 대해 잘못 알고 있으면 남에 대해서도 실수할 가능성이 커진다. 효과적으로 변화를 이끌어내고 싶은 리더라면 우선 자신의 내면을 더 많이 알도록 노력해야 한다. 그러려면 자신의 뇌에 대해 더 잘 알아야 한다.

이제 앞에서 배운 내용을 바탕으로 변화의 실제 동인이 뭔지 우리의 주인공들이 이해했더라면 이들의 저녁이 어떻게 달라졌을지 알아보자.

변화가 절실한 문화-장면 2

●   오후 6시

회사 정문으로 향하는 에밀리의 가방은 집에서 검토할 서류들로 불룩하다. 아이들을 어서 보고 싶지만 한편으로는 엄마가 와도 본체만체하며 자신들의 세상에 빠져 있을 아이 생각에 마음이 무거워진다. 그 모습을 보자마자 금세 분통을 터뜨릴 수도 있다. 하지만 그랬다가는 아이들이 더 엇나갈 것이다. 화를 눌러 참아도 소용이 없다. 아이들은 이를 알아차리고 위협감을 느끼기 때문이다. 에밀리는 이번에야말로 가족이 잘 지낼 수 있는 방법에 대해 이야기를 나눠보고 싶다. 하지만 저녁을 다 먹기 전에는 한 마디도 꺼내지 않을 작정이다. 적어도 뇌에 포도당이 충분해야 이야기가 더 잘될 것이기 때문이다.

오늘은 정말 힘든 하루였다. 에밀리는 저녁 먹을 때까지 도파민 수치를 높여줄 가벼운 뭔가가 필요하다. 와인 한 잔이 떠올랐지만 금세 마음에서 밀어낸다. 알코올은 식사 중에 감정을 조절하는 데 방해만 될 뿐이기 때문이다. 그 대신 어머

니에게 전화를 한다. 어머니는 예상하지 못한 딸의 전화에 무척 기뻐한다. 그 긍정적 에너지가 에밀리에게도 고스란히 전해진다. 날씨나 아이들에 관한 소소한 이야기로 30분간 통화하고 나자 기분이 한결 낫다.

폴이 저녁이 준비되었다고 식구들을 부른다. 집안 곳곳에 흩어져 있던 가족이 한자리에 모인다. 모두 식사를 시작하자 에밀리는 계획 실행에 들어간다.

"오늘 밤 가족회의를 했으면 좋겠어. 모두들 괜찮아?"

에밀리의 제안에 조시가 툴툴거린다.

"또요? 싫어요, 엄마. 작년에도 했잖아요."

이번에는 미셸이 반대한다. 한쪽 귀에는 여전히 헤드폰을 걸치고 있다.

"엄마, 할 이야기가 뭐가 있어요? 아무 문제도 없는데."

"좋아, 그러면 무슨 이야기를 하고 싶은지 말할게. 들어보고 너희도 하고 싶은 이야기를 해봐. 괜찮지?"

에밀리는 아이들이 이 상황을 확실하게 파악하고 스스로 선택할 수 있다는 기분을 느끼도록 해주고 싶다.

에밀리는 회의를 하면 그에 대한 보상을 하겠다는 식으로 이야기를 풀어나갈 생각이다. 그러면 아이들이 혹해서 말을 들을 것 같았기 때문이다. 그런데 그 말을 하려는 순간, 연출자가 끼어든다. 아무래도 이 전략은 효과가 없을 것 같다. 그녀는 아이들이 적극적으로 대화에 참여하게 하고 싶다. 아이들의 뇌에 새로운 회로가 만들어져서 엄마의 생각을 무조건 밀어내지 않도록 말이다.

"나는 우리 가족의 의사소통 방식에 대해서 이야기했으면 좋겠어. 하지만 그 이야기에 들어가기 전에 너희 생각이 궁금해. 너희가 어떻게 바뀌면 좋겠다고 생각하는지부터 들어보고 싶어."

"좋아요."

조시가 대뜸 대답한다.

"그리고요?"

미셸은 10대답게 약간 냉소적이다.

"우리 집 분위기가 어떻게 바뀌면 좋을지 얘기해줄래?"

에밀리가 다시 한 번 묻자 미셸이 먼저 대답한다.

"음, 엄마가 저와 조시를 똑같이 대하시는 건 납득이 가질 않아요. 제가 더 나이도 많고 어른스럽잖아요. 저는 동생과 다른 대접을 받고 싶어요."

미셸의 발언으로 대화 주제가 공정성으로 흘러갈 수도 있다. 에밀리는 가족의 원활한 의사소통을 얘기하고 싶기 때문에 대화 주제가 바뀌지 않도록 손을 쓰고 싶다. 하지만 잠시 생각을 멈추고 기대를 놓아버리기로 한다. 그리고 이야기가 흘러가는 대로 놔둔다. 그녀는 자신의 감정을 불확실성이라고 정의내린 후 일단 지켜보기로 한다.

에밀리가 말이 없자 이번에는 폴이 말한다.

"너는 어때, 조시? 어떤 점이 달라지면 좋겠니?"

"저는 쇼핑몰에 혼자 놀러 가고 싶어요. 친구들도 다 그러는걸요."

요즘 들어 조시는 자신의 지위감이 친구들과 같지 않다는 느낌을 자주 받는다. 어린 10대 남자 아이로서는 참기 어려운 감정이다. 그런데 정작 부모는 이것이 문제라는 점을 모른다.

폴과 에밀리는 아이들의 부탁을 들어주기로 한다. 단, 서로 요구하는 사항을 정당하게 교환하자고 한다.

"우리가 너희 이야기를 다 들어주면 너희도 내가 퇴근해서 집에 오면 10분만이라도 하던 일을 중단할 수 있겠니? 집에 도착해서 너희가 맞으러 나오면 엄마는 정말 행복해. 그러면 회사에서 아무리 힘든 일이 있었어도 기분이 좋아지거든. 엄마가 왔다고 억지로 좋아하라는 말이 아니야. 단 10분이라도 서로 교감할 수는 있지 않을까? 함께 간식이라도 먹으면서 말이야."

"좋아요, 그럴게요."

조시가 말한다. 또 다른 1차적 보상인 음식이 조시의 관심을 끈 것이다.

"그러면 미셸, 친구들과 어떻게 지내는지 말하고 싶으면 언제든지 말해줘. 요즘 내가 정말 참을성이 없었지? 그 점은 미안하구나."

미셸은 엄마가 요즘 승진으로 눈코 뜰 새 없이 바빠서 서운한 점이 있었지만 엄마에게 그런 이야기를 할 수 있게 돼서 기쁘다.

아이들은 긍정적인 상태가 된다. 그러면서 자신들에게 무척 중요한 보상도 기대하고 있다. 어려운 질문을 하기에 가장 적절한 기회가 된 것이다. 에밀리는 가족끼리 서로 조금만 더 상냥하게 굴고, 더 많이 사과하고, 더 많이 도와주면 어떻겠냐고 한다. 사실 퇴근 후 10분간 아이들과 간식 타임을 갖는 것이 그녀의 목적은 아니다. 그녀는 가족이 함께 있을 때의 분위기, 즉 가족 문화를 바꾸고 싶다. 아이들은 서로에게 그리고 부모에게 더 상냥해지겠다고 약속한다. 작은 일부터 차근차근 실천해야 진짜 앞으로 나아갈 수 있다. 에밀리는 이런 대화를 해보겠다는 세 번째 시도 만에 작은 변화를 이뤘다는 사실을 깨닫는다.

에밀리는 후식을 먹다가 새 계획을 실천하도록 다시 한 번 상기시켜줄 필요가 있다는 사실을 깨닫는다. 그녀는 펜과 종이를 꺼내 새 가족 계획서를 작성한다. 그들은 새 계획을 확실히 머리에 심는다.

'엄마가 퇴근하고 돌아오면 10분간 이야기하기', '서로 더 상냥하게 대하기'.

폴은 자신이 재택근무를 한 날이라도 10분 간식 타임에 끼고 싶다고 한다. 에밀리는 아이들에게 이 계획을 어떻게 상기시키면 좋을지 물어본다. 조시는 원하는 곳에 붙여놓자고 한다. 그러자 폴이 컴퓨터로 계획서 작성하는 것을 도와주겠다고 한다. 미셸은 휴대전화 초기 화면에 입력해서 전화를 켤 때마다 보겠다고 한다. 휴대전화를 사용할 때마다 어쨌든 미셸의 뇌는 이 내용을 떠올리게 될 것이다.

두 아이는 동시에 식사를 끝내고 각자의 방으로 달려가려다가 잠시 멈춰 서서 뒷정리를 도울지 물어본다. 아이들은 지금 호감 상태여서 본능적인 공정성에 대한 욕구에 더 쉽게 연결된다. 에밀리가 미소를 짓는다. 그들은 함께 뒷정리를 하고 나서 영화를 보기로 한다. 에밀리는 오늘 밤에 검토해야 할 서류가 있지만 내일 아침에 맑은 정신으로 한다면 더 효과적일 거라고 생각한다.

온 가족이 둘러앉아 재미있는 영화를 보니 도파민이 샘솟는다. 게다가 함께 웃을 때는 옥시토신도 마구 분비된다. 그 결과, 모두 편안함을 느끼고 대단한 경험을 한 것처럼 느끼게 된다. 정말 끝내주는 하루였다. 간간이 힘든 일도 있었지만 가족의 유대감은 더욱 공고해져 한 가족이라는 느낌이 더욱 커진다.

2시간 후 에밀리와 폴은 TV를 끄고 아이들이 잠자리에 드는 걸 봐준다. 잠든 아이들의 모습이 얼마나 사랑스러운지 속삭인다. 그러자 아이들을 향한 사랑에 다시 한 번 관심이 쏠린다. 오늘 밤의 경험으로 한결 훈훈하고 끈끈한 애정을 느낀 에밀리와 폴은 아래층을 내려다본다. 아무래도 집안 청소를 더 잘해야겠다는 생각이 문득 든다. 하지만 두 사람은 약속이라도 한 듯 다른 선택을 한다. 불을 끄고 침실로 가 문을 조용히 닫는다. 그들의 뇌에서 무슨 일이 일어났는지는…, 글쎄.

• ─ 뇌의 비밀 ─ •

- 사람이 변하기는 어렵지만 뇌는 쉴 새 없이 변화한다.
- 주의력을 집중하면 뇌가 변한다.
- 주의력은 위협에 너무 쉽게 흐트러진다.
- 일단 위협에 쏠린 주의력을 다른 곳으로 돌리라. 그리고 적절한 질문을 던져 새 회로를 연결하라.
- 장기적인 변화를 이루려면 새 회로에 정기적으로 관심을 쏟아 뇌에 확실하게 자리 잡게 해야 한다. 특히 회로가 갓 생겼을 때가 중요하다.

• ─ 일 잘하는 뇌 만들기 ─ •

- 다른 사람의 변화를 돕고 싶다면 그 사람의 감정 상태를 잘 관찰하라.
- 강렬한 비호감 상태에 있는 사람에게 영향을 미치려고 하지 말라.
- SCARF 모델을 이용해서 상대방을 호감 상태로 만들라.
- 사람들에게 해결책에 집중할 수 있는 문제들을 던지라. 그러면 당신이 생명력을 부여하고 싶은 특정한 회로에 직접적으로 그들의 관심을 집중시킬 수 있다.
- 사람들이 새 회로에 계속 관심을 쏟을 방법을 개발하라.

앙코르

변화된 자신을 만나라

각 장의 끝에서 만난 에밀리와 폴은(편의상 에밀리2와 폴2라고 부르자) 앞 부분에 비해 눈에 띄게 효과적으로 자신의 업무를 척척 처리한다. 단지 두 사람이 이메일을 더 잘 쓰고 회의를 더 잘 이끌게 되었다는 말이 아니라, 스트레스도 덜 받고 더 즐겁게 일하고 아이들과도 더 잘 지내게 되었다. 심지어 부부 사이도 좋아진 것 같다. 사실 이런 사람들이 몸도 건강하고 사회에도 헌신한다.

달라지기 전후 그들의 모습에는 커다란 차이가 있다. 에밀리2와 폴2는 전에 비해 자신의 뇌를 더 잘 알게 되었다. 두 사람은 관심이라는 표면 뒤에 숨은 미세한 내면의 신호를 표현할 수 있는 언어가 더 풍부해진 것이다. 그러자 매 순간 더 나은 선택을 할 수 있었다. 에밀리2와 폴2는 뇌라는 연극무대의 유능한 연출자가 있었기에 이런 언어를 깨달을 수 있었다. 한편으론 이런 언어를 가지고 있었기에 유능한 연출자가 출현할 수도 있었다. 두 사람의 연출자들은 한발 물러서서 둘의 사고 과정을 면밀히 관찰한다. 무엇보다 둘의 연출자들은 뇌로 쏟아져 들어오는 정보의 물결 위를 활공하며 간단한 판단도 내릴 수 있다.

에밀리2와 폴2의 연출자들이 만들어낸 뇌의 기능 변화는 아주 미미해서 최신 과학기술로도 포착할 수 없다. 하지만 이 책에서 강조하고 싶은 내용은 그것이 아니라, 100분의 1초 만에 일어난 미세한 뇌의 변화라도 가끔은 누군가의 삶을 180도로 바꿀 수 있다는 점이다. 이런 변화는 뇌에서 일어나는 에너지의 흐름이 살짝 바뀌는 것으로 시작된다. 아마도 그 순간 어떤 부위는 잠잠해지는 대신 다른 부위가 활발해질 것이다. 그와 동시에 같은 자극에 대해서도 이전과는 완전히 다른 행동 반응이 시작된다.

수천 년 동안 철학자들이 말한 "너 자신을 알라."란 생각은 건강하고 성공적인 삶으로 들어가는 열쇠다. 아마도 뇌에 대한 새로운 연구에서 거둔 지식이야말로 자기인식에 관한 새로운 사고방식을 의미할 것이다.

뇌를 연구하던 초기, 뇌가 마치 기계처럼 보인다는 사실이 밝혀졌다. 정신 활동의 상당 부분은 의식으로는 통제할 수 없는 힘에 따라 자동적으로 진행된다. 특히 지위감이나 확실성을 유지하는 것처럼 미리 정해진 목표에 반응할 때도 많다. 우리가 자동적으로 어떤 의지에 좌우된다는 생각에 깜짝 놀라는 사람도 있을 것이다. 하지만 이것이 다가 아니다. 뇌는 더 인간적인 중요한 면을 감추고 있기 때문이다.

인간의 뇌는 기계처럼 작동하지만 단순히 기계로 끝나지 않는다. 뇌가 기계의 속성을 뛰어넘을 수 있는 유일한 방법은 뇌가 지닌 기계적 속성을 심도 깊게 이해하는 것이다. 그렇게 되면 나만의 연출자를 만들 수 있다. 연출자가 있으면 "이건 내 뇌의 문제야."라고 할 만한 상황이 더 많아져서 전보다 훨씬 풍부한 선택을 할 수 있다. 스스로 변화하는 능력이나 남을 변화시키는 능력, 심지어 이 세상을 바꾸는 일도 뇌를 얼마나 잘 아는지에 달려 있다. 다시 말해 자동적으로 진행되는 사고 과정이 의식적으로 간섭할 수 있는 능력에 달려 있는 것이다.

이 책은 처음부터 끝까지 일관되게 뇌라는 무대를 관장하는 연출자의 중요성에 대해 강조했다. 유능한 연출자가 있으면 무의식에 끌려다니는 대신, 매 순간 뇌에서 무슨 일이 일어나는지 관찰할 수 있다. 유능한 연출자가 있으면 올바른 선택을 할 수 있다. 올바른 선택은 뇌를 변화시키고 결국 인간의 신경, 정신, 육체적 행동도 바꾼다. 시간이 흐르면서 이런 과정이 반복되면 당신의 선택이 당신의 뇌를 더 심오하게 바꿀 수도 있다. 이 책을 읽으면서 당신이 자신의 생활방식에 맞는 연출자를 키우는 혁신적인 방법을 찾기를 바랐다. 연출자를 키우는 연습은 식사하기 전에 잠시 정신을 집중하는 것만큼 간단하다는 사실을 기억해주기 바란다. 반복만이 그 해결책이다.

연출자가 강해질수록 무대에 무엇을 올리고 내릴지 결정하기가 더 쉽다. 언제 더 집중해야 할지, 언제 잠시 숨을 돌리며 그때 생겨나는 연결회로를 느슨하게 풀어놓을지를 알 수 있다. 또한 여러 문제를 올바른 순서로 무대에 올리고, 필요하면 재빨리 내리는 방법, 의식적으로 인식할 수 있는 40개의 실마리 대신 주변에 흩어진 200만 개의 실마리로부터 매 순간 흘러들어오는 더욱 미세한 신호를 마음을 가라앉히고 귀담아듣는 방법 등을 결정할 수 있다. 이 모든 상황이 매일 매 순간 우리를 기다린다. 이 책을 읽는 동안 앞으로 어떻게 하면 뇌의 기능이 연출자에게 집중할 대상을 보여주는지에 대해 충분히 깨달았으리라 믿는다.

뇌를 이해하면 어떤 상황에서든 업무 수행 능력을 향상시킬 수 있다. 특히 협력해서 일하는 사람들은 더욱 그렇다. 이 책에서 설명한 패턴들을 인식하기 시작하면 주변 사람들과 이 아이디어에 대해 많은 이야기를 나누면서 통찰력을 공유해보라. 이러한 개념에 관심을 기울일수록, 뇌의 더 많은 부위를 사용할수록 이런 아이디어가 꼭 필요할 때 쉽게 떠올릴 수 있을 것이다. 이 책에서 설명한 개념을 당신은 물론이고 주변 사람들도 알고 있다면 필요할 때 활용하기 더 쉬워질 것이다. 뇌에 대한 훌륭한 지식을 언제든지 접할 수 있으면 에밀리2나 폴2와 같은 삶처럼 사는 게 더 쉬워진다. 즉, 위기는 늘 존재하지만 뇌를 이용해 그 위기를 극복할 수 있다. 시간이 걸릴지라도 성장해서 큰 성과를 이룩할 수 있다. 가령 사회에 이바지할 훌륭한 구성원을 키우거나 혁신적인 사업을 일으킬 수도 있다. 그렇게 거창하지 않더라도 고된 하루를 보람 있게 보낼 수 있다.

마지막으로 당신에게 이런 인사를 남기고 싶다. 코르티솔 수치가 언제나 바닥을 기기를, 도파민 수치는 언제나 하늘을 찌르기를, 옥시토신이 언제나 충분하게 분비되기를, 세로토닌으로 아름다운 고원을 이루기를, 마지막 숨을 거둘 때까지 과제를 수행 중인 뇌를 관찰할 줄 아는 능력이 당신을 매혹시키기를, 앞으로 남은 인생이라는 여정을 이렇게 잘 헤쳐나가기를!

데이비드 록,
2008년 1월, 태평양 상공 어딘가에서

일하는 뇌 Your Brain at Work

1판 1쇄 발행 2010년 11월 27일
1판 2쇄 발행 2010년 12월 8일

지은이 데이비드 록
옮긴이 이경아

발행인 양원석
편집장 김은영
책임편집 강재인
전산편집 김미선
영업 마케팅 김성룡, 백창민, 윤석진, 김승헌

펴낸 곳 랜덤하우스코리아(주)
주소 서울시 금천구 가산동 345-90 한라시그마밸리 20층
편집문의 02-6443-8844 **구입문의** 02-6443-8838
홈페이지 www.randombooks.co.kr
등록 2004년 1월 15일 제2-3726호

ISBN 978-89-255-3642-2 (03320)